Leider nein, leider gar nicht!

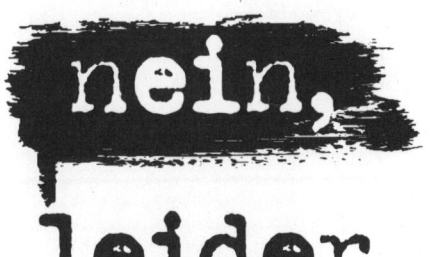

+++ Warum Gewinner Nein sagen +++
+++ und Verlierer für alles offen sind +++

FBV

CARLO REUMONT

Bibliografische Information der Deutschen Nationalbibliothek
Die Deutsche Nationalbibliothek verzeichnet diese Publikation in der Deutschen Nationalbibliografie.
Detaillierte bibliografische Daten sind im Internet über http://dnb.d-nb.de abrufbar.

Für Fragen und Anregungen:
info@finanzbuchverlag.de

1. Auflage 2021

© 2021 by FinanzBuch Verlag, ein Imprint der Münchner Verlagsgruppe GmbH
Türkenstraße 89
80799 München
Tel.: 089 651285-0
Fax: 089 652096

Redaktion: Silke Panten
Korrektorat: Anne Horsten
Covererstellung: Tobias Prießner
Abbildung im Innenteil: Shutterstock/Vectorgoods studio, bearbeitet von Tobias Prießner
Satz: inpunkt[w]o, Haiger (www.inpunktwo.de)
Druck: CPI books GmbH, Leck
Printed in Germany

ISBN Print 978-3-95972-452-4
ISBN E-Book (PDF) 978-3-96092-854-6
ISBN E-Book (EPUB, Mobi) 978-3-96092-855-3

Weitere Informationen zum Verlag finden Sie unter

www.finanzbuchverlag.de

Beachten Sie auch unsere weiteren Verlage unter www.m-vg.de.

INHALT

EINLEITUNG

Robben Island ist eine kleine Insel im Südatlantik, etwa 14 Kilometer vor der Küste Kapstadts. Die überwiegend karge und steinige Insel ist nur ungleich größer als der ehemalige Berliner Flughafen Tempelhof. Zwischen Hafen und Flughafen befindet sich heute ein Museum. Das Robben-Island-Museum ist das ehemalige Gefängnis von Nelson Mandela und vielen anderen politischen Gefangenen, die zur Zeit der Apartheid weggeschlossen wurden. Heute kommen jährlich Tausende von Menschen auf diese Insel, um sich einen Eindruck der Geschichte dieser Freiheitskämpfer zu machen.

Auch nach seinem Tod wird Mandela als inspirierender Leader mit einer Vision der Gleichheit von Schwarz und Weiß in Südafrika gefeiert. Seine Idee der Versöhnung und des Friedens hat vielen Südafrikanern Hoffnung auf eine geeinte Gesellschaft gegeben. Doch die hastigen Museumstouren, die heute in dem ehemaligen Gefängnis durchgeführt werden, vermitteln nicht den Weg, den Mandela mit seinen Kameraden von Beginn an dort beschritten hatte.

»Ich hasste diese Männer sofort«, sagt der ehemalige Gefängniswärter Christo Brand. »Männer wie diese haben meinen Freund getötet.«[1] Erst viele Jahre später verband Christo Brand und Nelson Mandela eine Freundschaft. Für die Wärter war Mandela als Terrorist nach Robben Island gekommen. Er selbst verstand sich aber als Freiheitskämpfer, und daran würden die Gefängnismauern nichts ändern. Wenn er den Kampf für ein freies Land nicht außerhalb des Gefängnisses führen durfte, dann musste er Wege finden, diesen Kampf innerhalb des Gefängnisses zu führen.

»Wir waren von Anfang an entschlossen, respektiert zu werden«, sagte Mandela 1997 im Interview mit Oprah Winfrey, »wir bestanden darauf.«[2] Robben Island ist heute ein Symbol der Unterdrückung. Doch erzählt diese Insel auch eine Geschichte der Versöhnung, der Menschlichkeit und der Selbstbestimmung. Denn schließlich gelang es diesen politischen Gefangenen und ihren Verbündeten, ihre Forderungen durchzusetzen und menschlich behandelt zu werden. Mehr noch: Bereits Jahre vor Mandelas Entlassung am 11. Februar 1990 hatte er Verhandlungen über seine Entlassung und die Abschaffung der Apartheid mit Staatspräsident Frederik Willem de Klerk geführt. Doch wie war das möglich? Wie gelang es den Gefängnisinsassen, auf ihre Wärter Einfluss zu nehmen? Wie konnten sie hoffen, sich in einem so ungleichen Verhältnis durchzusetzen? Und woher kam der Glaube, dass das überhaupt möglich sei? Auch wenn Mandela älter war als manche seiner Wärter, hat seine Seniorität sicher keine große Rolle gespielt. Noch viel weniger zählten äußerliche Faktoren wie Hautfarbe oder Aussehen. Und was seine Position als Häftling betraf, kam ihm auch hier keine Autorität zu. Es musste an Mandela und seinen Männern selbst liegen. Sie mussten eine innere Autorität gehabt haben, durch die sie nicht nur über sich selbst verfügten, sondern auch Einfluss auf die Wärter ausüben konnten.

Mandelas Leben steht für Freiheit und den Glauben an das Unmögliche. Wer hätte in Südafrika Mitte der 1980er-Jahre daran geglaubt, dass ein Häftling von Robben Island zehn Jahre später der erste schwarze Präsident Südafrikas sein würde? Das war nicht nur praktisch unmöglich. Es war vollkommen undenkbar. In der heutigen Zeit würden wir uns fragen: »Wie hat er das gemacht? Welche Tricks, Kniffe und Methoden hat Mandela angewandt, um so weit zu kommen?« Doch in Bezug auf Nelson Mandela sind das die falschen Fragen. Wenn es um Selbstveränderung, das Ziehen neuer Grenzen und Neinsagen geht, spielt das *Wie* eine untergeordnete Rolle.

Am Ende dieses Buches finden Sie allerhand konkrete Anwendungsbeispiele für die Ideen in diesem Buch. Vielleicht zieht es

Sie bereits jetzt direkt dorthin. Das ist ganz natürlich. Die Welt der Selbstoptimierung propagiert stets den Glauben, mit den richtigen Tipps und Tricks »ginge das schon«. Doch das ist kurzfristig und oberflächlich gedacht. »Nein!« ist ein vollständiger Satz. Jeder kann ihn sagen oder schweigend danach handeln. Doch nicht jeder kann die Konsequenzen dieser Botschaft aushalten. Diese Techniken und Sätze bringen uns nichts, wenn wir nicht über eine innere Haltung verfügen, die diesen Sätzen Leben einhaucht. Dieses »Leben« kommt vor allem aus einem: unserer eigenen inneren Autorität. Innere Autorität bedeutet, voll und ganz bei sich zu sein und über die eigenen Kräfte zu verfügen. Erst dadurch erwächst ein inspirierter Gusto für die Gegenwart, mit dem wir uns selbst und anderen die Sicherheit geben, unser beziehungsweise ihr bestes Selbst zu zeigen. Sehen Sie, Mandela war kein Körper, dessen Stimmbänder überzeugt haben. Mandela war ein Geist, dessen Haltung überzeugt hat. Diese Haltung hat er nicht von heute auf morgen kreiert oder in irgendeinem Kurs gelernt. Er hat sie im Kreis seiner geistigen Brüder genährt und gelebt.

Schauen Sie sich Interviews mit Mandela von der Zeit nach seiner Entlassung an, und Sie sehen einen Mann, dem es gelingt, jedes Wort, das er äußert, mit Bedeutung zu schwängern. Mandela musste nicht mehr viel sagen, um Menschen zu bewegen. Die Gründe dafür liegen nicht in den wenigen Worten, die er äußerte, sondern in der Persönlichkeit, zu der er geworden war.

UNSER ZIEL: DER GIPFEL DES NEINSAGENS

Als junger Teenager habe ich mich ständig für alles Mögliche entschuldigt. Mir war es wichtig, bloß niemandem auf die Füße zu treten. Stand ich jemandem im Weg, sagte ich schnell »Entschuldigung« und schoss zur Seite. Kam ich nur ein paar Minuten zu spät zu einer

Verabredung, sagte ich ebenfalls:»Entschuldigung, Asche auf mein Haupt, dass du warten musstest.«Hatte ich die Spülmaschine nach meiner eigenen Ordnung eingeräumt und bemerkte, wie sie jemand anders wieder umräumte, sagte ich:»Entschuldigung.«

»Carlo«, sagte mein Vater schließlich eines Tages,»bitte hör auf, dich ständig zu entschuldigen.«

»Okay«, antwortete ich,»Entschuldigung.«

Mit diesen ständigen leeren Entschuldigungen sagte ich zwar nicht direkt Ja zu allem anderen, aber ich vermittelte:»Ich bin mit allem einverstanden, womit du einverstanden bist.« Doch wenn wir keine klaren Grenzen ziehen, fällt es anderen schwer, uns einzuordnen. Mehr noch: Wir entfernen uns von uns selbst.

Heute weiß ich: Beziehungsintelligenz geht anders. Nur wer für alles offen ist, läuft ohne Widerstand mit. Auch eine Entschuldigung kommt mir heute nur langsam über die Lippen. Warum? Ich denke nach. Ich denke darüber nach, welche Reaktion angemessen ist. Damit hat eine Entschuldigung auch Gewicht. Sich dies bewusst zu machen, ist allerdings leichter gesagt als getan. Denken erfordert Übung und klare Absichten. Diese kommen uns nicht einfach zugeflogen. Stattdessen müssen wir uns geistig anstrengen, um passende Antworten und Reaktionen zu finden.

Innere Autorität bedeutet nicht, einfach alles auszublenden und auszuschalten, was einem nicht gefällt. Das wird uns erstens nicht gelingen, denn das Leben wirft ständig mit Herausforderungen um sich; und zweitens wäre das auch hinderlich für unser Ziel, ein selbstbestimmtes Leben zu führen. Menschen, die daran arbeiten wollen, Grenzen zu ziehen und effektiv Nein zu sagen, müssen sich auch mit der Idee der Selbstbestimmung auseinandersetzen. Damit wir uns verstehen: Fremdbestimmung ist nicht immer schlecht. Der Einfluss anderer kann uns auch über unsere Grenzen und Ängste hinausführen. Nein zu sagen, hat etwas mit Antworten zu tun. Selbstbestimmung ist eine Haltung, mit der wir Antworten auf das Leben finden, die auf Eigenständigkeit beruhen.

Was für Sie persönlich richtig ist und beim Bilden neuer Grenzen zwischen Ihnen und anderen funktioniert, kann ich unmöglich sagen. Doch auch wenn wir uns persönlich nicht kennen, glaube ich dennoch, etwas über Sie zu wissen. Denn ich vermute, dass es ein paar Gemeinsamkeiten zwischen uns gibt: Sie und ich sind Menschen, denen Eigenständigkeit und Beziehungen gleichermaßen wichtig sind. Wir sind Menschen, die bessere Antworten auf die Situationen des Lebens finden wollen. Doch was auch immer der höchste Ausdruck eines selbstbestimmten Lebens für Sie ist, es gibt keinen Aufzug und keine Rolltreppe dorthin. Wir müssen Tag für Tag einen Schritt nach dem anderen machen. Manche Schritte gehen auf direktem Weg nach oben in Richtung Gipfel, andere führen uns seitlich um den Berg herum, wieder andere führen uns zeitweise nach unten, um vielleicht eine bessere Ausgangslage für den weiteren Anstieg zu finden.

Auf unserer Tour werden wir diese drei Ebenen durchqueren:

Ebene 1: die Grundlagenebene von Werten im Basiscamp
Ebene 2: der Anstieg durch Fragen und Entscheidungen
Ebene 3: Tipps, Tricks und Kniffe auf dem Gipfel des Neinsagens

Viele Teilnehmende meiner Seminare wollen direkt zu Ebene 3 springen und bitten mich lediglich um Tipps und Tricks: Welche Werkzeuge gibt es? Wie plane ich Aufgaben realistisch? Wie strukturiere ich am besten meine Woche? Wie gehe ich größere Projekte und langfristige Planungen an? Wie spare ich Zeit? Wie sage ich konkret Nein? Wie reduziere ich Stress? Das sind berechtigte Fragen. Sie zielen alle auf das berechtigte Bedürfnis ab, den Alltag besser zu bewältigen und mehr erledigen zu können. Für die Beantwortung dieser Fragen sind meine Seminare natürlich auch gedacht. In puncto Neinsagen gibt es allerhand handfeste Tools, prinzipielle wie konkrete, die sich bewährt haben. Wir brauchen sie auch, denn durch die Arbeit im Detail verfeinern wir auf der einen Seite unsere Fähigkeiten und auf der anderen Seite finden wir dadurch Zugang zu den Grundlagen, auf die sie aufbauen.

Dennoch stellen Tools, Tipps und Tricks nur die Spitze des Eisbergs dar – oder in unserem Fall den Gipfel des Berges. Die folgende Abbildung zeigt das sehr gut.

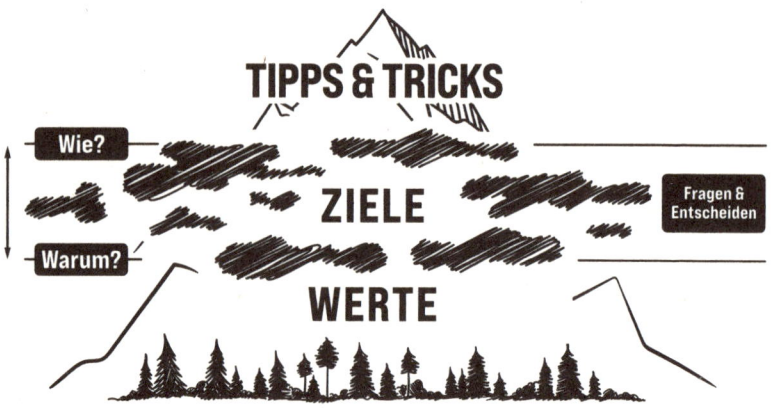

Wir müssen zunächst an den Grundlagen arbeiten, bevor Tools erfolgreich angewendet werden können. Erst wenn die Tools mit Zielen und Werten untermauert sind, helfen sie langfristig. Mehr noch: Es kann sein, dass wir auf der Grundlage unserer Werte und Ziele ganz eigene Tools finden, die viel besser funktionieren als die von der Stange. Wir müssen also in einem ersten Schritt Antworten auf die Fragen finden: Warum brauche ich diese Tools? Welche Absicht verfolge ich mit ihnen?

Die besten Tipps und Tricks helfen nur dann, wenn sie an klare Ziele geknüpft sind, also einer klaren Richtung unterworfen sind. Ziele sind so spannend, weil sie zwei ganz eigene Felder eröffnen: Fragen und Entscheidungen.

Entscheidungen zu treffen, ist eine Fähigkeit wie Lesen, Schreiben und Rechnen. Zwar haben wir alle die geistige Kapazität, diese Fähigkeiten zu erwerben, und dank der Schule haben wir auch ein rudimentäres Verständnis davon, doch werden wir nicht damit geboren. Diese Fähigkeiten erfordern eigenständiges Denken und Willenskraft, um kultiviert zu werden. Die Fähigkeit Entscheidungen zu treffen, liegt im Kern des Neinsagens. Damit geht es beim Neinsagen nicht nur um das Ausgrenzen, sondern auch um das Einladen, also das Jasagen. Auf dem Schaubild sehen Sie auf der Zielebene einen Nebel. Diesen Nebel durchqueren wir auf der Zielebene, weil wir hier anhand guter, gezielter Fragen abwägen, was die beste Entscheidung ist. Fragen, die sich hier stellen, sind unter anderem: Wie sieht mein gewünschtes Ergebnis aus? Welche Ressourcen (Werkzeuge, Menschen, Mittel) benötige ich? Welche verschiedenen Möglichkeiten habe ich, mein Ziel anzugehen? Welche Hindernisse stellen sich mir unter Umständen in den Weg? Was ist mir am wichtigsten bei der Arbeit oder bei dem Projekt? Wie ordne ich meinen Tag am einfachsten? Wie bewerte ich die Ereignisse meines Tages?

Sobald durch die Beschäftigung mit diesen Fragen erste Antworten auftauchen, gehen wir in einen Entwicklungsprozess mit den Tipps und Tricks, indem wir nach dem »Wie« fragen. Dann entfalten die heißbegehrten Tipps und Tricks auch ihr volles Potenzial – und Sie stehen in puncto Neinsagen und Jasagen auf festem Boden. Es geht dann nicht mehr um die Frage, *ob* Sie Nein sagen, sondern nur noch darum, *wie* Sie Nein sagen.

Stellt sich allerdings heraus, dass sich auf die Fragen bezüglich unserer Ziele nur schwer Antworten finden, müssen wir erneut mit einem »Warum« in die Tiefe gehen. Denn eine Ebene tiefer befinden sich unsere Werte, also das, was uns wichtig ist. Werte sind zentral im Leben. Sie bilden die Grundlage aller unserer Entscheidungen. Wir alle haben Werte. Doch nicht jeder kennt seine Werte. Menschen, deren Bedürfnis nach Selbstbestimmung und Eigenständigkeit unter Druck steht, haben möglicherweise Werte anderer Einzelpersonen oder der Allgemeinheit übernommen. So etwas geschieht schleichend und unbewusst. Wenn es um Werte geht, brauchen wir nichts Neues erfinden.

Ziel dieses Buches ist es daher, einen ehrlichen Blick in den Spiegel zu werfen und festzustellen, welche Werte wir tatsächlich leben. Womit verbringen wir unsere Zeit? Wofür geben wir unser Geld aus? Worüber denken wir jeden Tag nach? Auch hier müssen wir uns Fragen stellen, allerdings viel grundlegendere. Sobald uns unsere Werte klar sind, haben wir etwas unglaublich Kraftvolles, das uns auf Dauer hilft, Nein zu sagen, und unser Nein durchzusetzen: verdammt gute Gründe.

Es ist wirklich so einfach: Menschen, denen es leichtfällt, Nein zu sagen, haben ihre Werte wissentlich oder unwissentlich klar vor dem inneren Auge. Aus solch einer Einigkeit mit uns selbst können wir innere Autorität schöpfen, die das Neinsagen für alle einfacher macht. Ein Student, der Donnerstagabend seinen Freunden die Kneipentour absagt und stattdessen lernt, hat vielleicht Karrieremachen als hohen Wert. Eine Angestellte, die im Büro keine Zeit vergeudet und bis zum Feierabend ihre Aufgaben abarbeitet, damit sie keine Überstunden machen muss, mag als höchsten Wert Familie und Kinder haben. Vielleicht kennen Sie aus Ihrem Leben ebenfalls Bereiche, in denen Sie zuverlässig, diszipliniert und akribisch sind. Das ist ein guter Ansatzpunkt, um Ihre höchsten Werte ans Licht zu bringen. Sobald Sie anschließend Ihr Leben mehr und mehr nach ihnen ausrichten, desto stärker wird Ihr Zeitbewusstsein und Ihre Fähigkeit, Nein zu sagen.

Sie sehen, wir haben allerhand zu tun, wenn es ums Neinsagen geht. Fühlen Sie sich also angespornt! Es heißt nämlich, dass Sie etwas tun können. Nur Sie können Ihre innere Autorität ausbauen und ein Leben nach dem eigenen Entwurf leben, wie auch immer das für Sie aussehen mag.

TEIL I

DAS BASISCAMP

KAPITEL 1

DIE GRUNDLAGEN DES NEINSAGENS

Wir alle verschwenden täglich Zeit, Aufmerksamkeit, Energie und Fokus. Noch nie war es so leicht, diese Dinge von anderen Menschen zu fordern. Familie, Freunde und Kollegen wollen alle ein Stück von uns abhaben. Wir wollen natürlich das Gleiche von ihnen. Es ist ein Tauschgeschäft, von dem beide Seiten profitieren. Aber tun sie das auch? Oder besser gefragt: Tun *Sie* das auch?

Wie brisant diese Frage ist, zeigt sich am besten im medialen Bereich, sei es Werbung, seien es Medien wie Nachrichten, Zeitungen und Zeitschriften oder soziale Medien. Ja, wir profitieren alle davon, dass es diese Kanäle und unmittelbaren Kommunikationsmöglichkeiten gibt. Werbung macht uns auf Produkte oder Dienstleistungen aufmerksam, die uns helfen und das Leben verschönern und erleichtern können. Fernsehen, Streamingdienste, Zeitungen und Co. informieren und unterhalten. Soziale Medien ermöglichen einen persönlichen Blick in das Leben von Menschen aus aller Welt und den direkten Kontakt zu ihnen. Das ist zweifelsohne großartig. Gleichzeitig hat alles, was eine Wirkung hat, auch eine Nebenwirkung.

Noch nie war es so leicht, die Zeit zu vergessen und ziellos umher-zutreiben. Die wenigsten Menschen verfolgen mit ihrem Medienkon-sum ein konkretes Ziel. Auch Begegnungen mit Familie, Freunden und Kollegen leiden an der Leere, die mit einer Ziellosigkeit einher-geht. Das ist nicht opportunistisch oder utilitaristisch gemeint. Es ist eine Frage der persönlichen Pragmatik. Zu wissen, warum wir uns mit etwas oder jemandem auseinandersetzen, bestimmt nämlich maßgeblich den Ausgang jeder Begegnung und unsere Zufrieden-heit damit. Denn bevor wir überhaupt miteinander reden, wird be-wusst oder unbewusst der Rahmen der Begegnung festgelegt, und zwar vom jeweils »Stärkeren« in der Begegnung.

Beim Thema Neinsagen geht es also um mehr als nur darum, Wege zu finden, sich Minuten oder Stunden frei oder Aufgaben und Personen vom Leib zu halten. Es gibt Experten zum Thema Nein-sagen, die meinen, dies sei ein Beziehungsthema. Ja klar, Beziehun-gen spielen eine Rolle darin. Das liegt aber nicht am Thema selbst, sondern daran, dass Beziehungen so gut wie überall eine Rolle spie-len. Wenn wir es aus pragmatischer Perspektive sehen, geht es beim Neinsagen vor allem um eines: Produktivität.

Der Begriff der Produktivität ist mehr in der Arbeitswelt zu Hause als irgendwo anders. Doch lässt er sich auf alle Bereiche des Lebens übertragen, denn er beschreibt letztendlich unsere Fähigkeit, Ergeb-nisse zu schaffen. Wenn wir nur Ja sagen, kommen wir unseren eige-nen Ideen (Werten, Zielen, Aufgaben) nicht nach. Wenn wir aber nur Nein sagen, verschließen wir uns möglicherweise besseren Ideen. Wir brauchen beides.

Wer lernt, beide Seiten abzuwägen, ist produktiver. Doch damit greife ich vorweg. Zunächst müssen wir über das Wort »Nein« spre-chen, was es bedeutet, und welche Richtung seine Bedeutung auf dieser Reise aufzeigt. Da es hier darum geht, was Gewinner beim Ja-sagen und Neinsagen anders machen, müssen wir auch die Idee ei-nes Gewinners und Verlierers definieren. Ich verrate schon mal eines: Mit dem Kontostand hat es sehr wenig zu tun.

NEIN! – EIN KLEINER SATZ MIT GROSSER WIRKUNG

Das Wort »Nein« hat vier Buchstaben. Diese vier Buchstaben können nicht nur eine Menge bedeuten, sondern auch eine Menge bewirken. »Nein« verbindet den Verneinungspartikel »ni« aus dem Althochdeutschen und den unbestimmten Artikel »ein« und heißt so viel wie »nichts eins«.[3] Für mich sagt diese Erklärung schon alles. Alles Konfliktpotenzial, welches das Wort »Nein« in sich trägt, wird bereits in seiner ursprünglichen Bedeutung verraten. Diese Herleitung erklärt den Schmerz, den wir einerseits erleiden können, wenn wir ein Nein erhalten, und andererseits möglicherweise befürchten, wenn wir ein Nein vermitteln wollen.

Einigkeit und Gemeinschaft mit anderen ist ein tiefes Bedürfnis des Menschen. Wir haben alle einen Sinn dafür, wie verbunden wir einander sind. Das ist ein innerer Kompass. Dieser bringt uns jedoch nur dann etwas, wenn wir ihn verstehen und anwenden. Dieses geistige Echolot der Verbundenheit zu kennen und uns daran zu orientieren, kann das Neinsagen erheblich erleichtern.

Das Gleiche gilt für das Jasagen. Einer der tieferliegenden Gründe, warum wir zu denen, die uns am nächsten sind oder die wir nah haben möchten, allzu gerne Ja sagen, ist, dass wir Menschen soziale Wesen sind und auf Nähe, Bestätigung, Einigkeit, Zuwendung und Spiegelung angewiesen sind. Die Ereignisse, die uns die Neurowissenschaft hierzu im Bereich der Spiegelneuronen liefert, sind eindeutig. Egal wie groß Ihr Ego ist, auch Sie würden bei totaler sozialer Isolation Gefahr laufen, geistig und emotional angeschlagen zu sein. Wer Ja sagt und sich anderen öffnet und ihnen zugänglich ist, geht also nicht unbedingt der Sache selbst nach, sondern mehr dem Bedürfnis der Einigkeit – dem Wunsch nach Verbindung und Gemeinschaft. Dem gegenüber steht unser Bedürfnis nach Eigenständigkeit und Individualität. Jeder möchte in der Gemeinschaft auch eine eigene Identität. Wenn wir uns immer nur nach der Gruppe richten, stellt sich bald auch die Frage nach den eigenen Bedürfnissen. Unser Bedürfnis nach Einigkeit steht also mit dem Bedürfnis nach Individualität in Konflikt. Zweisamkeit in einer Partnerschaft und Gemeinschaft in der Familie können schön sein. Die schönen Momente dieser Zeiten möchte keiner missen. Gleichzeitig hat jeder Mensch eigene Wünsche der Zeitgestaltung – und wenn es nur der Wunsch ist, sich mal zurückzuziehen und allein ein Buch zu lesen. Weil vieles davon tatsächlich tief verwurzelte Bedürfnisse und keine bloßen Wünsche sind, müssen wir sie alle auf irgendeine Weise adressieren. Das ist nicht einfach. Das müssen wir lernen. Das Wort »Nein« ist dabei ein zweischneidiges Schwert. Es kann uns daran hindern, zu bekommen, was wir wollen. Es kann uns aber auch gleichzeitig genau darauf zuführen. Wir wollen Wege finden, dieses Schwert gekonnt einzusetzen, um mit dessen Hilfe zu mehr Einigkeit, mehr Gemeinsamkeit und mehr Übereinstimmung zu gelangen.

GEWINNEN UND VERLIEREN – WAS HEISST DAS?

Nehmen wir uns für einen kurzen Augenblick die Worte »Gewinner« und »Verlierer« vor. Was ist damit gemeint? Was es heißt, im Leben zu gewinnen, ja ein Gewinner zu sein, muss jeder für sich selbst beantworten. Denn gerade, weil es keine klar umrissene Antwort darauf gibt, schleichen sich schnell allgemeingültige Definitionen in unsere Köpfe. Das ist gefährlich, denn es kann uns von uns selbst wegführen. Neigen wir dazu, von außen vorgegebene Definitionen anzunehmen, klettern wir, im übertragenen Sinne, eine Leiter empor, die an der falschen Mauer angelehnt ist. Die gute Nachricht ist: Mit ein wenig Überlegung finden wir eine Definition von Gewinnen, die uns motiviert und gestärkt hält.

Die Definition von Gewinner, die in diesem Buch verwendet wird, ist folgende:

Gewinner sind Menschen, die täglich ein Leben führen, das mit ihren eigenen Werten, Wünschen und Zielen übereinstimmt.

Ziemlich einfach, oder? Aber machen wir es uns nicht zu leicht. Denn wer Pläne und Absichten durchsetzen will, muss erstmal welche haben – egal ob es ein Tagesplan ist oder ein Lebensplan. Ebenso den erstellten Plan durchzusetzen, ist alles andere als einfach. Täglich kommen Unterbrechungen und sogenannte dringende Dinge dazwischen, die wir entweder abarbeiten oder abwehren wollen. Ja, es gibt Tage, an denen wir frei sind von Ablenkungen und Problemen, aber die sind selten. Wie auch immer Ihre Definition von Gewinner aussieht, stellen Sie sich mit ihr der Realität, dass es keine Unterstützung ohne Herausforderung gibt. Überall im Leben lauern Hindernisse, äußere wie innere. Wer mit der Erwartungshaltung durchs Leben geht, nur unterstützt und gefördert werden zu wollen, sieht nur eine Seite der Medaille. Auf unserem Weg zum effektiven Neinsagen stehen wir vor allen möglichen Herausforderungen. Sehen Sie das als ein gutes Zeichen. Warum? Es bedeutet, wir sind auf dem Weg, etwas Neues in unser Leben zu bringen, und eine Idee, eine Absicht, einen Plan in die Form unseres Alltags zu gießen.

Vielleicht erinnern Sie sich noch an den März 2020 – da kam etwas Unsichtbares in unser aller Leben und hat sichtbaren Schaden angerichtet. Unabhängig von dem, was Sie in den Medien gehört oder gelesen haben, gab es viele bekannte, und vor allem unbekannte, Gewinner in den Monaten, die folgten. Jede Firma und jedes Individuum, der beziehungsweise dem es gelang, Pläne anzupassen oder auf neuen Wegen der ursprünglichen Absicht gerecht zu werden, kam Tag für Tag voran. Stellen Sie sich vor, Sie wären zu Zeiten Coronas Geschäftsführer eines Start-ups im Veranstaltungsbereich oder irgendeiner anderen Branche, die von persönlichen Treffen lebt. Erwachsene Firmen haben vielleicht ein finanzielles Polster, auf das sie zurückgreifen können, oder sie verfügen über weitere stabile Einkommensquellen, um solche Phasen durchzustehen. Aber ein Start-up? Diese Firmen stehen meist wie zarte Pflänzchen im Wirtschaftsdschungel. In solchen Situationen muss man sich auf die Absicht des Geschäfts berufen und sich fragen: Wie können wir unter diesen neuen Umständen unserer ursprünglichen Absicht gerecht werden?

Der Punkt ist: Es wäre naiv, zu glauben, dass unser Plan und unsere Absicht vom Leben nicht herausgefordert werden. Die sogenannten »Gewinner« sind also Menschen, die Pläne haben und diese bis zum Ergebnis umsetzen. Der Zeitrahmen und die Inhalte sind dabei zweitrangig. Wenn es zum Beispiel an einem gegebenen Tag Ihre Absicht ist, eine Stunde Sport zu machen, und Ihnen dies trotz Widerständen aller Art gelingt, haben Sie für den Tag gewonnen und sind an dem Tag ein Gewinner. Wenn Sie ein gewisses Fitnesslevel oder Körpergewicht erreichen wollen, wird ein Tag vielleicht nicht ausreichen, aber irgendwo müssen wir mit der Messung beginnen. Ein Alkoholiker, der sich morgens vornimmt, nichts zu trinken, und das gegen seinen Willen und seine Gewohnheit durchsetzt, ist für den Tag ein Gewinner. Das ist jedenfalls das, was mit Gewinnen und Verlieren in diesem Buch gemeint ist. Es ist eine einfache Definition, die für jeden Menschen täglich aufs Neue umsetzbar ist, und zwar in ganz verschiedenen Bereichen des Lebens.

Viele Menschen setzen »Gewinnen« mit Geld gleich. Doch ein befreundeter Millionär erklärte mir einmal: »Ein Millionär, der sich aufgegeben hat und sein Potenzial vergeudet, ist kein Stück erfolgreicher als jeder andere, der sich gehen lässt und nichts aus seinem Leben macht. Du weißt ja nicht, was in ihm vorgeht, und wie er sich fühlt.« Die eigenen täglichen Siege aufrechtzuerhalten und sich bewusst zu machen, ist wichtig, weil sie uns schließlich an unsere Ziele bringen – egal ob sie einige Tage, Wochen, Monate oder Jahre in der Zukunft liegen. Verstehen Sie, dass Sie jeden Tag siegen können. Und wenn es Ihnen gelingt, sind Sie ein Gewinner.

Vielleicht denken Sie, ich mache es Ihnen und mir zu leicht. Dann frage ich Sie: Warum sollte ich es uns schwer machen? Wenn Ihr Standard für Gewinnen nur mit einem Gesamtbild von täglicher Lebensfreude, erfüllten und glücklichen Beziehungen sowie leicht verdienten Millionen bedient wird, ist es äußerst unwahrscheinlich, dass Sie sich jemals als Gewinner fühlen werden. Im Gegenzug wäre es meiner Ansicht nach auch zu tief angesetzt, wenn Sie festlegen, ein Gewinner sei jemand, dem es gelingt, morgens aus dem Bett zu fallen. Aus dem Bett zu fallen und sich als Spielball des Lebens in die Arbeit zu begeben, bedarf keiner Fähigkeit oder Anstrengung. Wie auch immer Ihre Definition von Gewinnen aussieht, wählen Sie eine, an die Sie wirklich glauben. Die Idee des täglichen Sieges und sich in den Herausforderungen des Tages durchzusetzen, reicht für unsere Zwecke vollkommen aus, da sie handlungsgebunden ist und einen Zeitraum wählt, in dem Ergebnisse messbar sind.

Verlierern hingegen gelingt nicht, was sie sich täglich vornehmen. Auch bei kleinen alltäglichen Dingen fehlt ihnen die Durchsetzungskraft und zuweilen auch die nötige Flexibilität, um das Geplante auch wirklich abzuschließen. Erfolgreiche Verlierer erleben schließlich die Summe der Tage, an denen sie sich haben gehen lassen. Positiv zu bewerten ist, wenn sich dieses Verlieren schmerzhaft anfühlt. Dieser Schmerz zeigt nämlich, dass der Bezug zur Realität des Betroffenen noch intakt ist. Wenn die Ergebnisse unserer eingeschlagenen Lebensrichtung uns eingeholt haben, kann uns ein vom Leben verpasster Schlag ins Gesicht aufwecken. Dieses Wachwerden eröffnet jenen Menschen die Chance, Änderungen vorzunehmen und Wege zu finden, die Dinge umzusetzen, die sie sich vornehmen. Ja, Verlierer gewinnen an einigen Tagen im Jahr, genauso wie langfristig erfolgreiche Gewinner an einigen Tagen im Jahr verlieren. Doch langfristigen Verlierern misslingt es, die Siegestage aneinanderzureihen. Die Gründe dafür sind vielfältig.

Besonders in Bezug auf das Neinsagen könnte ich nicht besser auf den Punkt bringen, wie Jasager sich in zweifelhafte Situationen navigieren. Wer offen für alles ist, hat keine Leitplanken, um auf Kurs zu bleiben. Nehmen wir zum Beispiel Rupert aus dem Film *Fight Club*,[4] beruhend auf dem gleichnamigen Roman von Chuck Palahniuk. Rupert, auch Cornelius oder Travis genannt, ist Protagonist des Films und wird gespielt von Edward Norton. Tyler Durden, der Antagonist, wird gespielt von Brad Pitt. Die Geschichte: Rupert ist angestellter Rückrufkoordinator in einem amerikanischen Automobilkonzern. Sein Leben besteht aus Flugreisen, Autounfallgutachten, Schreibtischarbeit, Büropolitik und leidigen, wachen Nächten. Es quält ihn. Sein Vorgesetzter macht ihm das Leben auch nicht leichter. Rupert kann an der Farbe seiner Krawatte ablesen, welcher Wochentag es ist. Dieser angepasste Spießer geht ihm mit seinen ständigen Forderungen auf die Nerven, denn er kann sie ihm einfach nicht abschlagen. Rupert ist der klassische Jasager. Oft erwischt er sich in der Arbeit im Halbschlaf. Wie in Trance zieht sein Leben an ihm vorbei. Höchstens bei der Einrichtung seiner Wohnung, die perfekt mit den neuesten Stücken aus dem IKEA-Katalog ausgestattet ist, kommt er aus sich heraus. Doch eines Tages trifft er einen Mann, der sein Leben ändert: den Seifenverkäufer Tyler Durden. Von Tyler lernt Rupert, seine Tage und sein Leben so zu gestalten, wie er es will – auf gesellschaftliche Konventionen und Sitten ist gepfiffen. Stück für Stück findet er heraus, wie er einen gewonnenen Tag an den nächsten reiht. Mehr noch: Die Freundschaft mit Tyler ist Ruperts Chance, seine dunkle Seite auszuleben – die Seite, die er Zeit seines Lebens aus Angst vor Ablehnung unterdrückt hat. Gemeinsam gründen sie einen Kreis von Kämpfern mit dem Namen Fight Club. In diesem (nicht eingetragenen) Verein schlagen sich brave Buben, denen es nicht gelingt, sich in der Welt durchzusetzen, nach Feierabend brutal die Köpfe ein, und zwar mit Gusto. Dabei geht es nicht ums Gewinnen oder Verlieren. Es geht darum, wieder etwas zu spüren und aus sich herauszukommen – das ist der wahre Gewinn.

Tyler führt Rupert durch an Missbrauch grenzende »Schulungsmaßnahmen«, um ihn innerlich von Konventionen und blind akzeptierten Lebensvorstellungen zu lösen. Mehr noch: um von sich selbst loszukommen – dem Selbst, das ihn in dieses leere Leben hineingeführt hat. Erst nachdem Tyler mit der immer weiter wachsenden Gruppe an braven Schlägern terroristische Anschläge verübt, beginnt Rupert, Tyler und den Fight Club infrage zu stellen. Im Zuge dessen stellt Rupert fest, dass er und Tyler ein und dieselbe Person sind. Das Kennenlernen von Tyler war der Beginn einer Schizophrenie, einer Geistesspaltung. Nachdem er seine geistige Schieflage erkennt, versucht er, Tyler an den Anschlägen zu hindern, doch ohne Erfolg. Das Chaos gewinnt.

Warum war der Film so erfolgreich? Warum finden sowohl Männer als auch Frauen solchen Gefallen an diesem brutalen Film? Wenn wir einmal Brad Pitts Waschbrettbauch außen vor lassen, besticht die Geschichte, weil sie die Grenzen dessen durchbricht, was im modernen angepassten Lebensstil allzu leicht zu akzeptieren ist: Langeweile, Teilnahmslosigkeit, uneingeschränkte Toleranz, gedankenloser Konsum und nicht zuletzt willenloses Jasagen. Diese Dinge sind der Preis, um dazuzugehören. Rupert verweichlicht im Büroalltag des Arbeitslebens. Er ist Gefangener seiner eigenen Unfähigkeit, aus dem Hamsterrad auszubrechen. Sein Selbst und seine Männlichkeit sind ihm fremd. Es bedarf einer extremen, krankhaften Spaltung seines Geistes, um ihn schließlich aus diesem Missstand zu erwecken. Dieses Erwachen, dieses Erwachsenwerden Ruperts wird im Film mit masochistischen und ekelerregenden Szenen zur Schau gestellt. Menschen schauen diesen Film, um an dieser Metamorphose und Befreiung teilzunehmen.

Doch zurück zum Neinsagen. Die erste Regel des Fight Clubs lautet: »Ihr verliert kein Wort über den Fight Club.« Eines Tages findet Ruperts nervender Vorgesetzte im Kopierer einen Ausdruck dieser Regeln und konfrontiert ihn damit. »Gehört das Ihnen?«, fragt er fordernd. Verunsichert kriegt Rupert keine Antwort zusammen. »Nehmen wir an, Sie wären ich [...]«, hakt der Boss nach, »und Sie finden das. Was würden Sie tun?« Nun lehnt sich Rupert zurück und schaut seinem Chef in die Augen: »Ich würde mir ausgesprochen gut überlegen, wen ich darauf anspreche [...]«, beginnt er. Mit beharrlichem

Blick schildert er ein unheimliches Mordszenario im Büro, während er aufsteht, auf seinen Chef zugeht und ihm schließlich das Papier aus der Hand reißt. Nüchtern sagt er:»Vielleicht wär's besser, wenn Sie nicht jeden Mist, der Ihnen unterkommt, zu mir schleppen.« Das ist mitunter die beste Lektion in Sachen Neinsagen, der ich bis heute begegnet bin. Verstehen Sie mich bitte richtig: Das ist Hollywood. Diese Art, Nein zu sagen, ist alles andere als ideal im Alltagsleben der meisten Menschen. Schließlich wollen wir unser Arbeits- und Beziehungsleben durch gekonntes Neinsagen verbessern. Die »richtige« Art, Nein zu sagen, ist kontextabhängig. Punkt ist, diese Szene zeigt Rupert als Gewinner im Alltag. Mehr noch: Es ist ein wichtiger Sieg, ein Wendepunkt in seinem Arbeitsleben. Rupert gelingt es, die Schulddiskussion und die nervige Büropolitik zu unterbinden. Mit dieser Szene beginnt er, damit aufzuhören, die Spießigkeit seines Chefs zu tolerieren; er beginnt, damit aufzuhören, sich seinem Chef unterzuordnen; er beginnt, damit aufzuhören, sich selbst zu vernachlässigen. Er ist voll und ganz bei sich und hat damit eine ganz neue Autorität über sein Leben gewonnen. Sich für seine direkte und klare Ansage bei seinem Chef zu entschuldigen, kommt für ihn zudem nicht einmal ansatzweise infrage.

Es gibt eine englische Redewendung, in der diese selbstbewusste Einstellung schön zum Ausdruck kommt: *Sorry, not sorry.* Zu Deutsch: Tut mir leid, aber dafür entschuldige ich mich nicht! *Sorry, not sorry* vermittelt:»Es gibt hier nichts zu diskutieren. Wenn du jemanden beschuldigen willst, dann bring die Schuld woanders hin.«

DIE SIEBEN PRINZIPIEN DER PRODUKTIVITÄT

Nun, da das Thema Gewinnen und Verlieren geklärt ist, wollen wir uns noch einem weiteren wichtigen Thema zuwenden, bevor wir den Anstieg beginnen: Produktivität.

Als Trainer für Produktivität und Selbstorganisation ist für mich das Thema des Neinsagens vor allem eine Frage der Produktivität. Je besser wir Ja und Nein sagen können, desto müheloser kommen wir bei dem voran, was für uns zählt. Im Folgenden finden Sie einen Überblick über die Produktivitätsprinzipien für den Alltag, und wie sie den Rahmen für das Thema Neinsagen bilden. Diese habe ich über die Jahre selbst entwickelt. Weil es in diesem Buch um das Ziehen von Grenzen geht, fangen wir einfach beim entscheidenden Prinzip zum Thema Neinsagen an.

Produktivitätsprinzip #5: Kennen Sie Ihre Grenzen

Nur wer seine Grenzen kennt, kann sie auch kommunizieren. Damit halten wir uns Zeitfresser vom Leib. Es geht jedoch um mehr: Wer seine Grenzen kennt, kann sie auch leichter erweitern. Langfristig macht das produktiver. Hier stoßen wir erneut auf eine Grenze. Denn es stellt sich die Meta-Frage: Wann ist es denn jetzt genug mit der Produktivität?

In Sachen Produktivität wollen Sie selbst entscheiden, wann aus dem Optimierungswillen ein Optimierungswahn geworden ist. Sie allein sind der Experte Ihrer Zeit und Ihrer Produktivität. Wenn es konkret darum geht, Nein zu sagen, Anforderungen anderer zu minimieren oder destruktive Verhaltensweisen abzulegen, hört das Ziehen von Grenzen nie auf. Es beginnt hingegen bereits mit der *Kenntnis* unserer Grenzen. Wenn wir unsere Grenzen nicht kennen, kann es sein, dass wir uns überfordern und unsere eigenen Absichten durch den Vorzug fremder Absichten untergraben.

Wir alle wissen, dass das Leben nicht schwarz-weiß ist. Es geht nicht um Geben oder Nehmen. Es geht um Geben und Nehmen, mit einer großen Graufläche dazwischen, in der wir uns irren können. Wir dürfen uns also zutrauen, Dinge auszuprobieren und unsere

Grenzen kennenzulernen und zu erweitern, genauso wie wir unsere Zeit kennen müssen, wenn wir unsere Produktivität steigern wollen. Durch das Experimentieren mit unseren Grenzen erreichen wir schließlich unseren sogenannten Produktivitätssweetspot.

Der Produktivitätssweetspot ist unser ideales Pensum an Aktivität, eine Art effektive Zone, in der wir herausgefordert sind und uns gleichzeitig strecken müssen, um mitzukommen. Hier gewinnen wir Sicherheit dadurch, dass wir unsere Fähigkeiten erfolgreich anwenden können.

Im Bereich der Selbstveränderung werden drei Handlungsbereiche beschrieben: der Komfortbereich, der Lern- oder Wachsbereich und der Panikbereich.

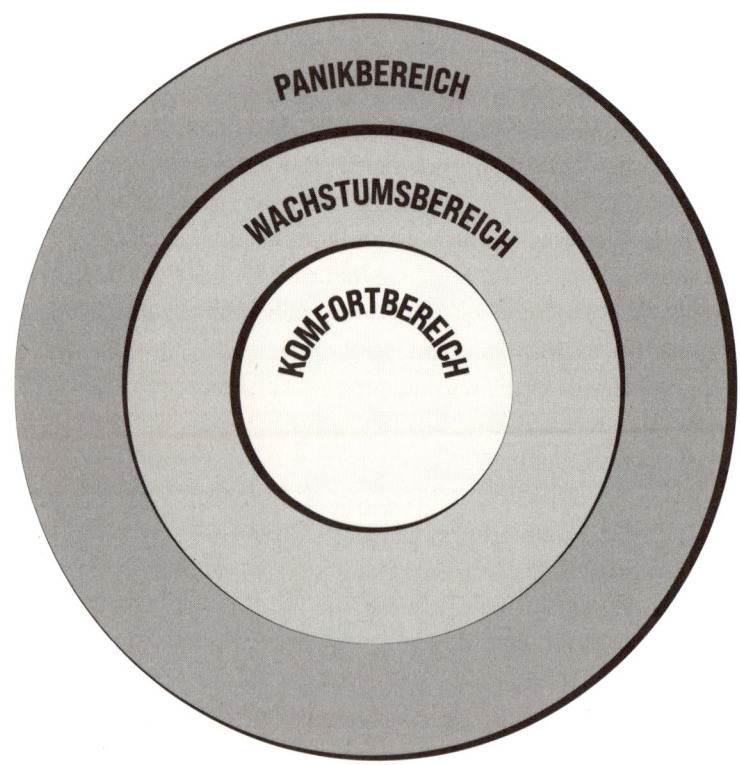

Der Komfortbereich wird gerne oft als Komfortzone verschmäht, weil damit die Couchpotato assoziiert wird. Klar, Couchpotatoes sind Komfortbereichjunkies. Doch dieser Bereich ist mehr als ein Ort trüglich gemütlicher Lethargie. Er ist ein Ort der eigenen Ordnung, ein Ort des Vertrauens, der Ruhe und der Sicherheit. Wir Menschen brauchen diese Dinge. Wer ständig in Panik lebt, kommt genauso wenig klar wie diejenigen, die ausschließlich der Gemütlichkeit verfallen.

Wenn wir als Menschen wachsen wollen, dürfen wir nicht im Komfortbereich bleiben. Wir müssen einen Ausflug in die Welt des Unbekannten wagen und mit dem Unberechenbaren und Chaotischen experimentieren. Damit erweitern wir die Grenzen unseres Komfortbereiches und auch die unseres Wachstumsbereiches, weil wir dadurch auf unbekanntem Boden handlungsfähiger bleiben. Das ist Übungssache.

Wer seine Produktivität steigern möchte, darf nicht immer das machen, was leicht und angenehm ist. Wir müssen uns auch gezielt Herausforderungen stellen. Denn das Gute an ihnen ist, dass wir unsere Grenzen deutlich spüren und mit jeder erfolgreich bewältigten Herausforderung erweitern. So gelingt es uns, aus Paniksituationen im Idealfall Wachstumssituationen zu machen, und aus Wachstumssituationen Komfortsituationen.

Die eigenen Grenzen zu kennen, geht also in zwei Richtungen: unsere Grenzen zu ziehen, um zu bewahren, was innerhalb dieser Grenzen liegt, und unsere Grenzen zu testen, um sie auszuweiten. Das ist ein ständiges Hin und Her von Ja- und Neinsagen, Abwägen und Entscheiden, Ziehen und Drücken. Die folgenden sechs Prinzipien beruhen zwar im Kern darauf, kompetent im Umgang mit unserer Zeit zu sein. Allerdings ist in jedem Prinzip auch ein Zusammenhang zum Neinsagen zu finden.

Produktivitätsprinzip #1:
Kennen Sie Ihre Absicht

Klare Absichten und Ziele brauchen wir in jedem Bereich. Neinsagen führt zu Eigenständigkeit, zu Selbstbestimmtheit und zu klaren Antworten auf das Leben. Diese Ergebnisse sind schwer zu definieren und daher auch schwer zu messen. Wir brauchen sie aber, um unseren Fortschritt zu messen.

Vielleicht haben Sie bereits mehrere Bücher zum Thema Selbstveränderung gelesen und dabei festgestellt, dass dieses Thema immer wieder auftaucht. Warum ist das so? Weil es im wahrsten Sinne des Wortes »grund-legend« in diesem Spiel der Selbstveränderung ist, Ziele, Absichten und Endzustände zu formulieren. Wenn Sie den Unterschied zwischen dem Haben und dem Nichthaben von Zielen erleben wollen, probieren Sie für eine Woche Folgendes aus: Beginnen Sie jeden Tag, jedes Telefonat, jede E-Mail, jedes Gespräch, jede Sporteinheit, jeden Film und jedes Treffen mit Freunden mit einer dieser Fragen: Was ist meine Absicht, was ist mein Ziel für diese Begegnung? Wie sieht der Endzustand aus? Welches Ergebnis möchte ich, und wie fühlt es sich an?

Verstehen Sie mich bitte richtig: Es geht hier nicht darum, alles im Leben einem messbaren Ziel unterzuordnen. Wir können auch ohne Ziel mit unserem Partner telefonieren oder die Oma besuchen. Wenn wir aber feststellen, dass wir mit dem Verlauf oder den Ergebnissen dieser Begegnungen nicht zufrieden sind, kann es uns bei der Neugestaltung helfen, mit einem klaren Endzustand im Kopf in diese Begegnungen reinzugehen. Dieser Endzustand kann auch Nähe und Verbundenheit sein oder dem anderen eine Freude gemacht zu haben. Wenn es darum geht, Grenzen zu ziehen, zu bestimmen, wann uns etwas zu weit geht, und effektiv Nein zu sagen, helfen klare Absichten. Das betrifft unseren Konsum, unsere Beziehung zu anderen und unsere Beziehung zu uns selbst. Die Idee dabei ist, mit dem Ziel zu beginnen, also mit dem Endzustand, auf den wir hinausmöchten. Denn:

Wie können wir erwarten, zu bekommen, was wir möchten, wenn wir gar nicht genau wissen, was wir möchten? Es braucht Übung. Klare Ziele und Absichten sind aber nicht nur *nice to have*. Sie sind vor allem Treibstoff der Produktivität. Sie motivieren. Sie motivieren nicht nur, zu beginnen, sie motivieren vor allem, dranzubleiben, das heißt, produktiv zu bleiben und weiter fortzuschreiten. Warum? Weil sie als Kompass und Kilometerzähler zugleich dienen. Wir verwandeln unsere unausgesprochenen Hoffnungen und Erwartungen in klare Vorstellungen. Mit einer klaren Absicht trichtern wir unsere Energie und unseren Fokus in eine gezielte Richtung.

Produktivitätsprinzip #2:
Kennen Sie Ihre Prioritäten

Zeitmanagement ist ein fragwürdiger Begriff. Nicht nur, weil er veraltet ist, sondern vor allem, weil er eine Lüge beinhaltet: Wir können Zeit nicht managen. Arbeitsprozesse können wir managen, Maschinen können wir managen, Ressourcen können wir managen – Zeit an sich können wir aber nicht managen. Unsere Agenda interessiert die Zeit nicht. Die Zeit hört nicht auf uns. Alles was wir tun können, wenn es um sogenanntes Zeitmanagement geht, ist es, zu bestimmen, was wichtig ist. Diese Hierarchie der Wichtigkeit nennt man Priorisieren. Wenn Sie zu den Fortgeschrittenen im Produktivitätsbereich gehören wollen, lernen Sie die Prioritäten der wichtigsten Menschen in Ihrem Umfeld kennen. Wir alle haben ganz unterschiedliche Prioritäten. Egal wo wir arbeiten und leben, Prioritätenkonflikte wird es immer geben. Wenn wir aber unsere Prioritäten und die anderer gut kennen, sind wir allen anderen, die sie nicht kennen, in puncto Produktivität voraus. Dann erkennen wir nämlich auch den Rahmen jeder Begegnung und können gezielter Ja und Nein sagen.

Prioritäten zu setzen, fällt vielen Menschen schwer, weil es bedeutet, Entscheidungen zu treffen. Das ist nicht leicht, denn bei jeder Entscheidung für etwas oder jemanden entscheiden wir uns gleichzeitig auch gegen etwas oder jemanden. Die Konsequenzen sind nicht immer antizipierbar. Falls doch, kann es sein, dass wir mit Konsequenzen Ängste verbinden, die uns ausbremsen. Menschen, die ihre Prioritäten kennen, fallen Entscheidungen leichter. Damit agieren sie nicht nur schneller, sondern gehen auch in die von ihnen bestimmte Richtung. Produktivität wird dadurch müheloser.

Wenn Arbeit Ihre höchste Priorität ist, weil die Deadline oder eine Kundenauslieferung naht, kann es sein, dass Gesundheit und Familie für eine Weile hintanstehen. Wenn Sie schwanger sind, dann dürfte im besten Fall die Familie an erster Stelle stehen und die Arbeit eher an zweiter oder an dritter Stelle. Wenn Sie ein Sabbatical machen, stehen Sie selbst und Ihre Lebensausrichtung vielleicht ganz oben auf der Liste. Was zählt, ist es, sich seine Prioritäten immer wieder bewusst zu machen. Mit der Zeit bewirkt das im Alltag, dass wir irgendwann intuitiv die Entscheidungen treffen, die uns guttun.

Produktivitätsprinzip #3: Kennen Sie Ihre Zeit

Bei diesem Prinzip geht es darum, zu wissen, worauf man wie viel seiner Zeit aufwendet. Für einige alltägliche Dinge wenden Sie dieses Prinzip bereits an. Sie wissen zum Beispiel, wie lange Sie nach dem Aufstehen brauchen, bis Sie bereit sind, das Haus zu verlassen. Sie stellen ja Ihren Wecker danach. Sie wissen auch, wie lange Sie ins Büro brauchen und wieder nach Hause. Sie haben Erfahrungswerte gesammelt und daraufhin Ihren Tagesanfang geplant. Doch was ist mit der restlichen Zeit des Tages oder der Woche? Wie viel Zeit brauchen Sie für Ihre Tätigkeiten? Meetings, Korrespondenz, Telefonate, Mittagspausen, Klatsch und Tratsch mit Kollegen oder Freunden – all das kostet Zeit. Und je besser wir das wissen, desto besser können wir planen und desto produktiver können wir sein – nicht zuletzt, weil es uns dadurch leichter fällt, Entscheidungen zu treffen.

Dieses Prinzip der Produktivität wird gerne übersehen. Vielleicht liegt es daran, dass es so banal klingt. Vielleicht auch daran, dass es nach Arbeit klingt. Denn ja, es erfordert Arbeit, sich dem Zeitaufwand seiner Tätigkeiten bewusst zu werden.

Dennoch ist diese Idee nichts Neues.[5] Kennen Sie Ihre Zeit, und Sie können Zeitfresser leichter ausradieren und die Zeiten, die Ihnen gefallen, vermehren.

Produktivitätsprinzip #4: Kennen Sie Ihre Werkzeuge

Ob digital oder analog, wir alle verwenden Werkzeuge, die uns dabei helfen, unsere Arbeit zu verrichten. Je besser wir mit ihnen umgehen können, desto produktiver sind wir. Das versteht sich von selbst. Wie gut beherrschen Sie beispielsweise das Zehnfingersystem auf der Tastatur? Oder wie sieht es mit Textverarbeitungsprogrammen aus? Arbeiten Sie täglich mit diesen Programmen? Wenn ja, kann Ihre Produktivität durch bessere Kenntnisse im Umgang mit diesen Programmen gesteigert werden. Oder wie ist es mit der Organisation von Dateien, Papieren, Terminen und E-Mails? Es kostet Zeit, Dinge zu suchen – sowohl privat als auch beruflich. Ein einfaches, funktionierendes System ist Gold wert in der Welt der Produktivität.

Ja, es kostet Zeit, unsere Kenntnisse zu erweitern und neue Systeme auszuprobieren und zu etablieren. Nur was ist mit der Zeit, die sie uns sparen?

Produktivitätsprinzip #6: Kennen Sie Ihre Einstellung

Wie wir uns selbst, unseren Aufgaben und anderen gegenüber eingestellt sind, macht einen Unterschied in unserer Fähigkeit und unserer Bereitschaft, zu handeln. Anders gesagt: Mit einer positiven Einstellung zu uns, unserem Umfeld und unseren Tätigkeiten sind wir produktiv. Mit einer negativen Einstellung zu uns, unserem Umfeld und unseren Tätigkeiten sind wir unproduktiv.

Beim Neinsagen lassen wir uns auf einen Prozess ein, der unsere Einstellung zu anderen auf die Probe stellt. Wenn wir jedoch unsere Einstellung kennen und verstehen, können wir sie bewusst auf positiv und konstruktiv schalten. Es geht dabei nicht darum, immer gut drauf zu sein. Es geht darum, eine Autorität über uns selbst zu entwickeln. Das hält uns nicht nur in Sachen Neinsagen produktiv, sondern auch bei allen anderen Herausforderungen.

Stress stellt sich nicht automatisch ein, wenn viel los ist. Stress ist unsere Reaktion auf das, was los ist. Das Gute an Stress ist, dass er uns zeigt, was in uns oder in anderen steckt – sowohl im Guten als auch im Schlechten. Hier sind drei weitverbreitete, reflexartige Reaktionen, die uns Aufschluss über mögliche Einstellungen in Bezug auf uns selbst, unsere Tätigkeiten und unser Umfeld geben können. Vielleicht erkennen Sie sich selbst und andere in stressigen Situationen darin wieder:

1. **»Härter!«**

Wenn etwas nicht funktioniert oder so vorangeht, wie wir es uns wünschen, ist eine Möglichkeit, noch härter ranzuklotzen. Manchmal funktioniert es, manchmal nicht. Zur Erinnerung: Sie sind der Experte Ihrer Zeit und Ihrer Produktivität. Nur Sie können bestimmen, ob Sie sich wie eine Fliege verhalten, die gegen die Fensterscheibe fliegt und nicht weiterkommt, oder ob Sie einen eisernen Willen demonstrieren und flexibel handeln. Stellen wir fest, wir benehmen uns wie die Fliege am Fenster, ist Härte und Stärke die falsche Einstellung.

Härte ist dann angebracht, wenn wir kurz vor dem Ziel sind und nur noch die letzten Meter überwinden müssen. Härte ist aber schlecht, wenn sie auf Kosten guter Beziehungen oder auf Kosten unserer Gesundheit geht.

2. »Schneller!«

Jeder Mensch hat, je nach Aufgabe und Umfeld, sein ganz eigenes Tempo – auch Sie. Dabei gilt: Schnell ist nicht immer schlecht. Ein Beispiel: Bei einem Backgammonspiel mit einem persischen Backgammonprofi verlor ich ein Spiel nach dem anderen. »Wie bist du so gut geworden?«, fragte ich ihn. »Ich lernte schnell und schlecht zu spielen, statt langsam und bedacht!«, sagte er, ohne zu überlegen. »Schnell und schlecht!« war ein Motto, dass ihm dazu verhalf, geistig in Bewegung zu bleiben und von seinen Fehlern zu lernen. Ich kopierte seine Strategie. Zwar verlor ich erstmal weiterhin Spiele, weil ich viele Fehler machte, aber von Turnier zu Turnier wurde ich besser, weil ich Dinge nicht überdachte.

»Schnell und schlecht« ist gerade für Perfektionisten ein Motto, das einen über Fehler und die Angst vor Fehlern hinausbringen kann. Dabei geht es nicht darum, fahrlässig zu handeln. Was zählt, ist, das passende Tempo für die Aufgabe zu finden.

3. »Besser!«

Immer besser werden zu wollen, ist Fluch und Segen zugleich. Es ist ein Balanceakt, dankbar dafür zu sein, wie es ist, und unzufrieden zu sein, damit wir daran arbeiten, unsere Möglichkeiten zu erweitern. Wer an sich arbeitet, ist nicht automatisch schlecht, nur weil er sich verbessern möchte. Und wer zufrieden ist, ist nicht automatisch faul. Ob es um die Sache geht oder um Zwischenmenschliches, nehmen Sie sich das weitverbreitete Pareto-Prinzip zu Herzen: 80 Prozent der Ergebnisse werden von 20 Prozent der Tätigkeiten erzeugt. Die Kunst ist es, genau diese 20 Prozent der Mittel zu kennen und sich möglichst darauf zu konzentrieren.

Eine Präsentation, die zu 80 Prozent fertig ist, darf auch als fertig gelten. Ein Team, das zu 80 Prozent aufeinander abgestimmt ist, wird auch eine weitestgehend harmonische Arbeitsatmosphäre und Effizienz ermöglichen. Wenn Sie sagen: »Nein, es müssen 100 Prozent sein, sowohl im Team als auch bei den Aufgaben«, dann bereiten Sie sich auf sehr viel mehr Arbeit vor. Ob es das wert ist, entscheiden Sie selbst.

Einstellung ist eine kleine Sache, die einen großen Unterschied macht. Unsere Produktivität lässt sich steigern, sobald wir die zur Aufgabe und zum Umfeld passende Einstellung finden. Es geht vor allem darum, Reibungspunkte von innen her zu verringern. Immer dagegen zu sein, immer perfektionieren zu wollen, immer härter zu arbeiten und immer mehr von anderen zu fordern, hat einfach seine Grenzen in der Realität des Alltags. Ob Ihre Einstellung der Aufgabe und dem Umfeld angemessen ist, erkennen Sie an dem Freiraum und der Handlungsbereitschaft, die Sie bei sich und anderen verspüren. Je mehr Freiraum und Handlungsbereitschaft da sind, desto produktiver sind wir.

Produktivitätsprinzip #7:
Kennen Sie Ihren Plan

Plan your work, work your plan! Vielleicht haben Sie diesen Spruch schon einmal gehört. Ein einfacher Plan kann gewaltige Änderungen in unserer Produktivität bewirken. Er stellt auch beim Thema Neinsagen einen zentralen Teil dar. Denn wenn wir keinen Plan haben, dem wir nachgehen und den wir erfüllen wollen, sind wir offen und anfällig für Ablenkungen. Diese können uns an der Umsetzung unseres Plans hindern, und das werden sie auch, wenn wir sie Überhand nehmen lassen.

Meiner Erfahrung nach ist für viele das Planen ihrer Woche ein Novum. Klar, wir können das Leben nicht total verplanen, weil immer etwas dazwischenkommt. Es ist auch nicht das Ziel, dem Leben unseren Willen aufzuzwingen. Das wäre aussichtslos. Ziel eines jeden Plans ist es, ins Handeln zu kommen. Pläne helfen dabei, weil sie uns einen Überblick geben, das heißt, uns helfen zu verstehen, welche Schritte und Meilensteine uns unseren Zielen näherbringen.

Dennoch scheitern bereits viele beim ersten Schritt, also beim »plan your work«. Dafür kann es verschiedene Gründe geben. Ein Hauptgrund scheint zu sein, dass die wenigsten Denken und Planen als Arbeit sehen. Arbeit ist für viele nur das Umsetzen des Plans. Das halte ich aber für zu kurz gegriffen. Denken ist Arbeit, ja vielleicht die schwerste Arbeit überhaupt. Wer sich die Zeit nimmt, zu planen, arbeitet orientiert und fokussiert. Es liegt in der Natur eines Plans, dass er sich ändert. Doch wenn wir keinen Plan haben, ist es schwer, flexibel zu sein, weil wir nichts haben, an dem wir uns orientieren können. Wer einen Plan hat, ist einfach im Vorteil und kann in Bezug auf Ablenkungen die richtigen Entscheidungen treffen – und Nein zu Dingen sagen, die seinen Plan durcheinanderwirbeln.

GRUNDBEGRIFFE: WIRKUNG, CHARISMA, CHARAKTER, PERSÖNLICHKEIT

An dieser Stelle möchte ich noch vier Grundbegriffe klären, die uns in diesem Buch begleiten werden: Wirkung, Charisma, Charakter und Persönlichkeit.

Fangen wir an mit **Wirkung**. Wir können nicht nicht wirken. Wirkung ist ein transitives Verb. Das heißt, es beschreibt den Vorgang einer Übertragung von einer Sache auf eine andere. Wenn wir also nie nicht wirken können, sind wir ständig dabei, Dinge auf andere zu übertragen. Wirken heißt also für uns, eine Reaktion zwischen Menschen auszulösen. Dabei gibt es keine guten oder schlechten Reaktionen – so wie es in der Chemie keine guten oder schlechten Reaktionen von Elementen gibt. Es gibt lediglich gewünschte und angemessene Reaktionen und damit gewünschte oder angemessene Wirkungen, die wir auf andere haben. Manche Menschen wirken wie ein schwarzes Loch. Sie ziehen Energie aus dem Raum auf, ohne sie zu reflektieren oder gar zu multiplizieren. Andere Menschen können regelrecht andere mit Begeisterung und Überzeugung verzaubern. Ihre Wirkung geht von einladend über magnetisch bis hin zu blendend. Das nennt man Charisma.

Charisma ist ein zweischneidiges Schwert: Charismatische Menschen haben eine außergewöhnliche Ausstrahlung, mit der sie sowohl einen Raum erleuchten als auch die Menschen in diesem Raum blenden können. Charisma lebt dann auf, wenn jemand für einen Moment der Begegnung eine Brücke schlagen kann. Je besser ein Mensch das kann, desto mehr Charisma hat er. Im Gegensatz zu Charakter gibt es Charisma nur zwischen Menschen. Wenn Sie beispielsweise auf einer einsamen Insel stranden, nützt Ihnen Ihre Ausstrahlung sehr wenig. Dann zählt Charakter umso mehr.

Charakter ist das Konglomerat unserer Werte, Fähigkeiten, Gewohnheiten und Gedanken. Charisma ist kurzlebig und flüchtig. Charakter ist das, was uns trägt. Es ist das, aus dem wir wirklich gemacht sind. Wenn wir die Oberfläche oder die Fassade von Charisma wegnehmen, ist Charakter das, was bleibt.

Schließlich gibt es noch die Idee der **Persönlichkeit**. Jeder Mensch hat Persönlichkeit. Sie ist der emotionale Fingerabdruck unserer individuellen Eigenschaften. Menschen, die wir als »Persönlichkeiten« bezeichnen, fallen dadurch auf, dass sie den Mut haben, ihre Individualität zu leben und sie nicht zu verbergen. Tatsache ist, sie fallen auf, weil sie anders sind, damit hervorstechen und dazu stehen. Sie verfügen über die innere Autorität, ihre Wirkung zu kennen und auszuhalten. Das heißt, sie sind in Einigkeit mit sich selbst. Ja, auch sie sind beeinflussbar, und auch sie müssen sich dem Chaos von Gedanken und Emotionen stellen. Doch finden sie sich in diesem Chaos auf eine Weise zurecht, die ihnen die Autorität über ihre Antworten auf das Chaos gibt. Rein inhaltlich betrachtet, ist selten etwas »Besonderes« an sogenannten Persönlichkeiten, denn jeder Mensch hat Eigenheiten und Besonderheiten. Was Persönlichkeiten, also anziehende Menschen, von Menschen unterscheidet, die nur eine geringe Wirkung haben, ist die Verfügung über ihr Inneres. Diese erlaubt ihnen, im Äußeren stabil aufzutreten, weil sie bei sich sind, und weil sie Sicherheit in sich selbst finden.

Vor allem beim Neinsagen kann Charisma einen sehr weit bringen, denn Charisma kann zwischen Menschen wie ein Zauberstab wirken. Doch Sie ahnen es vielleicht, Charisma befindet sich auf der Oberfläche in Begegnungen. Charakter und Persönlichkeit hingegen sind, langfristig gesehen, das beste Mittel, um Nein zu sagen. Warum? Menschen, die einen starken Charakter haben, kommen seltener in die Situation, Nein sagen zu müssen. Sie gehen schlichtweg so mit sich selbst und anderen um, dass es weniger Angriffsflächen und Aggressionspotenzial gibt. Sie sind sich ihrer selbst auf eine Art sicher, dass sie anderen Sicherheit geben können.

Charakter ist nichts, womit wir geboren werden. Charakter müssen wir uns als Erwachsene erarbeiten. Er ist das Ergebnis von Erziehung, sei es durch unsere Eltern oder uns selbst. Das ist sowohl eine gute als auch eine schlechte Nachricht. Es bedeutet einerseits, dass wir an uns arbeiten können, um Dinge zu ändern. Doch unseren Charakter zu formen und zu ändern, ist eine unglaubliche seelische Kraftanstrengung. Das fliegt uns nicht einfach zu. Wenn wir an unserem Charakter arbeiten, beeinflussen wir damit auch unsere Persönlichkeit und damit wiederum unsere Wirkung auf andere. Anders gesagt: Wenn wir unsere Wirkung auf andere ändern möchten, müssen wir an unserem Charakter und an unserer Persönlichkeit ansetzen. Keiner sagt, dass das einfach ist. Es ist aber möglich, uns selbst zu erneuern, weil wir unser Gehirn erneuern können – Stichwort Neuroplastizität. Auch hier finden sich in der Neurowissenschaft spannende Erkenntnisse.

Unsere heutigen Eigenschaften sind nur eine Möglichkeit, wie wir sein können. Ja, unsere Persönlichkeit ist ein tiefer Dschungel mit fest verwurzelten Eigenschaften und Strukturen. Doch das heißt nicht, dass dort kein Raum ist, in dem neue Ideen von uns sprießen können. Wir können neue Kommunikation züchten. Wir können neue Werte, Ziele und Wünsche züchten. Wir können neue Ideen der Zwischenmenschlichkeit züchten. Und um diese neuen Ideen soll es in diesem Buch gehen.

WAS MACHT WERNER?

Darf ich vorstellen: Werner ist 28 Jahre jung und arbeitet als Sachbearbeiter in einem Versicherungskonzern. Er hat Betriebswirtschaft und Geschichte studiert, interessiert sich für Segeln und träumt von einer Weltumsegelung. Werner hat einen älteren Bruder namens Leo und eine Halbschwester namens Daniela. Leo ist neun Jahre älter. Daniela ist anderthalb Jahre jünger. Als Werner 15 Jahre alt war, verstarb sein Vater an Krebs, und seine Mutter heiratete noch einmal – einen Unternehmensberater namens Michael.

Sein Vater hat Werner sehr viel bedeutet, und auch mit seinem Stiefvater versteht er sich sehr gut. Mit seiner Mutter dagegen weniger. Als seine Mutter die beiden einander vorstellte, sagte sie: »Das ist Werner. Er ist der Unruhestifter in der Familie.«

»Werner ist doch kein Unruhestifter«, widersprach Michael und lächelte. »Er weiß wahrscheinlich nur nicht, wohin mit seiner Energie.« Das hat Werner nie vergessen. Während viele mit seiner Art überfordert waren, konnte Michael stets das Gute in ihm sehen. Es stimmte, dass Werner ein besonders schwieriger Teenager gewesen war; er machte Erfahrungen mit Drogen, Schlägereien, Ladendiebstahl und nicht zuletzt auch mit der Polizei – er hatte einiges mitgenommen.

Nun, Werner ist ein klassischer Jasager. »Hilfst du mir dieses Jahr wieder beim Weihnachtsmarkt mit meinem Kerzenstand?«, fragt ihn seine Mutter jedes Jahr. »Leo und Daniela haben auch schon zugesagt.«

»Aber klar«, antwortet er ihr jedes Jahr, und denkt sich: »Kann sie sich nicht jemand anders dafür holen?« Seine Mutter spürt das natürlich, aber sie ist froh, dass ihr überhaupt irgendjemand hilft, und sagt daher nichts weiter.

Wenn sein Bruder Leo wieder mal umzieht, hilft Werner stets beim Tragen und Fahren. »Warum mache ich das eigentlich?«, fragt Werner sich in letzter Zeit. Seitdem Leo arbeitet, ist er schon dreimal umgezogen. »Hat er nicht genug Geld, um eine Firma zu beauftragen?« Zwar denkt sich Werner seinen Teil, aber er sagt nichts. Es ist ja schließlich Familie. Wie kann man da Nein sagen? Wenn er helfen kann, hilft er gerne, warum denn nicht? Werner weiß nicht, was ein Jasager ist, und er weiß auch nicht, dass er einer ist. Für ihn ist sein Leben, bis auf einige oberflächliche Störungen, ausgeglichen. Er ist überwiegend zufrieden mit seinem Leben und sieht sich als offenen und toleranten Menschen.

Werner wird uns in diesem Buch begleiten, oder besser gesagt, wir werden ihn begleiten. Denn Werners Jasagerei ist kostspielig. Seine Produktivität in der Arbeit leidet, in der Familie fühlt er sich nur von seinem Stiefvater und seiner jüngeren Schwester verstanden und gesehen, er wünscht sich öfter mal, eine Frau mit nach Hause zu nehmen. Und sein Traum von der Weltumsegelung scheint mehr ein Wunschtraum zu sein als ein Ziel.

Was das Leben in der Arbeit nicht leichter macht, ist der Bürodrache. Dieser Bürodrache heißt Tina und ist eine große, hübsche Blondine in Werners Alter. Jede Woche kommt dieser Drache aus dem Zentralbüro in seine Abteilung und macht ihm die Hölle heiß. Sie weiß alles besser, ist mit nichts zufrieden und hat noch kein einziges Wort der Wertschätzung von sich gegeben. Und wenn Sie ein Problem mit ihm hat, bestraft sie ihn mit Schweigen und macht die Sache hinter seinem Rücken mit der Abteilungsleitung aus. Es ist eine seltsame Mischung aus Vorwürfen, Missverständnissen, Misstrauen und unausgesprochenen Erwartungen.

Eines Tages bekommt Werner eine neue Kollegin namens Janette. Janette ist gut zehn Jahre älter als Werner und ehemalige professionelle Seglerin. Sie muss mit dem hübschen Drachen zum Glück nicht zurechtkommen – andere Abteilung. Neben der Arbeit macht sie einen Kurs mit dem Titel »Leadership durch innere Autorität«. Sie lernt dort genau das, was Sie hier in dem Buch lesen. Ihr Segeltrainer hat sie dazu inspiriert, neben dem Segeln an sich zu arbeiten. Für ihn war das Segeln stets eine Metapher fürs Leben. Manchmal ging seine Philosophie Janette zu weit, aber sie hat viel von ihm gelernt. Janette durchschaut Werners Jasagerei. Was Werner nicht weiß, ist, dass Janette es sich zur Aufgabe gemacht hat, ihm eine Mentorin zu sein. In Werner sieht sie eine Möglichkeit, ihr Wissen aus dem Leadershipkurs zu festigen, indem sie es weitergibt. Sie nutzt damit Werners Offenheit für alles aus, und das weiß sie.

Die sieben Prinzipien der Produktivität sind das Erste, das Janette Werner vermittelt. Er hatte sie gefragt, wie sie es schaffe, so ruhig und besonnen in der Arbeit zu sein. Nie klage sie über Stress oder ihre Vorgesetzten. Werner nimmt sich diese Prinzipien zu Herzen. Er hat sie stets sichtbar im Büro hängen. Von allen Punkten leuchtet ihm der fünfte Punkt, bei dem es darum geht, seine Grenzen zu kennen, am wenigsten ein. »Warum Grenzen ziehen, wenn ich alle Möglichkeiten ausschöpfen kann? Ich bleibe lieber für alles offen. Ich will mich nicht einengen lassen!« Er setzt ihn in Klammern.

KAPITEL 2

NEIN ZUR FREMDBESTIMMUNG

In Situationen, in denen wir gerne Nein sagen möchten, aber nicht können, sind wir fremdbestimmt. Ein stabiles Wertesystem und Fremdbestimmung schließen sich im Normalfall aus. Werte sind das, was wichtig ist und was uns selbstbestimmt handeln lässt. Sind wir uns unserer Werte nicht bewusst, fällt es uns schwer, fremdbestimmtes Handeln in uns zu erkennen. Was ist in Ihrem Leben derzeit wichtig? Und wer hat darüber bestimmt? Waren Sie das? Haben Sie zu dem, was wichtig ist, Ja gesagt, oder haben Sie einfach versäumt, Nein zu sagen?

Wir sind hier immer noch im Basiscamp auf unserer Reise zum Gipfel des Neinsagens. Es geht hier um die Grundlagen. Bei den Grundlagen im vorherigen Kapitel waren die Themen relativ breit gefächert. Hier geht es in Bezug auf das Neinsagen in die Tiefe. Wer seine Werte kennt und gelernt hat, sie von klein auf anzugehen und umzusetzen, hat mit dem Neinsagen weniger Probleme. Wenn wir uns die Mühe machen, unseren Werten nachzugehen, und dafür ist es nie zu spät, dann werden wir reich belohnt. Das Neinsagen ist dann nämlich ein natürlicher Teil unseres Lebens. Es geht dann nicht mehr darum, ob wir Nein sagen, sondern nur darum, wann oder wie wir dies tun.

Ich möchte anhand einer kleinen Anekdote verdeutlichen, wie wichtig es für ein selbstbestimmtes Handeln ist, seine eigenen Werte zu kennen: Hawaii 1970. Im Dschungel am North Shore der Insel O'ahu liegt ein Teenager namens John dehydriert und halb bewusstlos in seinem Zelt. Gerade mal 17 Jahre alt und ohne Begleitung, kämpft sein Körper ums Überleben gegen eine Überdosis psychedelisch wirkender Pflanzen. Glücklicherweise wird er von einer einheimischen Frau entdeckt. Sie eilt ihm zu Hilfe und bringt ihm frische Säfte und Wasser. Nach wenigen Tagen kommt John wieder zu sich. Vor einigen Monaten hat er die Schule abgebrochen und sein Zuhause in Texas verlassen. Sein Plan war es, nach Hawaii zu ziehen, Surfbretter zu bauen und wie so viele andere Hippies ohne Verpflichtungen zu leben. Nun lebt er von der Hand in den Mund und erkennt, wie schnell das Leben abwärts gehen kann. Sex, Drogen und Surfen waren schön und gut, aber so hat er sich das freie Hippieleben nicht vorgestellt.

Inspiriert durch die Hilfe seiner Retterin passt John von nun an besser auf sich auf und verzichtet auf Drogen jedweder Art. Eines Tages entdeckt er die Ankündigung eines Vortrags des Naturheilers Paul Bragg. Er geht zum Vortragsabend und lernt, dass jeder Mensch schlummernde Kräfte in sich hat, die er nur aufzuwecken braucht, um die Eigenständigkeit zu erlangen, nach der er sich sehnt. Dieser Abend stellt in Johns Leben einen Wendepunkt dar. Er erkennt, dass er sich im Leben von klein auf hat sagen lassen müssen, er bringe es zu nichts in dieser Welt. Das war leicht zu glauben, denn schließlich hatte er als Kind Schienen tragen müssen, um das Gehen zu erlernen. Wegen einer Lese- und Schreibschwäche hielten ihn seine Lehrer später für einen Fall für die Sonderschule und erniedrigten ihn vor der Klasse, wenn er »Mädchenbilder« malte.

Doch an dem Abend nach dem Vortrag entdeckt John den in ihm versteckten Wunsch, gebildet und belesen zu sein. Erst Jahre später erkennt er, dass er diesen Wert von seiner Schwester übernommen hatte, die ihm als Vorbild darin diente. Von nun an liest John alles, was er in die Hände bekommt. Er holt seinen Highschool-Abschluss nach, geht an die Uni und wird der mit Abstand beste Absolvent seines Jahrgangs. John wird Doktor der Medizin, baut eine lukrative Praxis auf und wird schließlich Unternehmer im medizinischen Bereich. Heute ist John mehrfacher Bestsellerautor, Seminarleiter und international gefragter Coach und Redner. Inspiriert von seinem Wert, gebildet und belesen zu sein, hat John mittlerweile über 30 000 Bücher gelesen – kein Scherz –, neben seiner medizinischen Lehre auch in verschiedenen anderen Gebieten geforscht und gilt als Universalgelehrter. Mit dem »Demartini Institute« hilft Dr. John Demartini Menschen auf der ganzen Welt, ihre eigenen inneren Grenzen zu durchbrechen, und ein Leben nach dem eigenen Entwurf zu leben.

John ist nicht der erste Mensch, der sein Leben umgekrempelt hat. Er ist auch nicht der erste Mensch, der als Gewinner gilt, weil er gegen allerhand Widerstände seinen Plan vom gelungenen Leben durchsetzt. Was seine Geschichte und seine Herangehensweise ans Leben für uns interessant macht, ist sein Fokus auf Werte, und wie er sich die Macht von Werten zunutze macht.

Allgemeine Werte wie Sicherheit, Reichtum und Gerechtigkeit bilden den Rahmen des gesellschaftlichen Lebens. Unsere persönlichen Werte, also unsere Lebensweisen und Handlungen, die ein Leben nach unseren eigenen Ansprüchen ans Gewinnen darstellen, bilden dagegen den Rahmen unseres individuellen Lebens.

Wenn wir uns fremdbestimmt fühlen, dann deshalb, weil wir Ja dazu gesagt haben, die Werte anderer unseren eigenen vorzuziehen – egal ob im Familien- oder Berufsleben. Ein Ja zur Fremdbestimmung ist ein Nein zur Eigenständigkeit. Daraus folgt andersherum, dass ein Nein zur Fremdbestimmung ein Ja zu unseren eigenen Werten ist, denn diese Werte in unserem Leben auszubauen, kommt nicht von selbst. Für unsere Werte geradezustehen, ist das beste Training in Sachen Neinsagen, weil es uns herausfordert, unsere innere Autorität zu finden, sie ernst zu nehmen und auszubauen.

Vielleicht fällt Ihnen gleich beim Lesen schon das ein oder andere ein, das Ihnen besonders wichtig im Leben ist. Das ist gut. Gleichzeitig dürfen wir hier nicht zu voreilig sein. Bei der Bestimmung unserer Werte geht es nicht darum, etwas zu erfinden. Werte sind nicht einfach Wünsche von einem besseren Leben. Ihre Werte, meine Werte, die Werte eines jeden Menschen zeigen sich vor allem in dem, was wir mit unserem jetzigen Leben demonstrieren – was wir bereits tun. Sagen Sie zum Beispiel, Gesundheit sei Ihnen von hohem Wert und machen gleichzeitig keinen Sport, trinken täglich Alkohol, rauchen und ernähren sich einseitig, würde ich Ihren selbsternannten Wert von Gesundheit infrage stellen. Ein Mann, der sich wünscht, ein Vermögen aufzubauen, um seiner Familie ein schönes Leben zu ermöglichen, aber gleichzeitig jeden Tag akribisch jedes Fußballspiel verfolgt und an den Wochenenden ins Stadion gehen »muss«, und zwar in dem Maße, dass seine finanziellen Verhältnisse unverändert bleiben, hat eher Fußball zum Wert, als ein Vermögen aufzubauen. Nichts gegen Fußball. Jedem das seine. Und genau das ist der Punkt. Das Leben dieses Vaters wäre ehrlicher und reicher, wenn er Fußball als seinen höchsten Wert anerkennt, anstatt sich und anderen etwas vorzumachen. Mehr noch, vielleicht hat er den Wert des Vermögensaufbaus nur unterdrückt und könnte mit einem klar definierten Wertesystem Wege finden, den Wert Vermögensaufbau durch Fußball aufleben zu lassen.

Die gute Nachricht ist: Unser Leben demonstriert bereits weitestgehend unsere Werte. Das macht die Aufdeckung unserer Werte prinzipiell sehr einfach. Wir brauchen also bei unseren Werten nichts zu erfinden. Im Gegenteil: Wir müssen einen möglichst ehrlichen Blick in den Spiegel unseres Alltags werfen, um unsere Werte zu entdecken, egal ob das Sport, Reisen, Vermögensaufbau, Familie oder sonst etwas ist. Die Antwort dürfen Sie selbst definieren. Wir müssen aber dann auch den Mut haben, unser Wertesystem tiefer und breiter in unserem Alltag auszuleben. Denn Werte sind ein Schlüsselfaktor zu einem erfüllten Leben. Wenn wir nicht zu uns selbst und unseren Werten stehen, werden wir für andere und für uns selbst unausstehlich. Wir werden verletzlich und emotional labiler. Wir werden undankbar. Wir werden versuchen, an Altem Festzuhalten, anstatt Neues zu kreieren. Wir werden unter Umständen unrealistische Erwartungen und Ansprüche an das Leben haben und über uns selbst und andere harsch urteilen. Wir werden mit mehr Ablenkungen und Abhängigkeiten im Leben zu kämpfen haben. Wir werden vermutlich nur schwer die Geschenke sehen, die Herausforderungen, Hürden und Scheitern mit sich bringen. All diese Folgen mischen sich zu einem potenten Cocktail der Negativität, durch den man sich selbst vernachlässigt. So wird man schließlich zum Jasager, statt zu sich selbst zu stehen und einer selbstbestimmten Lebensvorstellung nachzugehen.

Vielleicht finden Sie, das klingt ein wenig übertrieben oder drastisch. Doch das ist es nicht. Wir müssen uns selbst die Erlaubnis geben, unser Leben nach unseren eigenen Vorstellungen und Vorzügen zu gestalten. Andere können uns dazu inspirieren und uns dabei helfen, doch den Entschluss müssen wir selbst fassen. Wenn Sie nicht nach Ihren Werten leben, leben Sie nach den Werten anderer, ob Sie es merken oder nicht – so einfach ist das.

Wenn wir auf der anderen Seite unsere Werte entdecken und unser Leben bewusst nach ihnen ausrichten, passiert sehr viel Gutes. Wir erwecken unser Potenzial für ein inspiriertes Leben. Wir empfinden Dankbarkeit, sowohl für das Schöne als auch für das Schwierige. Wir erkennen den Wert unserer Lebenszeit und geben sie bedacht her. Wir erreichen eine tiefere Verbindung und Intimität mit Familie und Freunden. Wir wertschätzen uns selbst und andere mehr. Sobald Sie entdecken, was Ihnen wirklich wichtig ist, beginnen Sie im Kern Ja zu dem zu sagen, was wirklich zählt, und zwar für Sie!

Früher dachte ich, Nein zu sagen, um meine eigenen Werte durchzusetzen, sei egoistisch. Heute verstehe ich: Die eigene Autonomie und Eigenständigkeit gehören zu den größten Geschenken, die wir anderen machen können. Warum? Indem wir sie vorleben, geben wir anderen die Erlaubnis, selbst in ihrer eigenen Kraft zu leben. Wir alle haben Werte, und sie beeinflussen alle Bereiche unseres Lebens: unsere Beziehungen, unsere Finanzen, unsere Gesundheit und Vitalität, wie wir uns über uns selbst fühlen und welchen Ausblick wir auf unser Leben haben. Deshalb sind sie der Anfang vom Ende des Jasagens. Sobald wir unsere Werte klar vor Augen haben, beginnt das Neinsagen plötzlich sehr leicht zu sein. Warum? Weil wir ein eindeutiges Ja haben, das größer ist als das, was andere von uns wollen, und größer als die Umstände und derzeitigen Herausforderungen unseres Lebens.

Spätestens jetzt könnten Sie einwenden, dass es nicht so einfach ist: Jeder Mensch macht Kompromisse im Leben, zum Beispiel indem er einer Arbeit nachgeht, die nicht den eigenen Werten entspricht, aber erforderlich ist, um die Familie zu ernähren. Kurz: Die Umstände erfordern es, pragmatisch zu bleiben und seine Wünsche in den Hintergrund zu stellen. Ja, das ist richtig. Die meisten Menschen befinden sich in einem Konflikt mit ihren Umständen. Und ja, bei vielen Menschen bleiben ihre Werte auf der Strecke. Doch wir machen es uns gleichzeitig ein wenig zu leicht, einfach nur den Umständen die Schuld daran zu geben, dass wir unsere eigenen Werte im Alltag nicht leben können und uns daher fremdbestimmt fühlen.

Erstens kann sich jeder Mensch mit ein wenig Fantasie und Fleiß über die Jahre in neue Umstände reinarbeiten. Deswegen heißen sie doch Umstände, weil sie rumstehen und umgestellt werden können. Und deshalb ist es so wichtig, sich als Gewinner auf täglicher Basis zu verstehen. Jeder Tag, an dem wir unseren Vorhaben näherkommen, zählt. Schauspieler Denzel Washington sagt von sich, er habe 20 Jahre daran gearbeitet, über Nacht zum Star zu werden. Jeder Mensch kann für sich selbst bestimmen, worauf er hinarbeiten und nach welchen Werten er leben möchte, und jeder Mensch kann damit anfangen, diese Werte Schritt für Schritt in seinen Alltag zu integrieren.

Zweitens können wir die Umstände, die wir derzeit im Konflikt mit unseren Werten sehen, mit unseren Werten verknüpfen. Auch wenn die Umstände uns derzeit einschränken, liegt es an uns, die Situation zu nutzen. Nehmen wir Janine. Janine arbeitet als Anwältin für eine Münchener Kanzlei. Mit ihren Kollegen und Kolleginnen versteht sie sich gut. Für das Wälzen von Paragrafen kann sie sich begeistern, und selbst das minuziöse Überarbeiten von Verträgen findet sie spannend. Einzig und allein die Gespräche mit Mandanten öden sie an. »Die denken, ich könnte einfach so Gesetze zaubern«, erzählt Janine. »Und wenn ich dann halbe Wunder für sie vollbringe, sind sie immer noch nicht zufrieden. Es ist nervig, und ich bin auch nicht sehr gut darin.« Janine arbeitet gern allein, genießt Distanz zu anderen, ist detailorientiert und mag ihre eigene Ordnung. Wir sprechen zunächst einige Minuten über das, was für sie wichtig ist im Leben. Es stellt sich heraus: Einer ihrer höchsten Werte sind ihre Kinder. Janines Ziel ist es, ihnen nach der Schule viele Karrierechancen zu ermöglichen. »Gut«, sage ich, »wie können wir jetzt die Gespräche mit deinen Mandanten mit diesem Wert verknüpfen?«

»Geht nicht!«, sagt sie und verschränkt die Arme vor der Brust.

»Nun, die Gespräche sind ein Großteil deiner Arbeit, stimmt's?«, frage ich.

»Stimmt!«, sagt Janine.

»Und du kannst die Arbeit nicht delegieren?«

»Nein, kann ich nicht.«

»Wäre es nicht gut, einen Großteil deiner Arbeit für dich zu nutzen, anstatt jeden Tag dagegen anzukämpfen?«, frage ich weiter.

»Ja, natürlich«, willigt sie ein.

»Also, wie können dir die Gespräche, Verhandlungen, und Auseinandersetzungen mit deinen Mandanten dabei helfen, deinen Kindern Karrierechancen einzuräumen?«, hake ich nach.

Sie denkt nach. »Nun, meine Mandanten sind erfolgreiche Manager in der Finanzbranche. Möchte eines meiner Kinder selbst in diesem Bereich arbeiten, habe ich entsprechende Kontakte.«

»Super«, sage ich, »was noch?«

»Auch Start-ups gehören zu meinen Mandanten. Wenn ich die Gespräche nutze, über die Vertragsarbeit hinaus ihre Arbeit besser zu verstehen, kann ich meinen Kindern mehr über das Leben des Unternehmers erzählen, wenn sie das interessiert.«

»Wunderbar! Was noch?«

Janine beginnt, Feuer zu fangen, und zählt weitere Verknüpfungen auf. Nachdem wir mehr als 20 gute Ideen gesammelt haben, beginnt sich ihre Einstellung zu ändern. Sie sieht nun nicht nur das Geschenk hinter der Herausforderung, sondern kann sich sogar für die Gespräche mit Mandanten begeistern. Janine nutzt diese Begeisterung, um Verknüpfungen zu erneuern, damit sie über die Jahre auf täglicher Basis ihre Einstellung bekräftigt. Was zählt, ist, dass sie dank ihres Wertebewusstseins Begeisterung und Ausdauer entfesselt. Zwar hat sich ihre Situation nicht verändert, aber indem sie ihre Werte mit ihrer Arbeit verknüpft, löst sie sich in dieser Situation von der Fremdbestimmung.

Das kann jeder Mensch, der seine Werte kennt und darüber nachdenkt, welche Möglichkeiten seine Werte ihm bieten. Janines Geschichte zeigt auch, dass unsere jetzigen Lebensumstände es oft nur scheinbar unmöglich machen, unsere Werte auf die Weise mit unserem Leben zu vereinbaren, wie wir es uns wünschen.

Wenn Sie merken, dass es Ihnen schwerfällt, Ihre Werte in Ihrer jetzigen Lebenssituation zu implementieren, dann muss das nicht unbedingt bedeuten, dass Sie den falschen Wert erarbeitet haben. Vielmehr sollten Sie in einer solchen Situation den Mut finden, neue Wege zu gehen, um sich aus einer fremdbestimmten Situation herauszuarbeiten. Doch das geht nur, wenn die eigenen Werte klar sind.

Ich hoffe, dass Sie spätestens jetzt unbedingt wissen wollen, wie Sie es nun angehen, Ihre Werte klar zu umfassen, um sich von der Fremdbestimmung zu lösen, und in die Eigenständigkeit zu schreiten. Denn genau das ist der nächste Schritt.

IDENTIFIZIEREN SIE IHRE WERTE

Bei der Bestimmung unserer Werte geht es darum, zu entdecken, was bereits da ist und lediglich im Verborgenen liegt. Dabei müssen wir so ehrlich und spezifisch wie möglich sein. Nur so finden wir zu unseren Werten und profitieren langfristig von dieser Übung. Schließlich geht es darum, festen Boden unter den Füßen zu finden, auf dessen Basis wir in aller Ruhe und trotz Unsicherheit Nein sagen, weil wir mit innerer Autorität und Stabilität durchs Leben gehen.

Vielleicht erleichtert es Ihnen die Aufdeckung Ihrer Werte, wenn wir an dieser Stelle hervorheben, was nicht mit Ihren Werten gemeint ist. Zwei mögliche Missverständnisse gilt es dabei, aus dem Weg zu räumen. Erstens den Irrglauben, allgemeingültige Werte seien unsere Werte, und zweitens die Verwechslung von Werten mit Leidenschaft. Es ist gut und richtig, allgemeingültige Werte wie Gerechtigkeit, Fairness oder Freiheit zu leben. Diese sind aber hier nicht gemeint. Wir suchen mehr nach speziellen Werten, die konkrete Entscheidungen im alltäglichen Leben bestimmen. Ferner sind auch nicht gesellschaftliche Werte wie harte Arbeit oder Mülltrennung gemeint. Das sind alles Ideen vom Leben und Sein, die von außen an uns herangetragen werden und von Teilen der Gesellschaft geteilt werden, nicht aber unserem persönlichen besten Verständnis vom gelungenen Leben entsprechen müssen. Das kann mitunter schwierig zu unterscheiden sein, denn kein Mensch bleibt von äußeren Einflüssen verschont. Im Gegenteil: Wir brauchen sie, um eine erste Orientierung in der Welt zu finden. Gleichzeitig ist ein Großteil dessen, was wir lernen, schlichtweg falsch. Dafür gibt es viele Gründe: Als Kinder und Heranwachsende missverstehen wir vieles, weil wir glauben, die Welt drehe sich um uns. Die, von denen wir lernen, sind selbst lückenhaft oder schlichtweg falsch informiert oder verfügen über veraltete Informationen. Nicht zuletzt haben wir durch Familie, Schule, Vereine und Medien überwiegend Informationen über die Welt bekommen, die durch deren Prioritäten und Werte gefiltert wurden. Das heißt, die Informationen mögen alle richtig und vollständig sein, doch sind sie nicht auf das abgestimmt, was *uns* wichtig ist. Das müssen wir selbst bestimmen. Es gibt sechs Fragen, die uns helfen können, unseren Werten näherzukommen. Beantworten Sie diese Fragen nicht nur im Kopf, sondern schnappen Sie sich einen Zettel oder ein Tagebuch und einen Stift, und schreiben Sie Ihre Antworten auf. Bedenken Sie bei der Beantwortung, dass es keine richtigen oder falschen Antworten gibt, sondern nur unehrliche und unvollständige. Ihre Antworten sollen nicht bewertet werden; Sie möchten durch sie etwas offenlegen, das eine neue Grundlage für Ihr zukünftiges Leben sein kann.

1. Welchen fünf Tätigkeiten widmen Sie am meisten Zeit?

Womit wir unsere Zeit verbringen, sagt mit am meisten darüber aus, was uns wichtig ist. Wir wissen alle, dass Zeit unser wertvollstes Gut ist. Wie wir sie wirklich füllen, sagt mehr über uns aus als unser Terminkalender, unsere Aufgabenlisten oder Ziele. Schauen Sie sich einmal einen durchschnittlichen Tag oder eine durchschnittliche Woche an. Was Sie in dieser Zeit wirklich tun, spiegelt wider, was Ihnen am meisten am Herzen liegt.

Einen Großteil ihrer Zeit verbringen die meisten Menschen in der Arbeit, klar. Bei der Frage nach unseren Werten ist das überhaupt kein Hindernis. Im Gegenteil: Warum gehen Sie zur Arbeit? Streng genommen, können Sie auch auf eine einsame Insel ziehen und dort von Mangos und Kokosnüssen leben. Geht es Ihnen darum, Ihre Familie zu ernähren? Das ist nicht selbstverständlich, doch dann könnte Familie zu Ihren höchsten Werten zählen. Geht es darum, ein Hobby zu finanzieren oder ein anderes Abenteuer? Oder geht es Ihnen darum, mit Ihrer Arbeit anderen Menschen zu helfen und das Leben zu erleichtern?

Auch mit Fernsehen oder Social-Media-Konsum verbringen viele Menschen viel Zeit. Ist das für Sie ein wichtiger Wert? Wahrscheinlich nicht. Jede Art von blindem Dauerkonsum ist Fremdbestimmung par excellence. Es ist ein Zeichen dafür, dass wir es vermeiden, das zu tun, was uns am wichtigsten ist. Dauerkonsum fungiert eher als ein Betäubungsmittel, um nicht spüren zu müssen, was wirklich in uns vorgeht. Auf das Thema Dauerkonsum kommen wir noch einmal in Kapitel 4 zu sprechen.

Also, mit welchen fünf Tätigkeiten verbringen Sie die meiste Zeit?

2. Was waren Ihre letzten fünf großen Ausgaben?

Geld regiert die Welt, auch die Welt unserer Werte. Wofür geben Sie es aus und warum? Neben den letzten fünf großen Ausgaben können Sie auch die fünf größten wiederkehrenden Ausgaben definieren.

Diese Frage ist nicht so leicht zu beantworten, wie es scheinen mag. Denn die Grenze zwischen dem Notwendigen und dem Gewünschten ist schwimmend. Wohnen Sie in der Innenstadt, anstatt am Stadtrand oder auf dem Land, wo es günstiger sein könnte? Dann ist es möglich, dass Ihnen der kurze Weg zur Arbeit, die Nähe zu Freunden, Bars und Restaurants oder einfach der Flair des Stadtlebens den Aufpreis wert ist. Sie haben kein einfaches, gebrauchtes Auto, sondern ein modernes und neues? Dann ist es möglich, dass Ihnen Status wichtig ist oder der Gebrauch der neusten Technik oder Luxus. Der Grund, warum wir dort wohnen, wo wir wohnen, und das Auto fahren, das wir fahren, ist emotionaler, nicht rationaler Natur. Klar, wir haben logische Gründe für unsere Entscheidungen bezüglich Geld und Finanzen. Diese logischen Gründe sind in fest verwurzelten Gefühlen verankert. Denken wird vom Gehirn gesteuert, Handeln jedoch immer vom Körper. Und der Körper fährt mit dem Sprit der Gefühle. Das bedeutet: Geld und wie wir es ausgeben, ist stark von unseren Gefühlen beeinflusst und spiegelt damit auch wider, welche Werte uns bewegen.

Also, wofür geben Sie Ihr Geld aus?

3. Bei welchen fünf Themen oder in welchen fünf Situationen kommen Sie aus sich heraus?

Das Schöne an uns Menschen ist: Wir sind komplex und simpel zugleich. Simpel an uns ist die Tatsache, dass wir alle sowohl introvertierte als auch extrovertierte Neigungen haben. Introvertiert bedeutet, wir holen uns Energie von innen, durch den Austausch mit uns selbst. Extrovertiert bedeutet, wir holen uns Energie von außen, durch den Austausch mit anderen. Dabei hat kein Mensch nur das eine oder nur das andere. Diese Neigungen sind oft themenabhängig. Beobachten Sie einmal, über welche Themen, an welchen Orten oder mit welchen Menschen Sie sich freizügig fühlen und gerne zeigen, was in Ihnen vorgeht. In diesen Bereichen und Umgebungen sind wir meist sicher und standfest. Häufig sind das Themen, die uns wichtig sind, bei denen wir nicht nur etwas sagen wollen, sondern auch wirklich etwas beitragen können.

Ein weiterer Weg, dieser Frage nachzugehen, ist es zu überlegen: Wo tanken Sie Vertrauen, Hoffnung, Zuversicht, Energie und Inspiration? Das Wort inspirieren bedeutet so viel wie ›einatmen‹. Man könnte also auch fragen: Was haucht Ihnen Leben ein? Das ist bei jedem Menschen etwas anderes. Diese Frage wird zu selten gestellt. Sie scheint mir aber absolut zentral im Leben. Denn wenn wir nichts haben, was uns morgens aus dem Bett holt, können wir gleich im Bett bleiben.

Mich selbst hat Zeit meines Lebens die Bühne begeistert. Besonders Stand-up-Comedy und Motivationsredner haben mich begeistert. Viele Jahre war ich Mitglied eines Rhetorikclubs. Ich habe Stand-up-Comedy-Bühnen gerockt und gefloppt, ja sogar einen Comedyclub mitgegründet, und höre mir regelmäßig Vorträge von Motivationsrednern an. In der Auseinandersetzung mit meinen Werten habe ich mich bei dieser Feststellung gefragt, welchen Wert ich damit auslebe. Meine beste Antwort: Kommunikation. Austausch und Kommunikation liegen mir sehr am Herzen. Das ist nicht selbstverständlich. Nicht alle haben das Bedürfnis nach Austausch und Kommunikation. Das kann ich auch durchaus verstehen. Menschen sind eben unterschiedlich. Ich hingegen gehe in Besprechungen auf, diskutiere und philosophiere gerne, lege Wert auf Sprachwitz und stelle Fragen. Bei allem geht es darum, Menschen zu erreichen und Ideen zu vermitteln, kurz, um Kommunikation. Das ist mein roter Faden.

Sehen Sie einen roten Faden bei Situationen in Ihrem Leben, die Ihnen Energie geben und mit denen Sie andere begeistern?

4. Welche fünf Ideen verwirklichen Sie?

Wir alle haben viele Ideen: Ideen vom besseren Leben, Ideen vom Traumurlaub, Ideen von Menschen, die wir kennenlernen wollen, Unternehmensideen, Produktideen, Lifestyleideen, Ideen für mehr Gesundheit. Welche dieser Ideen gehen Sie tatsächlich nach? Das heißt: An welchen Ideen arbeiten Sie, damit sie Wirklichkeit werden? Wenn Sie Autor oder Autorin sein möchten, müssen Sie schreiben. Wenn Sie Influencer sein wollen, müssen Sie Content posten. Wenn Sie fit sein wollen, müssen Sie trainieren. Tun Sie das auch? Jeder kann einfach Ideen haben. Vor allem wenn wir jung sind, haben wir viele Ideen. Indem wir diese Ideen umsetzen, reifen sie, und wir reifen mit. Damit drücken wir uns und unsere Werte aus.

Haben Sie zum Beispiel mal die Idee gehabt, eine neue Sprache zu lernen? Vielleicht zählen Sprachen und Kommunikation zu Ihren höchsten Werten. Wie sind Sie mit der Idee umgegangen? Haben Sie einen Sprachkurs gebucht? Haben Sie eine App zum Lernen der Sprache heruntergeladen? Haben Sie ein Land besucht, in dem die Sprache gesprochen wird? Selbst wenn einer oder alle diese Versuche nicht zur Vollendung Ihrer Sprachkenntnisse gekommen sind, dürfte in der Umsetzung ein Hinweis auf Ihr Wertesystem verborgen sein. Wenn Sie aber keinen einzigen der möglichen Wege umgesetzt haben, eine Sprache zu lernen, dann war Ihre Idee vielleicht lediglich ein frommer Wunsch.

Deshalb: Spüren Sie nach! Welche Ideen möchten Sie verwirklichen, auch wenn es mit Anstrengung verbunden ist?

5. Welche fünf Gegenstände prägen Ihren Wohnraum?

Vor allem zu Hause finden sich viele Hinweise auf unsere Werte. Haben Sie eine ausgewählte Schallplattensammlung und ein Klavier in Ihrem Wohnzimmer? Dann könnte Musik zu Ihren größten Werten zählen. Auf der anderen Seite: Wenn Ihre Schallplatten und das Klavier im Keller stehen, Sie sich aber immer wieder davon zu überzeugen versuchen, dass Sie Musik machen sollten, könnte es sein, dass Sie sich selbst täuschen und dem Wunschdenken verfallen sind.

In meiner Familie gibt es Gastronomen. Welcher Raum, glauben Sie, wurde beim Hausbau zuerst geplant und bildet das Zentrum des Hauses? Richtig, die Küche. So können Werte gelebt werden.

Ein Freund und seine Frau haben ihren Flur in der Wohnung von unten bis oben mit sorgfältig eingerahmten Bildern ihrer engsten Freunde und Familienmitglieder geschmückt. Da braucht es keinen Diplompsychologen, um zu verstehen, dass Familie für sie einer der höchsten Werte ist.

Schauen Sie sich also daheim um, egal ob Sie in einem Studentenzimmer wohnen oder in einer großzügigen Villa. Welche Werte könnten die Gegenstände und die Einrichtung widerspiegeln?

6. In welchen fünf Bereichen sind Sie organisiert, ordentlich und zuverlässig?

Ja, es gibt Menschen, die ordentlicher sind als andere. Dennoch gibt es auch bei jedem Menschen selbst Abstufungen und Grade der Ordentlichkeit. Organisation, Ordnung und Zuverlässigkeit fordern Disziplin, Genauigkeit und Gewissenhaftigkeit. Die Energie, die diese Eigenschaften fordern, streuen wir nicht einfach wahllos aus. Oft stecken bewusst oder unbewusst gezielte Entscheidungen und Absichten dahinter.

Ein Surferfreund von mir ist für seine Unordnung bekannt. Wo er aber keine Kompromisse kennt, sind seine Surfbretter und seine Surfausrüstung. Seine Bretter stehen in Reih und Glied nebeneinander, der Größe nach geordnet. Für jede Art von Wellengang hat er ein Board. Er hat Taschen, Säcke und Kisten gefüllt mit allem, was man zum Surfen braucht – wohl organisiert versteht sich. Er kann jederzeit von heute auf morgen aufbrechen, falls sich an der nächstgelegenen Küste eine gute Surfgelegenheit ergibt.

Auch was Zuverlässigkeit betrifft, erkennen wir entweder unsere Werte oder die Werte anderer. Wenn sich jemand zu einem geschäftlichen Treffen verspätet, ohne sich zu melden und die Verspätung anzukündigen, wie würden Sie reagieren? Die Seriosität desjenigen infrage zu stellen, hielten die meisten Menschen zumindest für angemessen. Wenn jemand verlässlich ist, pünktlich erscheint, vorbereitet ist und vertrauenswürdige Ergebnisse liefert, erkennen wir, dass es dieser Person wichtig ist, worum es beim Treffen geht. In welchen Situationen sind Sie zuverlässig und wollen als vertrauenswürdig gesehen werden?

Gut organisiert zu sein, betrifft vor allem die Bereiche, in denen wir etwas besonders gut beherrschen wollen. Dort liegen auch Hinweise auf unsere Werte. Was wir gut können, machen wir gerne. Und weil wir es gerne tun, machen wir es oft. Auch spezifische Fähigkeiten können uns auf unsere Werte hinweisen. Dabei ist es ähnlich wie bei dem obigen Beispiel mit den Sprachen: Es kommt darauf an, was wir tun oder getan haben, um diese Fähigkeit auszubauen. Dass Sie Talent für etwas haben, sagt dabei sehr wenig aus. Wir haben alle viele Talente. In Bezug auf unsere Werte und darauf, wie wir unser Leben gestalten wollen, zählen die, die wir ausleben.

In welchen Bereichen sind Sie besonders gut organisiert und zuverlässig?

Schauen Sie sich Ihre Antworten an. Welche Themen wiederholen sich? Können Sie eine Top-3-Liste erstellen? Das sind womöglich Ihre derzeitigen Werte. Wenn Sie diese für sich klar definiert haben, werden Sie zukünftig Entscheidungsprozesse zu diesen Themen beobachten und sehen, ob Sie diesen Werten auch treu sind.

Schauen Sie sich auch bei Menschen in Ihrem Umfeld nach möglichen Antworten auf diese Fragen um. Zum einen werden Sie erkennen, welche Werte diese Menschen haben. Sobald wir die Werte anderer klar vor Augen haben, fällt die Kommunikation und Abstimmung vieler Dinge leichter. Außerdem sehen wir am Beispiel anderer, wie es aussehen kann, die eigenen Werte zu leben. Das kann uns helfen, bei uns selbst zu erkennen, was uns am wichtigsten ist.

Wenn Sie es versäumen, Ihre Werte zu identifizieren, werden Sie verunsichert sein über das, was in Ihrem Leben zählt und was nicht; Sie werden sich von anderen Menschen sagen lassen, wer Sie sind; Sie werden sich vielleicht Ziele setzen, nur mit der Ungewissheit darüber, wie und ob Sie sie erreichen; Sie werden Entscheidungen nur langsam treffen, und wenn Sie eine Entscheidung getroffen haben, werden Sie sich von Zweifeln und Ängsten einnehmen lassen; Sie werden die Ereignisse in Politik, Medien, Gesellschaft und Kultur darüber bestimmen lassen, ob das, was Sie möchten, richtig oder machbar ist; Sie werden geschäftliche Gelegenheiten nur aus dem Rückspiegel sehen und sich fragen, warum Sie sie nicht gleich erkannt haben; Sie werden in Beziehungen von den Werten und Zielen anderer überwältigt und eingenommen sein, und sich Schuhe anziehen, die Ihnen weder gehören noch passen.

Gewinner und Menschen, die konsequent Nein sagen können, haben ihre Werte klar vor Augen. Das, was ihnen wichtig ist, kommt zuerst. Ihre Zeit ist ihnen heilig, und sie lassen sich nur von wenigen Menschen reinreden oder beeinflussen. Wenn Sie Nein zur Fremdbestimmung sagen möchten, haben Sie keine andere Wahl, als sich mit Ihren Werten auseinanderzusetzen. Wenn Sie Ihre Werte klar umrissen haben, kann es sein, dass das alles ist, was Sie zum Thema Neinsagen wissen müssen. Menschen, die ein Leben nach ihren Werten gestalten und ihre jetzigen Umstände mit ihren Werten verknüpfen, können auch bestimmt Ja und Nein sagen, weil sie von eindeutigen Prioritäten motiviert sind. Zur Erinnerung: Das hier ist die grundlegende Arbeit, die es uns ermöglicht, in Momenten der Entscheidung passende Absagen und Zusagen zu vermitteln. Je sauberer wir hier arbeiten, desto einfacher werden die letzten Schritte am Gipfel des Neinsagens.

EIN BLICK VOM BASISCAMP RICHTUNG ANSTIEG

Wir haben jetzt eine ausgearbeitete Vorstellung von unseren Werten. Im zweiten Schritt wollen wir Wege finden, unsere Werte zu leben, das heißt, sie so pragmatisch wie möglich in unser Alltagsleben einzubauen. Jetzt beginnt das Abenteuer, denn es werden zwei Dinge passieren: Wir beginnen erstens neue Vitalität, Dankbarkeit und Inspiration in unser Leben zu bringen. Zweitens könnten wir beim Implementieren entdecken, dass wir nicht in die Gänge kommen. Im Kopf denken wir uns: »Ich sollte ...«, »Ich muss ...« oder »Es wäre gut, wenn ...«, aber beim Handeln greift der Gedanke nicht. In dem Fall sind wir beim Erforschen unserer Werte auf eine falsche Fährte geraten. Das kann heißen, dass die Werte, die wir uns mit dem Beantworten der Fragen erarbeitet haben, uns doch nicht entsprechen. Ehrlich zu sich selbst zu sein, ist eine Herausforderung. Wenn Sie jemand sind, der Zeit seines Lebens einer Landkarte gefolgt ist, auf der »N« nicht für Norden steht, sondern für nett, dann haben Sie gleichzeitig auch gelernt, zu lügen – gegenüber sich selbst und gegenüber anderen.

Vor vielen Jahren glaubte ich zum Beispiel, ich sollte Unternehmer werden. Entrepreneurship hielt ich für einen meiner höchsten Werte. Ich las Biografien von Unternehmern, interessierte mich für Business- und Start-up-Kultur, besuchte Money-Making-Seminare, hörte mir Vorträge von Unternehmern an, studierte BWL und füllte reihenweise Business Model Canvas aus, um Ideen auszuarbeiten. Und Ideen hatte ich viele. Mit den Jahren lernte ich Unternehmer kennen, von denen einige zu persönlichen Freunden wurden. Es stellte sich heraus: Der wahre Alltag von erfolgreichen Unternehmern sah ganz anders aus, als ich dachte. Viele standen vor Sonnenaufgang auf, sie knüpften unentwegt Kontakte und verbrachten viel Zeit am Telefon. Kurzum: So sehr ich auch dachte, ich sei Unternehmer, und Unternehmertum sei einer meiner höchsten Werte, tat ich in Wahrheit nichts, was erfolgreiche Unternehmer um mich herum taten. Vielmehr hatte ich mir das Leben als Unternehmer schöngeredet und ausgeblendet, was es kostet, geschäftliche Projekte auf die Beine zu stellen. Das war eine wertvolle negative Information, und so konnte ich mich getrost umorientieren. Heute weiß ich, Schreiben gehört im Rahmen von Kommunikation zu meinen höchsten Werten. Lange bevor ich Philosophie studierte, schrieb ich aus eigenem Antrieb Bücher, Essays, Kurzgeschichten und Gedichte.

Etwas ganz anderes ist es, wenn das Leben es uns erschwert, unsere Werte zu leben. Es ist nicht ungewöhnlich, sich entmutigen zu lassen. Wir dürfen es aber nicht zulassen, dass uns das passiert, denn dann werden wir von unseren Ängsten bestimmt. Viele Menschen, die scheinbar unüberwindbare Hindernisse im Leben überwunden haben, standen auch vor dem Nichts. Hindernisse, Leere und Herausforderungen können nicht nur Riegel sein, die uns das Leben vorschiebt. Sie können auch als Inspiration dienen, uns gegen alle Widerstände durchzusetzen. Wer sich der Herausforderung stellt, ein Leben nach seinen eigenen Werten zu leben, lässt sich gleichzeitig auf Herausforderungen ein, die motivieren, inspirieren und bestätigen.

Wir haben die Wahl: Lassen wir uns auf Probleme ein, die beliebig, langweilig und nervig sind, oder stellen wir uns Problemen, die unseren Werten entsprechen und uns die Möglichkeit versprechen, diese zu leben? Gewinner entscheiden sich für Letzteres, denn sie wissen, dass ein Ja zu den eigenen Werten die Ausdauer, Intelligenz, Disziplin und Konzentration mobilisieren, die ein Leben in Eigenständigkeit erfordert. Das heißt, sie sagen Ja zu den Herausforderungen, die bei der Gestaltung eines Lebens nach den eigenen Werten unausweichlich sind. Dadurch sind sie nicht durch Probleme bestimmt, sondern durch die Begeisterung für ein Leben, so wie sie es wollen. Und genau da wollen wir hin.

ZIELE: WIE EIN KONSEQUENTES NEIN ALLTÄGLICH WIRD

Werte sind also die Antwort auf die Frage: »Was ist mir wichtig im Leben?« Ziele sind die Antwort auf die Frage: »Was möchte ich erreichen mit dem, was mir wichtig ist?« Ziele sind ein Kompass und geben an, wo wir uns auf dieser Landkarte befinden, und wohin wir uns bewegen. Zuerst kommen Werte, dann Ziele.

Vielleicht rebelliert es in Ihnen, und Sie denken sich: »Nicht schon wieder eine Predigt über Ziele und Zielsetzung!« Wenn dem so ist, kann ich das gut verstehen. Wenige Themen werden so ausführlich und erschöpfend im Bereich der Selbstveränderung behandelt wie das Thema Ziele. Das dürfte uns aber auch zu denken geben, oder? Es hat nämlich einen guten Grund: Ziele und Zielsetzung sind fundamental für die Lebensgestaltung im Prozess der Selbstveränderung. Sie sind wie gezieltes Training für die Beine in fast jeder Sportart. Würden Sie den Kopf schütteln, wenn jemand, der sein Tennisspiel verbessern will, sich solidem Beintraining verpflichtet?

Zu lernen, sich Ziele zu setzen, ist das Training der persönlichen Weiterbildung. Wir werden stets davon profitieren, wenn wir uns damit beschäftigen, und wir werden uns einfach schwertun, wenn wir das Thema vernachlässigen. Im Folgenden werden Sie daher ein paar grundlegende Strategien beim Formulieren von Zielen vorfinden.

Das Ziel von Zielen ist nicht einfach, Ziele zu haben. Wer einen Kompass hat, aber nirgendwo hinmöchte, braucht keinen Kompass. Wir haben Ziele, ebenso wie Pläne, um tätig zu werden. Zahlen können motivieren und uns helfen, Fortschritte zu messen. Das ist im Wirtschaftsleben selbstverständlich. Ziele, die sich an Produktivität oder Leistung orientieren, nennt man Ergebnisziele. Hierbei gibt es zwei einfache Leitgedanken, die uns helfen, sie zu formulieren und ins Handeln zu kommen.

1. **Brich es runter.**
Jedes Ziel ist in kleine Aufgaben zerteilbar. Dabei geht es nicht darum, einen logisch nachvollziehbaren Plan zu haben. Logik bringt Menschen nur selten dazu, zu handeln. Es geht darum, den Überblick zu gewinnen und zu erkennen, was Sie täglich tun müssen, um Ihr Ziel zu erreichen. Mit diesem Überblick fällt es Gewinnern auch leichter, Nein zu sagen, denn sie sehen jeden Tag als eine Treppenstufe auf dem Weg zu ihrem Ziel.

Wenn uns unsere Ziele nicht motivieren, dann kann es sein, dass wir sie zu grob formuliert haben. Wer nur das Ziel am Horizont vor Augen hat, übersieht gerne den Boden unter den eigenen Füßen. Mit täglichen Zielen und einem übergeordneten Plan begeben Sie sich auf den Weg in die Eigenständigkeit. Wenn es Ihr Traum ist, Influencer zu werden, Sie aber beim Frisör arbeiten, sind Sie in der Arbeit per se sicher fremdbestimmt. Da Sie aber Ihre Werte klar formuliert haben und Ihr größeres Ziel nun in kleine tägliche Ziele herauskristallisieren, wird Ihr Leben im größeren Rahmen wieder selbstbestimmt. Sie bestimmen, warum Sie zur Arbeit gehen, und was sie mit dem Geld machen. Für Sie ist es dann nur noch eine Frage der Zeit, bis Sie von Ihrer Social-Media-Arbeit leben können. Das ist Ihr Plan. Das ist Ihr Weg. Das ist Ihr Leben. Das wird alles dadurch möglich, dass Sie die Ideen von einer Zukunft, die Sie sich wünschen, runtergebrochen haben auf das, was täglich zu tun ist.

2. **Schreib es runter.**
Zielexperten sagen, Ziele sollte man sich täglich anschauen oder besser gleich mehrmals am Tag. Daher ist es wichtig und macht einen Unterschied, ob Ihre Ziele im Kopf leben oder durchs Aufschreiben erste Form annehmen. Wie oft Sie das Geschriebene an-

sehen wollen, bleibt Ihnen überlassen. Nur wie können Sie sich Ihre Ziele anschauen, wenn Sie sie nicht aufgeschrieben haben? Durch das Aufschreiben können Sie zudem nicht nur festhalten, was Sie sich von Jahr zu Jahr vornehmen, sondern können es nach einigen Jahren auch mit Ihren heutigen Zielen vergleichen. Genau das ist wertvoll im Prozess, sich effektiv Ziele zu setzen. Wenn wir anhand unserer aufgeschriebenen Ziele sehen, in welche Richtung wir im Leben gehen wollen, wissen wir nicht nur, wozu wir Ja sagen, sondern auch, wozu wir Nein sagen.

Nur wenn wir aus unseren Werten auch Ziele formulieren, wird ein Nein zu einem natürlichen Teil unseres Alltags. Ziele bilden die Brücke zwischen unseren Werten und unserer alltäglichen Realität. Werden Sie also ein Student der Zielsetzung. Das heißt nicht, dass Sie daraus eine Doktorarbeit machen sollen. Es geht ums Handeln und nicht ums Forschen. Nehmen Sie eine Experimentierhaltung ein. Was bei der Zielsetzung für andere funktioniert, muss nicht für Sie funktionieren. Ihre Ziele runterzubrechen und aufzuschreiben, ist jedoch ein sehr guter Startpunkt.

WAS MACHT WERNER?

»Wo ist die Tabelle mit der Produktliste, die wir für das Meeting morgen brauchen?«, fragt Werners blonder Bürodrache Tina, ohne Hallo zu sagen. Etwas überwältigt und noch ins Schreiben einer E-Mail vertieft, schaut Werner den Drachen erstmal verwirrt und schweigend an. »Werner«, sagt sie und zieht den Ton an, »lassen Sie mich bloß nicht wieder hängen.«

»Ähm, die Tabelle ist so gut wie fertig. Nach dem Mittagessen wollte ich nochmal drüberschauen, ob sie auch vollständig ist«, sagt er schnell. Werner merkt, er ist nicht ganz bei sich.

Nichtssagend und mit rollenden Augen stampft Tina aus dem Büro. Seine Kollegen, die alles mitbekommen, sagen nichts. Es dauert einige Minuten, bis Werner sich gesammelt hat und bemerkt, dass er sich eben grundlos von Tina hat überrollen lassen. »Was heißt hier ›wieder hängen lassen‹? Wann habe ich denn das letzte Mal etwas verspätet abgegeben?«, denkt er sich.

Werner hat aber auch ein Gefühl bei den Begegnungen mit Tina, das er nicht ganz benennen und begreifen kann. Dass er sie nicht unter Kontrolle hat, ist ihm klar. Heute fragt er sich, ob er sich selbst überhaupt unter Kontrolle hat. Wie soll er denn auf den Drachen einwirken können, ohne Zugang zu sich selbst zu haben?

Später, nach dem Mittagessen, trifft er in der Kaffeeküche auf Janette. »Wann segelst du eigentlich noch, Janette?«, fragt er.

»Im Geiste segele ich jeden Tag«, sagt sie. »Aufs Boot komme ich während der Saison vielleicht zwei-, dreimal im Monat. Im Winter bin ich dann im Mittelmeer oder der Karibik, je nachdem, worauf meine Freunde und ich uns einigen.«

Werner schaut verdutzt. »Wie schaffst du es, dir so viel Zeit dafür freizuräumen?!«, fragt er.

»Das ist die falsche Frage«, sagt Janette. »Mein Ziel ist es, so oft es geht im Jahr zu segeln und die wichtigsten Events zu besuchen. Ich frage mich vielmehr, wie ich neben dem Segeln alle anderen Verpflichtungen unterbringe.«

Stille.

Werner findet das eine ziemlich verwegene Einstellung und Aussage. »Und wie fährst du damit?«, fragt er.

»Bestens!«, sagt Janette. »Warum meinst du, bin ich so gut in meinem Job? Weil ich weiß, dass er mir dabei hilft, dieses Leben zu führen. Mein Freund ist das Wichtigste im Leben, dann kommt das Segeln, dann die Arbeit und dann Persönlichkeitsentwicklung. Wenn diese Werte in meinem Leben laufen, läuft alles andere auch. Wie machst du das denn mit dem Segeln, Werner?«

»Ja, also, na ja, ich segele halt, wann es geht. Ist ja nicht sooo wichtig. Ich denke, ich sollte erstmal schauen, dass ich die Karriereleiter weiter raufsteige, bevor ich wirklich Zeit habe, mehr zu segeln.«

»Das sind ja richtig einfallsreiche Ausreden«, sagt Janette. »So hat noch nie jemand gedacht«, fügt sie ironisch hinzu.

»Du weißt nicht, wie es ist«, sagt Werner ernst. »Mein Traum ist eine Weltumsegelung. Die braucht Zeit. Die kann ich mir erst nehmen, wenn ich ein gewisses Standing habe.«

»Sorry, Werner«, sagt Janette, »das ist totaler Bullshit.« Janette kann nicht glauben, dass sie so direkt spricht.

Wieder Stille.

Werner schaut verlegen in seine Tasse. »Ich muss los«, sagt er. »Ich habe ein wichtiges Meeting.«

Am Abend ist Werner wütend auf Janette. Wer ist sie denn, ihm zu sagen, ob seine Pläne plausibel sind? Das mit den Werten ist doch sowieso alles nur Gerede. Wie sollte denn bei ihr alles glatt laufen, nur weil sie ihre Werte klar bestimmt hat? Anders ist es für Werner beim Thema Ziele. Da kommt er besser mit, auch wenn er Janette nach dem Kaffeegespräch nicht noch ein Zugeständnis machen möchte. Dass er seine Ziele so systematisch durchs Runterbrechen und Aufschreiben angehen kann, findet Werner interessant. Vielleicht sollte er mal damit ein wenig rumspielen und den ein oder anderen Spruch an seinen Bildschirm kleben. Am meisten gefällt ihm die Idee, dass es auf die Ziele selbst gar nicht ankommt. Da kann er mit Janettes Logik mitgehen: »Sobald wir ein Ziel erreicht haben, wollen wir uns ein neues Ziel setzen«, erklärte sie. »Es stellt sich schließlich immer die Frage: Wie geht es weiter? Ziele sind dazu da, unsere Richtung vorzugeben.«

Wenn er es richtig verstanden hat, kommt es also weniger darauf an, was man bekommt, sondern mehr darauf, wer man dabei wird, indem man seine Ziele verfolgt. Bezüglich seiner Arbeit kommen Werner gleich erste Ziele in den Sinn. Auch was seine freie Zeit, seine Ideen vom Segeln und das Leben mit Freunden und Familie angeht, scheint es ihm leichtzufallen, Ziele formulieren zu können. Aber was für Ziele sollte er sich mit dem Drachen setzen? Sie würde ja niemals kooperieren.

Am nächsten Tag geht Werner Janette aus dem Weg. Er hat keine Lust, über gestern zu reden. Er ist immer noch genervt. Als er Janette am Feierabend wieder zufällig sieht, aber nichts sagt, ist ihm sein Verhalten irgendwie peinlich. Auf dem Heimweg muss er zugeben: Über seine Werte hat Werner nie wirklich nachgedacht. Momentan ist ihm das Wichtigste, dem Drachen aus dem Weg zu gehen. Vielleicht hat er deshalb so empfindlich auf Janettes direkte Art reagiert?

Nachdem Janette ihm so eindringlich schilderte, welche Rolle Werte im Leben spielen, ist er zumindest nachdenklich. »Macht das wirklich so einen Unterschied?«, fragt er sich. Werner kann sich nicht vorstellen, ohne das Segeln zu leben. Bei allen sechs Fragen, die Janette ihm gestellt hat, kann er mit Segeln antworten. Bei ihm zu Hause hängen Poster und Fotos von Segeljachten und Segelprofis, die er gerne treffen würde. An jedem verlängerten Wochenende in der Saison fährt er mit Segelfreunden an den nächsten See oder ans Meer. Nur so oft kommt das nun auch nicht vor, muss er sich eingestehen. Vielleicht geht es ihm in Wahrheit um mehr als um eine Weltumsegelung. Doch Segeln zu seinem hauptsächlichen Lebensinhalt zu machen, scheint ihm einfach noch zu weit entfernt. Wie soll das gehen?

Werner setzt sich nach der Arbeit an den Schreibtisch und schreibt Antworten auf Janettes Fragen auf. »Welche weiteren Themen sind meine höchsten Werte?«, fragt er sich. Geschichte hatte Werner nicht zufällig studiert. Was ihm daran so gut gefällt, ist das Erforschen der Vergangenheit. Eines seiner größten Erkenntnisse im Studium war, dass vieles in der Geschichte auch Auslegungssache ist. Er hatte immer aus eigenem Antrieb verschiedenste Versionen von Ereignissen recherchiert. Bei einer Semesterabschlussarbeit in Geschichte ging er sogar so weit, dass sein Betreuer sagte: »Werner, das ist keine Masterarbeit. Ein einfacher, ausführlicher Aufsatz reicht für die volle Punktzahl.« Selbst jetzt im Arbeitsleben verschlingt Werner Dokumentationen und Bücher über europäische Geschichte und Persönlichkeiten, die Geschichte geschrieben haben. »Welcher Wert verbirgt sich jetzt dahinter?«, fragt er sich. Wissen? Recherchieren? Bildung? Forschung? Forschung! Werner liebt die intellektuelle Herausforderung.

Frage für Frage arbeitet sich Werner durch die Ereignisse seines Lebens. Nach einer Stunde sitzt er da und schaut sich seine Ergebnisse an: Segeln, Forschen, Schreiben und Musik. Ihm war natürlich klar, dass er nicht alle seine Werte zu Geld machen muss. Janette sagte: »Es geht hier nicht um deinen Beruf. Es geht darum, wie du dein Leben führen willst.« Aber Segeln und Forschen könnte er durchaus zu seinem Beruf machen. Er könnte in die Segelindustrie oder zurück an die Uni.

Es ist lange her, dass er so inspiriert war. Vor allem fällt ihm auf, dass es keinen Grund gibt, in seiner jetzigen Arbeit zu bleiben. »Papiere hin- und herschieben?!«, denkt er sich. »Warum mache ich das?« Er macht es, weil es einfach ist, weil er sich daran gewöhnt hat, weil er gelernt hat, auf seine Ängste zu hören anstatt auf seine Begeisterung. Aber das findet er nicht an diesem Abend heraus.

Bei seinen Überlegungen zu seinen Werten versucht Werner auch, die Werte seiner Familienmitglieder zu durchschauen. Seine Mama stellt selbst Kerzen her, aber nicht weil sie gerne auf dem Weihnachtsmarkt steht, sondern weil sie Kunst und Handwerk so schätzt. Ihre Kerzen sind wirklich kleine Kunstwerke. Auch hinter ihrem Anspruch, ihre Kinder miteinzubeziehen, könnte mehr stecken, als nur Arbeitskräfte zu rekrutieren. Kann es sein, dass das für sie auch ein Weg ist, ihren Wert von Gemeinschaft und Familie zu leben?

Sein Stiefvater Michael hat sicher einen Wert, der irgendwas mit Kommunikation zu tun hat: Er ist der beste Zuhörer, den Werner kennt, und obendrein sehr lustig. Autos und alles, was PS hat, begeistern ihn ebenfalls. Da kann Michael stundenlang drüber reden. Steckt da vielleicht so etwas wie ein hoher Wert in Bezug auf Technik dahinter? »Technik?«, denkt sich Werner verwundert, »kann man Technik oder Autos als Wert fürs Leben haben?«

Und was war mit Leo, seinem älteren Bruder, und Dani, seiner Halbschwester? »Leos höchster Wert ist Sparsamkeit«, denkt sich Leo lachend, weil er einen immer um Gefallen bittet, statt sich einfach professionelle Hilfe zu holen. Aber vielleicht steckt da auch wie bei Mama der Wert von Familie und Gemeinschaft dahinter? Das Einzige, was bei Leo wirklich klar hervorsticht, ist das Reisen. Leo war schon überall auf der Welt, und er reist einfach gerne. Vielleicht ist Reisen einer seiner höchsten Werte. Doch es fällt Werner schwer, bei Leo Weiteres zu finden. Er stellt fest, obwohl er Leo schon so lang kennt, weiß er vielleicht doch nicht so viel über ihn, wie er glaubt.

Bei Daniela ist es ziemlich eindeutig: Sport, Reisen und Vermögensaufbau zählen zu ihren höchsten Werten. Dani ist ohne Sport nicht denkbar. Als Kind fand sie sich bei jeder Sportart sofort zurecht. Heute ist sie verrückt nach Tauchen. Reisen muss ihr nächster Wert sein. Das passt bei ihr auch gut zum Tauchen. Es gibt kaum einen Ort am Mittelmeer, an dem sie noch nicht getaucht ist. Ihre Neugier auf andere Länder scheint hemmungslos. »Ich bin Europäerin«, sagte sie mal als Teenager, »und möchte alle Ecken sehen und kennen!« Und das tut sie auch.

Werner geht es gut bei diesen Gedanken. Er beobachtet, wie er sich merklich entspannt. Es macht sich das Gefühl bei ihm breit, sich und andere besser zu verstehen. Warum soll er dagegen ankämpfen, was ihm wirklich wichtig ist im Leben? Das kostet nur unnötig Kraft. Nicht nur das: Es kostet auch Kraft, andere dafür zu verurteilen, was sie wollen. »Jeder hat andere Werte«, sagt er sich und steht von seinem Schreibtisch auf. Diese Perspektive, Menschen im Rahmen von Werten zu sehen, erleichtert ihn, weil er feststellt: Wenn andere etwas von ihm wollen, dann nicht unbedingt seinetwegen, sondern vor allem, weil sie ein eigenes Ziel und damit verbundene Werte verfolgen.

TIPPS & TRICKS

Wie?

Warum?

ZIELE

Fragen & Entscheiden

WERTE

TEIL II

DER ANSTIEG

KAPITEL 3

NEIN ZUR UNENTSCHIEDENHEIT

Um selbstbestimmt zu leben, Grenzen zu ziehen und unseren Willen durchzusetzen, müssen wir entschieden handeln. Die Bilderbuchdefinition beschreibt einen Jasager als jemanden, der andere für sich entscheiden lässt. Entschiedenheit ist der Nukleus der Selbstbestimmung. Unsere Entschiedenheit hält all unsere Kräfte zusammen und sorgt dafür, dass wir in den Momenten, in denen es darauf ankommt, bei uns sind.

Machen wir uns keine Illusionen: Selbstbestimmt zu leben, kostet Kraft. Dieser Lebensstil ist das Gegenteil davon, sich treiben zu lassen. Noch nie war es leichter, Letzteres zu tun. Bestimmen können wir nur, wenn wir auch entscheiden können. Und Entscheidungen zu treffen, kann man lernen. Das schützt uns aber natürlich nicht vor Fehlentscheidungen. Ganz im Gegenteil: Die eigenen Entscheidungsprozesse umzukrempeln, bringt Fehlentscheidungen auf ganz natürliche Weise mit sich. Fehlentscheidungen zu treffen, bedeutet jedoch nicht, dass wir auf dem falschen Weg sind. Das wäre zu kurz gegriffen. Wem es gelingt, über Fehlentscheidungen hinauszugehen, dem gelingt es in der Folge auch, bessere Entscheidungen zu treffen. Es ist ein Lernprozess, der unsere Fähigkeit stärkt, über uns selbst zu verfügen – ein Charakteristikum innerer Autorität.

Entschiedenheit und Entschlossenheit sind nichts, womit wir geboren werden. Wir müssen sie uns Stück für Stück erarbeiten. Das tut auch jeder, der »gewinnen« möchte, indem er sich täglich für den eigenen Plan entscheidet. Wer sich über seine Werte und Ziele im Klaren ist, hat es dahingehend sehr viel leichter, weil diese den Rückenwind für die Segel unseres Willens darstellen. Nehmen wir uns ein Beispiel an der Geschichte der Gründung der Vereinigten Staaten von Amerika.

Am 4. Juli 1776 wurde Amerikas Unabhängigkeit von England erklärt. Auch wenn dieser Tag heute gefeiert wird, sind es viele Ereignisse in den Jahren zuvor und die Entscheidungen weniger Männer, die dazu geführt haben. 1770 hatte es zwischen britischen Soldaten und Anwohnern von Boston blutige Auseinandersetzungen gegeben. 1772 machte sich der Politiker Samuel Adams für die Bildung eines Komitees stark, das die Interessen der 13 Kolonien in Amerika vertrat und sie stärker miteinander vereinte. Daraufhin wurde Adams von der Regierung in England bedroht. Man stellte ihn per Schreiben vor eine Entscheidung: Entweder er stelle seine Mobilisierung der kolonialen Kräfte ein, wodurch er belohnt und vergütet würde, oder er werde wegen Hochverrats nach England zitiert, wobei ihm selbstverständlich eine hohe Gefängnisstrafe oder gar der Tod drohe.

Aus der Ferne unserer Zeit mag seine Entscheidung für uns sicher einfach und klar erscheinen. Das war sie aber nicht. Schließlich ging es um Leben und Tod. Er hätte sich auch einreden können, dass die Fremdherrschaft aus England gar nicht so schlimm ist, wie die Angriffe der Soldaten auf seine Landsleute in Boston einen glauben ließen. Für Adams gab es jedoch nur eine Richtung: Unabhängigkeit, Selbstbestimmung, Freiheit. Und er war bereit, den höchsten Preis dafür zu zahlen. Er lehnte die Bestechungen und die Chance, mit König Henry III. Frieden zu schließen, ab. Damit wurden er und seine Männer zu Feinden der Britischen Krone.

1774 wurde in Philadelphia der erste Kongress der Kolonien abgehalten, bei dem sich die Gouverneure der 13 Kolonien berieten, wie sie sich gegen die Briten organisieren wollten. Nicht alle Männer waren sich einig. Schließlich war England eine Weltmacht mit einem organisierten Heer, mit dem sie es unmöglich aufnehmen konnten. Nichtsdestotrotz begann 1775 der Unabhängigkeitskrieg der USA gegen Großbritannien. Im Juni 1776 wurde der zweite Kongress abgehalten. Bei diesem Anlass trat Richard Henry Lee aus dem Staat Virginia vor den Kongress und forderte, die Kolonialstaaten sollten ein unabhängiger und eigenständiger Staat sein, wobei jede Verbindung zu England aufgelöst werden müsste. Er erklärte sinngemäß: »Unser Kurs ist eindeutig. Warum diskutieren wir noch weiter? Warum schieben wir die Entscheidung auf? Lassen Sie uns diesen Tag der Geburt der amerikanischen Republik einleiten!«[6] Es folgten weitere Tage der Auseinandersetzung, Planung und Vorbereitung, wie die Unabhängigkeit politisch durchzusetzen sei. Doch die Richtung war klar, und die Entscheidung war getroffen. Einen Monat später waren die Dokumente zur Unabhängigkeitserklärung vollendet und von 56 mutigen Männern unterschrieben. Am 4. Juli 1776 war der Entschluss offiziell.

Was lernen wir aus dieser Geschichte? Niemand konnte sich damals der Folgen gewiss sein, die diese Entscheidung in Richtung amerikanischer Unabhängigkeit mit sich brachte. Es hätte sich auch alles in eine komplett andere Richtung entwickeln können. Dennoch: Wer sich gegen Fehlentscheidungen und deren Konsequenzen sträubt, macht sich das Leben nur schwer. Wer aber den Mut hat, sich auf Herausforderungen einzulassen, den erwartet auf der anderen Seite dieser Mühen und möglichen Fehlentscheidungen das Geschenk mentaler Ausdauer und des Durchhaltevermögens. Das nennt man einen hochentwickelten Willen, und dieser wird von Menschen gelebt, die über innere Autorität verfügen.

ENTSCHIEDEN UNENTSCHIEDEN

Wer Nein zur Unentschiedenheit sagt, steht vor einem mächtigen Duo: Perfektionismus und Prokrastination. Prokrastination ist der

Partner der Perfektion. Es ist die Tendenz, Dinge auf die lange Bank zu schieben. Man sagt dazu auch gerne Aufschieberitis. Der Perfektionismus liefert die Rechtfertigung dazu: Was man anfasst, möchte man gerne perfekt machen.

Prokrastination kommt aus dem Lateinischen und bedeutet so viel wie »für morgen«. Sie kennen den Spruch: »Was du heute kannst besorgen, das verschiebe nicht auf morgen.« Tätigkeiten auf einen anderen Tag zu legen, ist nicht grundsätzlich etwas Schlechtes. Vielleicht sind wir ja morgen produktiver als heute. Dafür könnte es viele gute Gründe geben: Wir werden morgen mehr Zeit haben; wir könnten mehr Energie haben; morgen wird uns jemand bei der Aufgabe zur Seite stehen; oder wir haben heute einfach keine Lust auf die Aufgabe. Das sind alles berechtigte Gründe – selbst die letzte. Zu selten sprechen wir unseren unmittelbaren Bedürfnissen Autorität zu. Das liegt daran, dass es uns erfahrungsgemäß oft teuer zu stehen kommt, wenn wir unsere Verpflichtungen flüchtigen Bedürfnissen oder Stimmungen unterordnen. Keine Lust zu haben, ist also meistens ein schlechter Grund, um etwas nicht zu tun. Manchmal ist das, worauf wir Lust haben, jedoch auch ein Indikator für den Weg nach vorne und ein Ausweg aus der Handlungslosigkeit oder Unentschiedenheit.

Dinge aufzuschieben, wird dann zur Krankheit »Aufschieberitis«, wenn es wichtige Dinge sind, von denen wir wissen, dass sie gut für uns sind. Dinge, die nicht wichtig sind, sollten wir unbedingt auf einen anderen Tag verlegen, denn dann haben sie sich meistens von selbst erledigt.

Die Eisenhower-Matrix ist ein Klassiker im Zeitmanagement und kann uns helfen, Prioritäten zu klären. Die Eisenhower-Matrix geht zurück auf den US-Präsidenten Dwight D. Eisenhower. Sie unterteilt Aufgaben in vier Kategorien: wichtige Aufgaben, unwichtige Aufgaben, dringende Aufgaben und nicht dringende Aufgaben. In einer Matrix zusammengesetzt, ergeben diese Kategorien vier mögliche Aufgabentypen:

	dringend	**nicht dringend**
wichtig	*Kategorie A:* *wichtig und dringend*	*Kategorie B:* *wichtig und nicht dringend*
nicht wichtig	*Kategorie C:* *nicht wichtig und dringend*	*Kategorie D:* *nicht wichtig und nicht dringend*

Zu Aufgaben der A-Kategorie zählen die meisten Aufgaben des Alltags. Hier verbringen wir in der Arbeit etwa 60 Prozent unserer Zeit. Zu den A-Aufgaben zählen Kundenanfragen in Form von E-Mails, Anrufen oder Gesprächen, Termine, IT-Probleme, die den Betrieb aufhalten, Meetings und Krisensitzungen – eben all das, was den Betrieb aufrechterhält. Das Gute an diesen Aufgaben ist, dass sie durch ihre Dringlichkeit in der Priorität steigen. Sie werden sichtbar, und die Konsequenzen der Nichterledigung sind oft spürbar, weil Tatenlosigkeit zu aufgeregten Kunden, Kollegen oder Vorgesetzten führen kann.

Aufgaben der B-Kategorie sind wichtig, aber weil sie nicht dringend sind, haben sie die Tendenz, im Alltag unterzugehen. Genau diese Aufgaben schieben wir gerne auf. Es sind oft Planungsaufgaben, Beziehungsarbeit, Recherchearbeit oder Vorsorgetätigkeiten. Das Problem mit ihnen ist, dass die Nichterledigung keine sofortigen Konsequenzen hat. Heute kein Sport gemacht? »Kein Problem, morgen ist auch noch ein Tag.« Den Arzttermin wegen Schmerzen im Knie wieder aufgeschoben? »So weh tut das Knie noch nicht. Mache ich nächste Woche.« Investitionsentscheidung noch nicht getroffen? »Ist ja noch Zeit. Der Markt korrigiert sich eh noch.« Die Konsequenzen von aufgeschobenen B-Aufgaben sind nicht sofort spürbar, aber je länger wir sie unerledigt lassen, desto kostspieliger kann es werden. Wir müssen schlauer sein, als die Konsequenzen einfach wegzudenken. Ziel ist es, diesen Aufgaben Dringlichkeit zu verleihen. Wem das gelingt, macht einen riesigen Schritt weg von Prokrastination und wird ein Stück selbstbestimmter.

C- und D-Aufgaben sind alle Tätigkeiten, die uns entweder auf der Stelle treten lassen oder weiter weg von unseren Zielen bringen. Sie entfernen uns von einem Leben nach unseren Werten. Dazu zählt zielloser Medienkonsum aller Art, der dritte Kaffeeplausch mit Kollegen am Vormittag und oft leicht lösbare Probleme anderer, die aus welchen Gründen auch immer um Hilfe fragen. Uns damit zu beschäftigen, bringt uns unseren Zielen nicht näher. Die Bereitschaft von Gewinnern, sich solchen Tätigkeiten zu widmen, geht gegen null. Verlierer hingegen sind für alles offen und finden immer einen Grund, sich auf solche Tätigkeiten einzulassen – und wundern sich dann trotzdem, wo der Tag hin ist.

Woher wissen wir aber, ob eine Aufgabe wichtig ist? Typische Antworten, die gerne gegeben werden, lauten: »Andere sind in ihrem Workflow davon abhängig, dass ich sie erledige.« Oder: »Die Aufgabe hat eine enge Deadline.« Oder: »Sie ist jemand anderem, der mir wichtig ist (Familienmitglied, Vorgesetzter), wichtig.« Alle diese Antworten sind fair und verständlich. Vor allem wenn es um Familie und Vorgesetze geht, gilt die Regel: Wenn eine Aufgabe jemanden wichtig ist, der uns wichtig ist, sollte sie uns genauso wichtig sein wie die Person, von der die Aufgabe kommt. Gleichzeitig fehlt allen Antworten etwas Entscheidendes: das Ziel. Es sind nur die Aufgaben wirklich wichtig, die uns an unsere Ziele bringen. Die Ziele, auf die wir hinarbeiten – beruflich oder privat –, bestimmen, was wichtig ist. Hiermit dürfte auch nochmal deutlich werden, wie Ziele das Neinsagen im Alltag selbstverständlich oder mühelos machen können. Deswegen sind Ziele und ihre darunterliegenden Werte so zentral. Ich hoffe, dieses Verständnis hat bei Ihnen Wurzeln geschlagen. Falls nicht, keine Sorge. Sicher komme ich im Verlauf des Buches wieder darauf zurück.

Wie hören wir nun mit dem Aufschieben auf? Nun, wenn wir wichtige Aufgaben aufschieben, dann haben wir gute Gründe dafür. Vielleicht kennen wir die Gründe nicht, aber es gibt sie. Mehr noch: Wir haben nicht nur gute Gründe, die Aufgabe nicht zu tun, sondern auch Gründe, die dagegensprechen, die Aufgabe zu erledigen. Die

Assoziationen positiver und negativer Art sind zu stark, als dass wir uns in Momenten der Entscheidung aufraffen und durchsetzen können. Dieser neurologische Cocktail hält uns davon ab, in die Gänge zu kommen.

Ein Beispiel: Rauchen Sie? Wenn Sie nicht rauchen, frage ich Sie: »Warum nicht?« Rauchen entspannt, das Loslassen beim Rauchen fördert kreative Ideen, Rauchen ist gesellig, Rauchen bringt einen an die frische Luft, Zigaretten passen bestens zu Bier, Wein und Whiskey, Rauchen beschleunigt die Verdauung – das klingt alles so angenehm, da bekomme ich beim Schreiben als Nichtraucher grad Lust auf eine Zigarette. Warum also rauchen Sie nicht? »Nach dem Rauchen ist einem schlecht«, entgegnen Sie vielleicht. »Es kostet Geld, das sich in Rauch auflöst. Vom Rauchen werden Zähne braun und verfaulen. Die Lunge wird durchs Rauchen schwer belastet. Die sportliche Ausdauer nimmt ab.« Brauchen Sie noch mehr Gründe? Wenn Sie so sind wie ich, identifizieren Sie sich mehr mit der Liste der Ideen, die dagegensprechen. Deswegen schieben Sie das Rauchen von sich weg. So einfach ist das. Wenn Sie Raucher sind, denken Sie sich womöglich: »So schlimm ist das alles gar nicht.« Und genau das ist der Punkt: Sie machen es, weil Sie es sich schmackhaft gemacht haben. Raucher oder Nichtraucher: Beide nutzen dasselbe Prinzip der Assoziation. Der eine hat positive Assoziationen, der andere negative.

Ausnahmslos in jedem Seminar werde ich gefragt, welche Tipps und Tricks es gibt, um in die Gänge zu kommen – vor allem mit Dingen, die man machen muss, aber nicht machen mag. Glauben Sie mir, wenn Sie gelegentlich und regelmäßig Tätigkeiten aufschieben, sind Sie nicht allein. Die Gründe, warum wir etwas aufschieben, sind so individuell wie jeder einzelne Mensch. Was Sie mit der aufgeschobenen Aufgabe assoziieren, können nur Sie herausfinden.

Denken Sie an eine Aufgabe, die Ihnen wichtig ist, bei der Sie aber nur schwer oder gar nicht in die Umsetzung kommen. Finden Sie positive Assoziation dazu, die Sache liegen zu lassen. Was haben Sie davon, die Sache aufzuschieben? Was ist gut daran, die Aufgabe unerledigt zu lassen? Schreiben Sie sich am besten gleich die ersten Antworten auf, die Ihnen einfallen. Sobald Sie 20 Antworten gesammelt haben, stellen Sie sich Fragen über die Nachteile der Fertigstellung: Welche negativen Konsequenzen hat die Ausführung oder die Erledigung der Aufgabe? Wo liegt der Nachteil, damit fertig zu werden? Sammeln Sie auch hier wieder so viele Antworten, wie Sie können, mindestens 20. Denken Sie wirklich nach, und versuchen Sie, Ihr Gehirn zu verstehen. Das ist keine bloße Schreibübung. Es geht hierbei darum zu verstehen, dass Sie Positives damit assoziieren, die Aufgabe unerledigt zu lassen, und Negatives damit verbinden, die Aufgabe zu erledigen. Wenn Sie denken:»Es gibt keine Vorteile beim Untätigsein und keine Nachteile, wenn ich die Sache erledige!«, dann haben Sie nicht nachgedacht. Es gibt in Ihrem Kopf Vorteile, die Sache aufzuschieben, und Nachteile, sie zu erledigen, sonst wäre die Sache längst getan. Sehen Sie, unser Gehirn kann nicht für sich selbst denken. Es folgt nur den Befehlen der Assoziation. Es obliegt unserem Geist, die Komplexität des Menschseins zu durchschauen.

Unentschiedenheit ist eine listige kleine Schlange, die gerne unbemerkt im Dschungel unseres Bewusstseins ihr Unwesen treibt. Indem wir unsere Assoziationen erkennen, verstehen wir die Gründe unserer Aufschieberei besser und können unserer Unentschiedenheit mit neuen Assoziationen ein klares Nein entgegenhalten. Die folgenden drei Methoden können dabei helfen, diesen Prozess zu beschleunigen und Prokrastination zu überwinden:

1. **Halten Sie die Hürde niedrig**
   Die Hürde niedrig zu halten, ist eine Idee für den Start und hilft durch viele kleine Schritte und überschaubare Abschlüsse, an einer Sache dranzubleiben. Wenn die Hürde niedrig ist, ist die Assoziation mit dem Start meist positiv. Ein Negativbeispiel: Kennen Sie diese Staubsauger mit Wasserfilter? Die sind besonders für Allergiker geeignet, stinken nicht und behalten ihre Saugkraft. Klingt erstmal super. Das Problem mit ihnen ist, sich zu überwin-

den, sie in die Hand zu nehmen, mit Wasser zu füllen und nach dem Saugen wieder auszuleeren und abzuspülen. Die Hürde, sie zum Einsatz zu bringen, ist hoch. Dementsprechend ist die Abneigung groß, mit dem Saugen anzufangen.

Sagen wir zum Beispiel, Sie haben einen Bericht zu schreiben. Sie haben keine Lust dazu, und Sie wissen, er wird einen Zeitblock von zwei Stunden in Anspruch nehmen. Wenn die Hürde von zwei Stunden zu hoch ist, schrauben Sie sie einfach auf 15 oder 20 Minuten runter, und machen Sie nur so viel, wie die Zeit erlaubt. »Es sind ja nur 15 Minuten« ist ein Spruch, der durchaus positiv besetzt sein kann.

Fangen Sie mit dem an, was Spaß macht oder worauf Sie Lust haben. Ist Ihr Aktenschrank ein Chaos, und Sie wollen ihn ausmisten? Anstatt sich den ganzen Schrank vorzunehmen, nehmen Sie sich einen einzigen Ordner vor. Vielleicht dauert es 10 Minuten, diesen Ordner durchzuarbeiten, und damit halten Sie sich die Einstiegshürde niedrig.

Was oft bei dieser Taktik passiert, ist, dass wir so begeistert sind von den Anfängen, dass wir durchstarten und gleich alles erledigen.

2. Machen Sie Ihre Vorhaben öffentlich

Bei diesem Klassiker der Motivation machen wir uns die Kraft negativer Assoziationen zunutze. Bei manchen Aufgaben hilft es, Freunden oder Kollegen davon zu erzählen oder gar mit ihnen eine Wette abzuschließen. Sozialer Druck kann ein konstruktiver und motivierender Einfluss sein. Schließlich ist das Ansehen von Gleichgesinnten ein starker Motivator. In solchen Situationen denken wir uns oft: »Wie sehe ich nur aus, wenn ich jetzt einen Rückzieher mache?« Das muss nicht immer schlecht sein.

Wenn wir das Ganze in Form einer Wette machen wollen, können wir für zusätzlichen Druck auch Geld ins Spiel bringen. Freunde von mir haben eine Sportwette gemacht, bei der es darum ging, jeden Tag Klimmzüge zu machen, vom ersten bis zum letzten Tag des Monats.

Am ersten Tag waren zehn Klimmzüge zu machen, jeden Tag wurde um zehn gesteigert, sodass sie am finalen Tag 300 Klimmzüge über den Tag verteilt machen sollten. Einsatz waren 500 Euro. Als ich das hörte, wollte ich mitspielen. »300 Klimmzüge an einem Tag?!«, sagte ich, »Das schafft ihr nie.« Ich wettete 40 Euro darauf, dass sie sich beide darauf einigen würden, die Wette abzubrechen. Leider habe ich meine Wette verloren. Dafür sagten mir meine Freunde, meine Wette gegen sie habe ihre eigene Motivation sogar noch bestärkt. Sie wollten mir schließlich zeigen, dass sie es durchziehen würden. Ich habe meinerseits für insgesamt 40 Euro eine Lektion in negativen Assoziationen bekommen. Guter Deal!

3. **Unterbrechen Sie nicht die Kette**
Bei Projekten, die regelmäßige Aktivität über einen längeren Zeitraum erfordern, ist das ein Klassiker. Bleiben Sie am Ball, indem Sie die Aneinanderreihung von Tagen fortführen, an denen Sie tätig sind. Es gibt keine freien Tage, keine Ausnahmen und Sonderregeln. Jeder Tag zählt, also wird an jedem Tag was gemacht. Das gilt vor allem, wenn es darum geht, sich etwas an- oder abzugewöhnen.

Fällt Ihnen an diesen Methoden etwas auf? Sie arbeiten alle mit dem Prinzip der Assoziation. Die Hürde niedrig zu halten, erleichtert die Entscheidung anzufangen, weil die Aufgabe klein erscheint. Damit wird die Assoziation positiv. Den Druck zu erhöhen, indem wir andere ins Boot holen, erhöht den Schmerz der Untätigkeit. Die Folgen der Untätigkeit sind plötzlich unmittelbar und damit für das Gehirn um ein Vielfaches vergrößert. Die Kette nicht zu unterbrechen, arbeitet ebenso mit Erfolgsgefühlen und Angst vor der Enttäuschung. Die erlebte Logik sagt uns: nur heute, nur ein paar Minuten, nur noch einmal. Je länger wir dranbleiben, desto länger wollen wir dranbleiben.

WILLENSKRAFT – TREIBSTOFF
DER HALBGÖTTER

In der antiken Mythologie waren Halbgötter Wesen, die zwischen Gott und Menschen standen und als solche verehrt wurden. Herkules war besonders stark. Achilles war ein – bis auf seine Ferse – unverwundbarer Krieger. Nicht alle Halbgötter hatten besondere Fähigkeiten, wie Herkules und Achilles. Sie stammten aber alle sowohl von einem Götter- als auch von einem Menschengeschlecht ab. Damit hatten sie besondere Fähigkeiten, die gewöhnliche Menschen nicht erwerben konnten. Diese antike Beschreibung von übermenschlichen Fähigkeiten lässt sich auch auf unsere heutige Weltvorstellung übertragen.

Ausgeprägte einzigartige Fähigkeiten schreiben wir heute der Idee von Talent zu. Unsere Talente sind Fähigkeiten, die wir von klein auf besonders gut beherrschen. Sie sind nichts, was wir uns erarbeiten können. Wir haben sie einfach und können sie durch Arbeit ausbauen. Wir haben unsere Talente auch nicht von unseren Eltern bekommen. Jeder Mensch kommt mit seiner ganz eigenen Mischung an Talenten auf die Welt. Talente sind uns von Natur aus gegeben. Um in der Sprache der antiken Mythologie zu bleiben: Unsere Talente sind der göttliche Teil der Halbgötter.

Was ist mit dem menschlichen Teil von Halbgöttern in unserer heutigen Welt? Der menschliche Anteil ist Arbeit. Talent ohne Arbeit macht noch keinen Halbgott. Talent ohne Arbeit ist wie ein Samenkorn ohne die nährenden Mühen von Wasser, Licht, Sauerstoff und Mineralien. Talent und Arbeit, das macht unsere heutigen Halbgötter aus. Talent allein reicht nicht, und harte Arbeit allein reicht auch nicht, um auf dem Olymp irgendeiner Branche oder Tätigkeit zu glänzen. Um diese miteinander zu kombinieren und Übermenschliches zu erreichen, braucht es jede Menge Willenskraft.

Die Wissenschaft der Willenskraft sieht wie folgt aus: Bewusste Entscheidungen kosten Kraft. Mit jeder Entscheidung, die wir treffen, wird ein Stück von dieser Kraft aufgebraucht. Wenn der Tank leer ist, fühlen wir uns entscheidungsunwillig oder entscheidungsunfähig und treffen Entscheidungen langsam oder unbedacht. Unsere Leistungsfähigkeit nimmt ab. Wer seine Chancen erhöhen möchte, seine Ziele zu erreichen, muss Wege finden, Entscheidungen zu automatisieren. So bleiben Energiereserven für weitere Entscheidungen und Handlungen frei. Unsere Leistungsfähigkeit wird erweitert. Kurz: Menschen schaffen Übermenschliches, wenn sie eine grundlegende Entscheidung getroffen haben, der sich alltägliche Entscheidungen durch Automatisierung oder Ritualisierung unterordnen.

Ein gutes Beispiel hierfür bietet der Profigolfer Tiger Woods: In einem Alter, in dem Babys erst das Gehen lernen, verfügte Eldrick »Tiger« Woods bereits über die Koordination, einen kleinen Golfschläger zu schwingen und damit einen Ball satt zu treffen. Bevor der kleine Eldrick zum Tiger der Golfwelt wurde, hatte er von klein auf seinem Vater dabei zugesehen, wie er Hunderte von Schwüngen ausgeführt und in seiner Garage Golfbälle ins Netz geschlagen hat. Neurowissenschaftler haben die Auswirkungen von frühen Prägungen auf das Gehirn weitreichend studiert, um uns ein Verständnis davon zu geben, welche Auswirkungen Tigers Zuschauen auf ihn gehabt hat.

Es wird geschätzt, dass Tiger bis zum Alter von zwölf Monaten seinem Vater 100 bis 200 Stunden beim Bälleschlagen zugeschaut hat. Durch diese Nachahmung allein wurde Tiger die Entscheidung abgenommen, wie er seinen Golfschläger schwingt. Das ist physisch wie mental ein großer Vorteil im Golfsport. Zwar hat er im Laufe seines Lebens viel darüber nachgedacht, aber er musste nicht, wie 99 Prozent aller anderen Golfer auf der Welt, bewusst darüber nachdenken, wie er den Ball trifft. Bezüglich Willenskraft und in puncto Leistungsfähigkeit stand Tiger Zeit seines Lebens auf einem ganz anderen Ausgangsniveau als jeder andere Golfer vor ihm.

Unter diesen Voraussetzungen wuchs Tiger mit dem Wunsch auf, der beste Golfer aller Zeiten zu sein und alle Rekorde zu brechen, die von den Legenden des Sports bis dato aufgestellt worden waren. Amateurgolfer fragen sich, wie Tiger so unglaubliche Schläge spielt.

Doch das ist die falsche Frage. Die richtige Frage lautet: *Warum* spielt Tiger solche unglaublichen Schläge? Die Antwort: Tiger spielt nicht gegen andere, er spielt gegen die Geschichte und Rekorde des Sports. Hindernisse und das Thema Neinsagen haben es enorm schwer in so einem Szenario, weil die Willenskraft auf etwas Übergeordnetes ausgerichtet ist.

Gleiches gilt für die Halbgötter. Sie legen sich selbst Grenzen auf, wie ihr Alltag aussieht, was wichtig ist und was kategorisch ausgeschlossen wird. Dadurch sind sie frei, um für ihr großes Ziel zu arbeiten. Für Sie bedeutet das: Automatisierte Entscheidungen und ritualisierte Abläufe ermöglichen einen gut gefüllten Tank an Willenskraft, mit dessen Energie Sie Tag für Tag durch die Herausforderungen navigieren. Das ist keine graue Theorie. Das ist die Logik der Willenskraft.

EINE SCHLECHTE ENTSCHEIDUNG IST BESSER ALS KEINE ENTSCHEIDUNG

Stellen Sie sich vor, eine Liebschaft und ein paar unglückliche Umstände bringen Sie in ein Entwicklungsland nach Afrika. Genau das ist einem Bekannten von mir namens Erik passiert. Erik stand vor der Entscheidung, entweder zurück ins sichere Zuhause nach Deutschland zu gehen oder in Afrika zu bleiben, und dort eine neue Existenz aufzubauen. Was die Entscheidung noch schwerer machte, war, dass seine Freundin schwanger war. Sollte er nach Deutschland zurückkehren, sich dort etwas aufbauen, und dann einen Weg finden, seine Frau und sein Kind zu sich zu holen? Oder sollte er bleiben und als Fremder in einem gefährlichen Land bei null anfangen? Was hätten Sie getan? Die Wahrheit ist, Sie und ich wissen es beide nicht.

Stuntman und Unternehmer Jochen Schweizer wurde nach seinem Weltrekord, aus 1 Kilometer Höhe von einem Helikopter einen Bungeesprung zu wagen, gefragt, wie es sich anfühle. Seine Antwort: »Es fühlt sich an, wie wenn man aus 1 000 Metern Höhe einen Sprung aus dem Helikopter mit einem Bungeeseil macht.« Mit anderen Worten: Das kann man nicht beschreiben, man muss es erleben. Auf die gleiche Weise wissen wir vorab nicht, wie wir in Situationen reagieren, in denen es eng wird. Erik entschied sich zu bleiben. Warum? Erik ist ein Familienmensch. Familie ist sein höchster Wert. Er wusste, es würde schwer sein, aber er wollte für seine Frau und das kommende Kind da sein. In den Jahren darauf kamen Erik und seine Familie in viele lebensbedrohliche Situationen. Oft wurde er über den Tisch gezogen, hat Geld in Unternehmungen verloren, musste die Polizei bestechen, wurde krank und geriet mit seiner Frau in heftige Auseinandersetzungen.

Wenn ich ihn heute frage, ob er glaubt, sich richtig entschieden zu haben, sagt er: »Ich bin mittlerweile zehn Jahre in diesem Land. Meine Kinder sind hier aufgewachsen, ich habe neue Freunde gefunden und ein florierendes Unternehmen aufgebaut. Vieles ist anders gelaufen als geplant und gedacht. Eins habe ich aber gelernt: Um weiterzukommen, müssen wir uns einfach entscheiden – egal ob die Entscheidung richtig ist oder nicht. Wenn wir Entscheidungen aufschieben, hängen wir fest – und ich hing sehr oft in diesem Land fest. Nur wenn wir eine Entscheidung fällen, geht es weiter. Die Zeit hier hat mich um viele Erfahrungen reicher gemacht und mir viele neue Fähigkeiten beschert. Ich möchte mit niemandem tauschen.«

Entscheidungen können, wie gesagt, bewusst und unbewusst erfolgen. Um Ihre Standortbestimmung zu vereinfachen, müssen wir in Bezug auf die bewussten Entscheidungen nochmals eine Unterscheidung treffen und damit unsere Sichtweise verfeinern. Unter den bewussten Entscheidungen gibt es schnelle Entscheidungen, die impulsiv getroffen werden, und langsame Entscheidungen, die bedacht und nach oft reiflicher Überlegung vonstattengehen. Auch die Konsequenzen unserer Entscheidungen können wir unterteilen in jene, die langfriste Auswirkungen haben, und solche, die kurzfristige Auswirkungen haben. Daraus ergeben sich vier verschiedene Entscheidungstypen im Bereich der bewussten Entscheidungen:

	schnell (impulsiv)	langsam (bedacht)
langfristige Auswirkungen	*Kategorie A:* *schnell und langfristig*	*Kategorie B:* *langsam und langfristig*
kurzfristige Auswirkungen	*Kategorie C:* *schnell und kurzfristig*	*Kategorie D:* *langsam und kurzfristig*

Die Kategorisierung ist eine Schablone, die uns hilft, uns selbst und unsere Entscheidungsprozesse besser zu verstehen. Alle vier Quadranten in der dargestellten Matrix haben ihre Vor- und Nachteile. Es wird im Allgemeinen behauptet, Gewinner halten sich in Quadrant A auf. Das ist verständlich, denn sie haben ihre Ziele und Werte klar für sich definiert. Quadrant B ist ebenfalls nicht schlecht, denn es werden immerhin Entscheidungen für langfristige Ziele getroffen. Quadrant C ist für jeden leicht zu erreichen, denn Entscheidungen, deren Konsequenzen nur einige Stunden oder Tage andauern – zum Beispiel eine Nacht lang aufzubleiben –, können wir als gutes Trainingsareal für unseren Entscheidungsmuskel nehmen. Wenn wir uns aber dabei erwischen, nur schwerfällig zu Entscheidungen zu kommen, die kurzfristige Auswirkungen haben – zum Beispiel die Entscheidung, welchen Film wir uns anschauen –, müssen wir uns in Acht nehmen. Alles in allem sollten wir uns weniger im D-Quadranten aufhalten. Ziel ist es, in den A-, B- und C-Quadranten zu experimentieren und herauszufinden, wie wir schnellere und bessere Entscheidungen treffen können. Denken Sie daran: Je leichter (das heißt je schneller, natürlicher und gezielter) wir Entscheidungen treffen, desto energiesparender agieren wir.

Zu lernen, sich zu entscheiden, ist einer der effektivsten Wege, um zu lernen, Nein zu sagen. Indem wir der Situation in die Augen schauen, abwägen, was das gewünschte Resultat ist, und uns dann von allen Möglichkeiten bis auf eine lossagen, trainieren wir, zu dem zu stehen, was wir wollen. Wir mögen nicht immer richtigliegen mit unseren Entscheidungen. Die Unentschiedenen liegen aber immer falsch, denn bei ihnen geht es nicht weiter. Sie stagnieren. Ein selbstbestimmtes Leben und Stagnation beißen sich. Ersteres verlangt Bewegung und Wendigkeit. Letzteres lässt Gleichgültigkeit zu und toleriert, dass alles gleich bleibt. So wird das Durchsetzen eines Lebens nach unseren Werten und damit das Gewinnen erschwert.

Ein Nein zur Unentschiedenheit ist nur eine Entscheidung entfernt. Je reicher an Konsequenzen diese Entscheidung ist, desto klarer wird das Nein zu allem, was nicht unseren Zielen dient. In der Welt der Selbstoptimierung spricht man in diesem Rahmen auch vom Rubikon-Modell. Es beschreibt eine Handlung als vierstufigen Prozess: Abwägen der Entscheidung, Planen der Umsetzung, Handeln entsprechend der gefällten Entscheidung sowie Bewerten dieses Handelns. Das Interessante an unseren Entscheidungen ist schließlich: Wir stehen zu den Konsequenzen unserer ursprünglichen Entscheidung und fordern das Schicksal heraus; haben wir uns einmal entschieden, treten wir selten von dieser Entscheidung wieder zurück. Die Idee des Rubikon-Modells geht auf die Geschichte Caesars zurück, der am 10. Januar 49 vor Christus den Rubikon-Fluss in Norditalien mit seinem Heer überquerte, um Rom einzunehmen. Es gab nach dieser Überquerung für ihn und sein Heer kein Zurück mehr. Stellen Sie sich vor, Ihre großen Entscheidungen haben genauso viel Kraft. Die kleineren Entscheidungen von Ja und Nein im Alltag werden dann viel natürlicher aus Ihnen herauskommen.

WAS MACHT WERNER?

Werner hat Janette seit einer Woche nicht gesehen. Dabei wollte er sich für seinen plötzlichen Abgang entschuldigen. Als er sich an diesem Tag in der Kantine einen Platz sucht, sieht er Janette auf der Terrasse allein an einem Tisch sitzen. Sie hat Kopfhörer im Ohr. Werner zögert. Er will sie nicht stören. Ihre Blicke treffen sich, und Janette winkt ihn zu sich. Werner ist erleichtert. Die Entscheidung wurde ihm abgenommen. »Hey!«, sagt Janette mit einem Lächeln, als wäre nichts gewesen.

»Hi Janette, wie geht's?«, sagt Werner und setzt sich hin.

»Bestens, danke. Ich war ein paar Tage mit meinem Freund unterwegs – Homeoffice«, sagt sie mit einem Augenzwinkern.

»Sorry, dass ich letztes Mal einfach so gegangen bin«, sagt Werner.

»Du, alles gut«, sagt Janette, »ich bin manchmal einfach plump und direkt, wenn mir etwas wichtig ist. Ich wollte dich nicht verletzen.«

Werner holt seinen Notizblock raus. »Ich glaube, ich kenne meine Werte, Janette«, sagt er stolz.

»Lass mich raten«, sagt Janette, »Segeln und Musik.«

Werner lacht. »Woher weißt du das?«

»Erfahrung«, sagt Janette.

Werner erzählt, wie sich seine Sichtweise auf seine Familie ändert, jetzt, da er über Werte nachdenkt. »Seitdem ich sehe, dass alle Menschen ihren Werten nachgehen und weniger an meinen interessiert sind, bin ich irgendwie entspannter. Ich glaube, ich sollte öfter mal Nein sagen und mich abschotten, um meine eigene Agenda durchzusetzen.« Werner denkt in dem Moment an die sieben Prinzipien der Produktivität, bei denen er Prinzip #5 »Kennen Sie Ihre Grenzen« in Klammern gesetzt hat. Vielleicht war er da etwas voreilig.

»Du kommst neuen Entscheidungen näher, Werner, gute Arbeit!«, freut sich Janette.

»Stimmt«, sagt Werner, »ich hab zum Beispiel entschieden, dass diese Idee der Weltumsegelung nur ein Wunschtraum ist. Was sich wirklich dahinter verbirgt, ist der Anspruch, Segeln irgendwie zum Hauptteil meines Lebens zu machen.«

Janette freut sich. »*Now we are talking!*«, sagt sie. »Warum sollten wir auch lange überlegen, wenn die Marschrichtung klar ist? Entscheidungen zu treffen, kostet Energie. Und was heißt das für dich genau?«

»Ich weiß es noch nicht«, antwortet Werner. »Vermutlich, dass ich den Job wechsele und in die Segelbranche gehe. Wenn das nicht direkt geht, dann komme ich vielleicht über eine Zwischenstation da hin.« Werner strahlt.

»Ich freue mich für dich, Werner«, sagt Janette. »Dir ist schon klar, dass die Umsetzung dieser Idee nicht dringend ist, oder? Deshalb gib Acht: Du darfst sie nicht durch alltägliche, vermeintlich dringendere Dinge untergehen lassen. Das kann passieren, weißt du?«

»Ich verstehe«, sagt Werner. »Ich habe nach der Arbeit einen Zeitblock eingeplant, in dem ich der Idee nachgehe. Das heißt, ich will jeden Tag etwas machen, egal wie wenig es ist. Ich will einfach vorankommen, Kontakte knüpfen, Firmen verstehen, Events finden, neuste Technologien entdecken und so weiter. Davon hat mich das Träumen von der Weltreise bisher abgehalten.«

»Gut, dass du es mir erzählt hast«, sagt Janette. »Wenn du möchtest, erinnere ich dich ab und an an deinen Vorsatz, ja?«

»Nur zu, gerne«, sagt Werner.

»Darf ich dir noch einen Rat geben?«, fragt Janette.

»Ja, bitte«, sagt Werner. »Erzähl deinen Freunden erstmal nichts davon. Lass die Idee sich setzen und arbeite dich da rein, um stabil und sicher in der Idee zu werden. Die Meinungen anderer kannst du jetzt gerade nicht gebrauchen.«

Werner versteht nicht ganz, nickt aber und willigt ein. Warum sollte er seinen Freunden oder der Familie nichts davon erzählen? Sie meinen es doch nur gut mit einem.

Selbst am nächsten Tag noch denkt er über Janettes Worte nach. Was ihm ebenfalls keine Ruhe lässt, ist die Frage, wie man den Entscheidungstank leerbrennt. Er greift zum Telefon und ruft seine Schwester an. »Dani, ich fahr am Wochenende zu den Eltern. Bist du zufällig auch da? Ich hab überlegt, wir gehen mal ein paar Golfbälle schlagen.«

»Du willst auf den Golfplatz?«, fragt sie verwundert. »Können wir gerne machen, Werner, aber du musst gechillt bleiben. Da geht nicht von jetzt auf gleich der Ball 200 Meter weit.«

»Egal«, sagt Werner. »Ich würde es einfach gern einmal probieren. Du bist also dabei?«

»Klar bin ich dabei!«, freut sich Daniela. »Ich wollte sowieso meine Schläger mal aus dem Keller holen und diesen Sommer spielen.«

Der Samstag ist sonnig, und Werner und Dani gehen wie geplant auf die Übungsanlage. Daniela macht ein paar Schläge vor. »Stabil stehen. Drehen und zünden. Das ist alles, was du machen musst«, sagt sie entspannt. Sie zündet einen Ball nach dem anderen von der Matte.

»Ähm, kein Problem«, sagt Werner. »Das sieht einfach aus.« Werner setzt den Ball auf das Abschlagsgummi auf der Matte. Er schaut die Driving Range runter, schaut zum Ball, dreht sich und schlägt: Er spürt den Ball kaum beim Treffmoment, und der Ball fliegt schnurgerade, hoch und weit. »Boa!«, jubelt Werner und dreht sich zu Daniela, »das ist ja total abgefahren. Was für ein Gefühl.«

»Mega, oder?«, stimmt seine Schwester ihm zu. »Das war ein Superschlag, Werner.«

Werner stellt den nächsten Ball auf. Stand, Drehung, Zündung, Schlag. »Schon wieder!«, freut sich Werner, als er sieht, wie der Ball erneut schnurgerade hoch und weit fliegt. »Das ist ja mega einfach!«, freut er sich.

»Nicht so schnell, Tiger«, entgegnet Dani.

Werner weiß zwar nicht, was er macht, aber es funktioniert. »Okay«, denkt er sich, »stabil stehen, drehen und zünden. So schwer ist das ja nicht.« Er schlägt auf den dritten Ball. Er trifft die Schlägerkante, der Ball schießt flach über den Rasen und hüpft wie ein flacher Stein auf Wasser. »Verdammt!«, flucht Werner laut.

»Was hab ich gesagt?«, kommentiert Dani. »Du musst ruhig bleiben.« Sie selbst ballert lässig ihren nächsten Ball hoch und weit.

Werner hat noch 17 Bälle im Korb. Egal was er versucht, alle Bälle gehen anders als die ersten drei. Er durchdenkt jede Bewegung und konzentriert sich bei jedem Schlag auf etwas Neues, aber nur den letzten Ball trifft er wieder so gut wie die ersten drei. »Mannomann, das ist ja doch etwas schwerer als gedacht. Diese Denkerei über den Schwung macht einen ja fertig«, sagt er, sobald seine Bälle durch sind.

»So ist das bei Golf«, sagt Dani. »Egal wie gut man ist, es ist ein Sport, der sich hauptsächlich im Kopf abspielt. Du musst ständig Entscheidungen treffen. Und wenn du auf dem Platz Entscheidungen über deinen Schwung triffst, also über deinen Schwung nachdenken musst, dann hast du eh verloren. Das laugt dich total aus.«

Daniela sagt das Gleiche wie Janette. Spannend. Noch nie hat Werner gespürt, dass Entscheidungen und bewusste Anstrengungen so viel Energie kosten. Auf dem Weg zum Auto treffen Dani und Werner auf Dominik, den Golflehrer. »Hey, Dominik«, sagt Daniela, »kennst du schon meinen Bruder Werner? Er hat heute zum ersten Mal Bälle geschlagen.«

»Hi, Werner«, sagt Dominik und schüttelt Werner die Hand. »Und? Wie war's?«

»Ganz gut eigentlich. Aber viel schwerer als gedacht. Schon abgefahren, dass die Profis den Ball jedes Mal treffen.«

Dominik lacht. »Ja, die spielen fast ein anderes Spiel.«

»Sag mal, Dominik, wie ist das denn beim Golfen auf den letzten Löchern in einem Profiturnier? Wenn alle so gut den Ball schlagen können, wer gewinnt dann eigentlich, also, wer setzt sich zum Schluss durch?«

»Na der, der es am meisten will!«, sagt Dominik, ohne zu zögern.

Am Sonntagabend im Zug auf dem Weg nach Hause denkt Werner über das nach, was Janette über Entscheidungen gesagt hatte. Es war ihm gelungen, weder Freunden noch Familie von seinem Vorhaben, den Job zu wechseln, zu erzählen. Und doch denkt er sich, sie könnten ihm vielleicht Anregungen geben. Immerhin kennt ihn seine Familie doch sehr gut. Vielleicht war Janette der Meinung, dass er genau das derzeit nicht gebrauchen konnte: sogenannte gut gemeinte Ratschläge von Menschen, die andere Werte haben. Werner ist so nachdenklich wie selten zuvor. »Warum besuche ich immer wieder meine Familie? Steckt da ein Wert hinter? Oder ist es einfach Gewohnheit? Ist es aus irgendeinem Pflichtgefühl? Was steckt hinter diesen Entscheidungen?« Werner spürt, dass er nicht zur Familie geht, weil er das tiefe Bedürfnis danach hat. Doch wenn er den Wunsch hätte, die Familie seltener zu sehen, hätte er dann überhaupt die Willenskraft es zu tun? Fragen über Fragen.

»Was ich sofort ändern kann«, denkt er sich weiter, »sind meine Rituale und gewohnheitsmäßigen Entscheidungen.« Das leuchtet ihm sofort ein. Bisher hatte Werner beispielsweise immer einen Podcast oder Hörbücher auf dem Weg zur Arbeit gehört. Das war zwar gut, um sich weiterzubilden, aber Musik ist ihm viel wichtiger. Von nun an sollte das morgens an erster Stelle kommen. Werner macht sich Notizen:

1. morgens: ein Glas Wasser trinken, Musik hören
2. abends: Sport, gutes Essen, Recherche/Lesen/Dokus
3. mittags: ???

Werner sieht, er kann seinen Alltag sehr wohl neu gestalten. Die Zeitblöcke sind zwar immer die gleichen, aber was er in diesen Zeitblöcken macht, kann er immer noch umentscheiden. Das sind vor allem alles Entscheidungen, so stellt er schnell fest, die keine großen Auswirkungen haben. Er kann sie nicht nur jetzt schnell treffen, sondern jederzeit schnell neu entscheiden.

KAPITEL 4

NEIN ZU DAUER-(MEDIEN)KONSUM

Produzent oder Konsument? Das ist hier die Frage! Wer lernen will, Nein zu sagen, muss auch lernen, bei jeder Art von Konsum das passende Ja und das passende Nein zu finden. Nein zu Dauerkonsum zu sagen, stärkt unser Selbstwertgefühl und macht uns zu kompetenten Nutzern unserer Zeit und unserer Energie.

Wer sich jemandem oder etwas tiefgehend widmen möchte, um vollen Fokus zu finden, der muss erstmal Nein sagen – nein zu vielen Dingen des Alltags. Es heißt, Fokus sei die Fähigkeit, sich auf eine Sache zu konzentrieren. Während das als Endzustand von Fokus durchaus zutreffen mag, ist der Weg dorthin ein anderer. Fokus und Konzentration finden wir nicht im Einschalten von einer Sache, sondern im Ausschalten von vielen anderen Sachen. Mit anderen Worten: Wir müssen zu vielem Nein sagen, wenn wir über unsere gesamte geistige Kapazität verfügen wollen. Ein eindeutiges Nein zu einer Sache ist ein eindeutiges Ja zu einer anderen. Ein anderes Wort für Ausschalten und Ausblenden ist Verzicht. Mit Verzicht ist meistens die Idee verbunden, dass wir weniger von etwas haben. Doch das ist ein Trugschluss. Wie wir sehen werden, haben Menschen, die verzichten können, mehr vom Leben.

Das Thema Konsum betrifft nahezu jeden Menschen. Allein wenn wir vor die Tür gehen, konsumieren wir unfreiwillig allerhand Werbung. Am Konsum selbst kommen wir heute kaum vorbei. Wir können also nicht zu jeder Art von Konsum einfach Nein sagen. Wir können aber unseren Konsum reduzieren und ihn als Gelegenheit sehen, gezielter Ja und gezielter Nein zu sagen. Konsum wird dann zum Problem, wenn er zweckentfremdet wird, das heißt ohne gezielte Absicht und aus Gewohnheit stattfindet. Dieser blinde Konsum kann ein Vorwand sein, um ein tiefer liegendes Bedürfnis zu stillen, und ist eine konkrete, materielle Art der Fremdbestimmung.

Wenn wir zum Beispiel essen, obwohl wir keinen Hunger haben, stillen wir damit vielleicht das Bedürfnis nach Sicherheit oder Geborgenheit. Jemand, der jedes Wochenende neue Kleidung kauft und sie nur ein- oder zweimal trägt, bevor sie im Schrank verstaubt, stillt vielleicht das Bedürfnis nach Abwechslung oder der Verbindung zu anderen, die es genauso tun. Vielleicht kennen Sie den Witz: »Was sagen wir, wenn wir traurig sind?«, fragte der Therapeut den Patienten. »In den Einkaufswagen«, sagte der Patient.

Auch diejenigen, die jeden Abend einen über den Durst trinken oder sich auf andere Weise betäuben, sind dem teuflischen Mechanismus verfallen, mit destruktiven Mitteln einen seelischen Hunger zu stillen. Solche Sättigungen sind kurzlebig. Unser Hunger nach diesen schnellen Kicks wird nie gestillt sein. Hinzu kommt: Wir können unserem Gehirn nicht einfach »Stopp!« sagen. Es möchte doch nur, was es gestern auch schon hatte. Wenn Dauerkonsum ohne Konsequenzen bliebe, wäre es kein Problem. Das ist aber eine Fantasie. Ein Ja zu Dauerkonsum ist ein Ja zur Fremdbestimmung, zu Orientierungslosigkeit und letztlich zum Unglücklichsein.

Kaum etwas legt einen Mangel an Wertebewusstsein und Zielen so nahe wie Dauerkonsum. Gefährdet sind wir insbesondere in Krisenzeiten, egal ob es persönliche oder gesellschaftliche Krisen sind. Warum? In Krisenzeiten wird unser Wertesystem infrage gestellt, und die Umsetzung unserer Ziele ist gefährdet. In solchen Zeiten auf

Kurs zu bleiben, ist nichts anderes als eine emotionale und mentale Meisterleistung. In Krisenzeiten begegnen wir unseren Unsicherheiten und Schwächen, das ist ganz natürlich. Jeder, der eine Ja-Nein-Schwäche aufgrund von einem Mangel an Werten und Zielen hat, wird in Krisen besonders stark herausgefordert. Gerade heutzutage, wo es unzählige Möglichkeiten gibt, in Medien zu flüchten, werden wir in Krisenzeiten geradezu von Medien aufgefressen. Dass die Aktien von Streamingdiensten im Jahr 2020 an Wert zunahmen, ist leicht erklärt. Und auch YouTuber weltweit konnten 2020 sicher auf ein gutes Geschäftsjahr zurückblicken. Die gleiche Tendenz gilt natürlich für Drogen, das heißt Alkohol, Marihuana, Kokain, und was es sonst noch an Betäubungsmitteln gibt. Selten habe ich auf den Straßen Münchens so viel Marihuana gerochen, wie es während der Coronakrise 2020 der Fall war.

Doch wo genau ist die Grenze zwischen Konsum und Dauerkonsum? Ist eine alte Dame, die jeden Abend gern ein Glas Cherry trinkt, eine Alkoholikerin? Ist ein professioneller Bodybuilder, der täglich sieben Mahlzeiten vertilgt, esssüchtig? Ist eine Teenagerin, die täglich fünf Stunden auf Instagram verbringt, mediensüchtig, auch wenn sie dabei mehrere Hundert Euro die Woche verdient? Es gibt eine Grauzone, ja. Für einen Bodybuilder oder einen Influencer ist der beschriebene Konsum nicht absichtslos. Dauerkonsum unterscheidet pragmatischen Konsum durch die regelmäßige, anhaltende und absichtslose Ausübung. Dabei ist es egal, ob es um die Einnahme von Informationen, Substanzen oder Kalorien geht.

SUPERMAN HATTE KRYPTONIT, WIR HABEN BILDSCHIRME

Die US-Wahl 2020 war aus vielen Gründen verrückt. Der Wahlkampf war eine einzige Schlammschlacht. Die Debatten waren peinlich und unprofessionell. Und mit Gesamtkosten von fast 14 Milliarden US-Dollar war er doppelt so teuer wie derjenige vier Jahre zuvor.[7] Das Verrückteste war aber, wie viel Zeit Millionen von Menschen damit vergeudet haben, die Ergebnisse in der Wahlnacht vom 3. November und in den darauffolgenden Tagen zu verfolgen. Wer am 4. November nach der Wahlnacht eine halbe Stunde lang Informationen dazu sammelte, war genauso schlau wie jemand, der eine schlaflose Nacht vor dem Bildschirm verbracht hatte. Warum? Es gab nichts von Konsequenz zu berichten. Und doch brannten wir alle, die das Ergebnis kaum erwarten konnten, auf entscheidende Neuigkeiten. Erst Tage später zeichnete sich Bidens Vorsprung ab, und erst Wochen später kristallisierte sich sein Sieg aus verlässlichen Nachrichten heraus. Was für eine Zeitverschwendung. Was für eine Energieverschwendung.

Die drei Hauptbereiche des Konsums, die uns regelmäßig betreffen, sind Medien, insbesondere soziale Medien, Freizeitbetäubungsmittel, insbesondere Alkohol, sowie nährstoffarmes Essen, insbesondre Zucker und Weißmehl. Zu lernen, wie wir mit diesen Dingen umgehen, ist in unserer Zeit zentral, weil sie Einfluss auf unseren Kopf und unseren Körper haben. Wer ein eigenständiges Leben führen möchte, darf es nicht dem Zufall überlassen, womit er seinen Kopf und seinen Körper füllt. Das ist eine Frage der Lebensqualität.

Im Folgenden werde ich allein auf die sozialen Medien eingehen. Zu Alkohol kann ich nur aus eigener Erfahrung sagen, dass jeder, für den Alkoholkonsum etwas Normales ist, weniger Energie im Leben hat, als er haben könnte. Seitdem ich meinen Alkoholkonsum auf einige wenige Anlässe pro Jahr reduziert habe, ist mein Leben um ein Vielfaches reicher geworden. Der Unterschied ist gewaltig, insbesondere, wenn Sie geistige Arbeit im Büro verrichten. Verzichten Sie probehalber einmal einige Monate auf Alkohol, und sehen Sie selbst, welchen Unterschied es auf Kopf und Körper macht.

Der Fall Zucker ist auch relativ klar, das sagt uns jeder, der sich mit gesunder Ernährung auskennt. Zucker ist nahezu in jeder industriellen Nahrung zu finden. Wer nicht auf seine Ernährung achtet, konsumiert, ohne es zu wissen, allerhand Zucker. Beim Thema Ernährung geht es nicht nur um unseren Körper. Es geht natürlich auch um unseren Geist und damit um unsere Fähigkeit, zu denken und zu entscheiden. Bei Zucker ist das aber noch das Schonprogramm. Denn wenn aus dauerhaftem Zuckerkonsum Diabetes wird, verändert sich sowieso das ganze Leben.

Aus eigener Erfahrung und Beobachtung von Menschen um mich herum kann ich eines sicher sagen: Die Reduktion von Medien, Betäubungsmitteln und Zucker macht produktiver, vitaler und selbstbewusster. Allein schon auf eins dieser drei Dinge zu verzichten, kann einen riesigen Fortschritt in unserem Leben bedeuten. Probieren Sie es selbst aus, und Sie werden feststellen: Diese Einstellung des Verzichts hat auch Einfluss auf Ihre Fähigkeit, Nein zu sagen. Warum? Es geht beim Neinsagen um innere Autorität. Verzicht ist eine weitere Gelegenheit, unsere innere Autorität zu stärken. Unsere Entscheidungen, auf ausgewählte Dinge zu verzichten, schwappt in andere Lebensbereiche über. Wenn wir Nein zu Dauerkonsum sagen können, bauen wir ein Selbstbild, das uns in Momenten der Entscheidung die Kraft gibt, auch zu anderen Dingen Nein zu sagen, die wir nicht wollen oder die uns nicht guttun. Es ist nicht leicht, Nein zu Alkohol zu sagen, wenn alle um einen herum regelmäßig trinken. Es ist nicht leicht, Schokolade stehen zu lassen, oder den Gang zum Bäcker zu unterbinden, wenn man Heißhunger auf etwas Süßes hat. Das erfordert Willenskraft. Es ist aber auch nicht leicht, jemandem einen Gefallen abzuschlagen, der uns am Herzen liegt. Und so wie ein seltenes Glas Wein viel besser schmeckt als ein regelmäßiges, so hat ein seltenes Ja auch sehr viel mehr Gewicht als ein alltägliches.

FACEBOOK, INSTAGRAM, LINKEDING UND XINGELING

»Meinen Kindern werde ich Social Media verbieten«, hörte ich in der U-Bahn einen Freund zum anderen sagen.

»Ja, und wenn sie dann erwachsen sind, hängen sie umso mehr dran«, antwortete der andere.

Kein einzelner Mensch ist Herr über die sozialen Medien. Unseren Konsum zu reduzieren, müssen wir selbst in die Hand nehmen. Es liegt an uns, zu bestimmen, wie wir mit sozialen Medien umgehen. Ein Werkzeug ist es nur dann, wenn wir es auch wie ein Werkzeug benutzen. Aber tun wir das auch? Kein Hammer liegt in der Werkstatt rum und sendet uns Nachrichten, dass jemand woanders einen Nagel ins Brett geschlagen hat. Nein. Wir bestimmen selbst, wann wir den Hammer aufheben und wie wir ihn anwenden.

Jeder von uns steht in der aktuellen Zeit vor der Herausforderung, bestimmt und gezielt mit Informationen umzugehen. Speziell in Bezug auf die sozialen Medien sollte der Anspruch nicht sein, sich komplett zu versperren. Schließlich gibt es sehr viele spannende Inhalte in allen Medienformaten – und sei es nur gutes Entertainment. Auch das hat seinen Wert. Letztlich findet mittlerweile selbst ein Teil des gesellschaftlichen Lebens in den sozialen Medien statt. Warum sollten wir uns dem komplett verschließen wollen? Weitaus sinnvoller scheint es zu sein, einen Umgang damit zu pflegen, der von Absicht, Maß und Beliebigkeit geprägt ist. Nein zu Medien zu sagen, heißt, die Medien uns dienen zu lassen, anstatt, dass wir ihnen dienen.

Soziale Medien sind ein zweischneidiges Schwert. Auf der einen Seite ermöglichen sie es uns, mit Bekannten und Verwandten auf der Welt in Verbindung zu bleiben. Auf der anderen Seite können wir von Menschen aus aller Welt beeinflusst werden. Auf der einen Seite ermöglichen sie Usern Zugang zu Märkten aus aller Welt. Auf der anderen Seite werden wir selbst mit Werbung und Angeboten geködert, um uns Dinge zu kaufen, die wir nicht unbedingt brauchen. Soziale Medien haben während des Arabischen Frühlings Menschen im Kampf um ihre Freiheit vereint. Gleichzeitig haben populistische Stimmen mittels digitaler Propaganda weltweit demokratisches Denken infrage gestellt. Soziale Medien sind heute so mächtig und allgegenwärtig, dass sie ein Eigenleben angenommen haben, das nicht mal von ihren Erfindern gebändigt werden kann. Letztendlich sind soziale Medien vor allem eins: eine Milliardenindustrie. Ihre Algorithmen wurden geschrieben, um Geld zu verdienen. Unvorstellbare Rechenleistungen und Künstliche Intelligenz arbeiten daran, User beschäftigt zu halten, und dafür zu sorgen, dass wir die Inhalte, die wir konsumieren, möglichst weit verbreiten. Nichts davon ist an uns und unseren Werten und Zielen interessiert. Besonders Menschen, die keine Ziele und Werte haben und ihre Zeit zufällig mit sozialen Medien verbringen, sind das gefundene Fressen für diese Datenkraken. Vielleicht kennen Sie den Spruch: »Wenn online ein Produkt kostenfrei ist, sind die User selbst das Produkt.« Das bedeutet: Wir werden zur Ware. Wir geben ein Stück unserer Lebenszeit an diese Plattformen ab, damit sie mit unserer Aufmerksamkeit Geld verdienen.

Vielleicht wenden Sie an dieser Stelle ein, dass Sie selbst Dinge posten und weniger das lesen, was andere Nutzer posten. Damit sehen Sie sich selbst vielleicht mehr als Produzent denn als Konsument. Nun, das ist eine Frage der Absicht. Bauen Sie mit Ihren Tätigkeiten in den sozialen Netzwerken systematisch ein Publikum auf? Haben Sie eine Content- und Postingstrategie? Verdienen Sie Geld mit Ihren Posts? Wenn ja, Gratulation. Sie nutzen das Geschenk der sozialen Medien: das Geschenk, auf eigene Faust ein Publikum aufzubauen, von überall aus arbeiten zu können, und aus Talenten wie Coolness, Schönheit, Kreativität oder Witz auf eigene Faust Geld zu verdienen. Das gelingt zugegebenermaßen aber nur den wenigsten. Alle anderen sind User und Konsumenten, weil sie außer Daten nicht viel produzieren.

Der Mensch und sein Gehirn haben sich in den letzten 100 000 Jahren nicht verändert. Die Welt um uns herum aber schon. Unsere Bedürfnisse, Gemeinschaft und Zugehörigkeit mit anderen können wir nicht einfach ausblenden oder abschalten. Sie spielen eine zentrale Rolle in der Bildung und der Aufrechterhaltung unserer Identität und unseres Selbstwertgefühls. Wie wir über andere Menschen denken, und was sie über uns denken, betrifft uns. Das waren seit Menschengedenken überlebenswichtige Informationen. Weder ich noch Sie stehen über der Evolution. Ob wir es wollen oder nicht: Likes, Shares, Kommentare und Tags sind soziale Bestätigung. Nur: Wenn wir soziale Bestätigung brauchen, warum holen wir sie uns nicht im echten Leben? Weil es im Netz so schnell geht. Den Machern sozialer Medien ist es auf scheinbar magische Weise gelungen, Bestätigung durch Likes und Kommentare einen Wert beizumessen. Doch dieser Wert ist für unser geistiges und emotionales Wohl so nahrhaft wie Gummibärchen für den Körper. Wir können die Netzwerke selbst nicht ausschalten. Wir können unsere Bedürfnisse nicht ausschalten. Was wir aber tun können, ist, unsere Geräte (zeitweilig) auszuschalten, oder besser gesagt, sie für von uns definierte Zeiten gar nicht erst einzuschalten.

VOM USER ZUM CHOOSER

Noch einmal: Wer keine gezielte Anwendung für soziale Medien hat, das heißt, wer keinen absichtlichen Umgang damit pflegt, ist ihnen ausgeliefert und stärkt damit die jasagende Seite in sich. Soziale Medien sind wie eine Droge, zu der wir schlichtweg nur sehr schwer Nein sagen können. In den Büros der sozialen Medien arbeitet niemand daran, wie wir weniger Zeit am Bildschirm verbringen oder unsere Kinder davor schützen können. Drogendealer würden das auch nicht machen. Das ist nicht das Spiel, das gespielt wird. Das Spiel, das die Macher sozialer Medien spielen, heißt, unser Gehirn und unsere Lebenszeit zu hacken. Nur so können sie unser Verhalten und unsere Aufmerksamkeit vermarkten. Vielleicht sind Sie Besitzer von Google- oder Facebook-Aktien und wollen daher selbst, dass dieses Spiel möglichst erfolgreich gespielt wird. Wenn Sie allerdings andere über Ihre Erreichbarkeit entscheiden lassen, verfügen andere über Ihre Zeit und über Ihren Fokus. Ob diese Fremdbestimmtheit für Sie erstrebenswert ist, müssen Sie selbst entscheiden.

Menschen, die daran arbeiten wollen, Grenzen zu ziehen und effektiv Nein zu sagen, finden mit den sozialen Medien eine ausgezeichnete Chance, das zu lernen. Wir brauchen dafür das gleiche Werkzeug wie beim Neinsagen zu anderen Themen. Es bedeutet vor allem, zwei Dinge mitzubringen: eine klare Absicht und ein selbstdefiniertes Maß, wann es genug ist. Vor allem bei Letzterem können festgelegte medienfreie Zeiten und Zonen helfen. Im Folgenden möchte ich Ihnen ein paar mehr Details zu diesen vier Methoden verraten. Wenn Sie die Tipps befolgen, werden auch Sie vom User zum Chooser.

Klare Absichten

Machen Sie sich bewusst, warum Sie die Netzwerke nutzen, die Sie nutzen. Unsere Absicht bestimmt, ob ein Netzwerk gut ist oder nicht. Bei allem, was wir tun, ist es ratsam, sich vorab zu fragen und für sich zu definieren, was man von der Situation oder Begegnung haben möchte. Wer mit einer klaren Absicht reingeht, kommt mit klaren Ergebnissen raus. Wenn wir dabei scheitern, unsere Absicht umzusetzen, können wir uns gezielt fragen, woran es gelegen haben könnte.

Die Absicht verändert alles. Wer Facebook und Co. beruflich nutzt, dessen Absicht könnte sein, ein Publikum aufzubauen und Werbung zu schalten. Das kann man dort wunderbar machen. Vielleicht wollen Sie auch lediglich in Ihrer Sportart auf dem Laufenden sein oder Sie haben nur ein Facebookprofil, um an bestimmten Gruppen teilnehmen zu können. Das sind alles klare Absichten.

Mit diesem Ansatz bestimmen wir selbst, wie lange wir die Dienste nutzen, was wir dort veröffentlichen oder kommentieren und mit wem wir uns dort verbinden. Ich selbst bin zum Beispiel auf LinkedIn, um Leads zu generieren und Wirtschaftsnachrichten zu lesen. Regelmäßig bekomme ich dort Kontaktanfragen. Ich freue mich über jede Kontaktanfrage. Wenn ich die Person aber nicht kenne und sie mir keine Nachricht zur Anfrage schreibt, warum sollte ich die Anfrage annehmen?

Anfragen ohne Absicht werden ignoriert. Wozu brauche ich Kontakte, die ohne Absicht bestehen? An diesen Gedankenanstoß knüpft die Idee an, dass wir selbst entscheiden können und sollten, wie wir erreichbar sein möchten. Es ist Ihre Zeit und Ihre Energie. Wenn Sie keine E-Mails mögen, finden Sie Wege, den E-Mail-Verkehr zu reduzieren. Beantworten Sie E-Mails per Telefon, und schreiben Sie beim Telefonieren mit, wenn die Inhalte dokumentiert werden müssen. So sparen Sie sich das ständige Hin und Her per Mail. Oder antworten Sie zur Abwechslung einfach gar nicht auf bestimmte E-Mails, Chats oder anderes, bei denen Sie merken, sie erfolgten ohne gezielte Absicht. Probieren Sie es aus, und schauen Sie, wie andere reagieren – oder ob sie überhaupt reagieren.

Schreiben Sie sich in einem nächsten Schritt auf oder schauen Sie sich an, auf welchen Plattformen Sie Profile haben. Idealerweise haben Sie eine Plattform, auf der Sie beruflich engagiert sind, und eine, auf der Sie privaten Interessen nachgehen. Diese Aufteilung vereinfacht vieles. Die Auswahl an Plattformen ist groß. Hinzu kommt, dass jede Plattform ein Alleinstellungsmerkmal hat, was einem das Gefühl gibt, hier passiere etwas anderes als auf den anderen Plattformen. Warum sind Sie auf den Plattformen, auf denen Sie sind? Das müssen Sie sich klarmachen. Wenn es keine guten Gründe dafür gibt, denken Sie darüber nach, auf welche Plattformen Sie verzichten können. Social Media ist nicht per se schlecht. Sie können, bei bedachtem Konsumverhalten, auch Gutes bewirken. Wenn Sie jedoch auf allen Plattformen aktiv sind, ist das ein Indiz für unbedachten Dauerkonsum.

Ein weiterer Punkt bezüglich unserer Absicht ist Entertainment auf dem Smartphone. Wer einen bewussten und eigenständigen Umgang mit Smartphones pflegen möchte, sollte Spiel- und Video-Apps mit höchster Vorsicht genießen. Sie machen süchtig. An ein Video schließt sich unmittelbar das nächste, sodass wir uns in Dauerschleife berieseln lassen können – unterbrochen lediglich von gezielter

Werbung. Ebenso lassen sich Timelines oder andere Beiträge in sozialen Medien scheinbar endlos durchscrollen. Wenn wir mit unserer Nutzung keine Absicht verfolgen, verlieren wir uns nur allzu leicht darin.

Es geht hier, wie gesagt, nicht darum, die Möglichkeiten des Smartphones zu verschmähen und als »Steinzeitmensch« zu leben. Es geht darum, zu üben, mit klaren Absichten an diese Medien heranzutreten. Mit einer klaren Absicht werden wir uns auf natürliche Weise selbst Grenzen setzen, um zu unterscheiden: Wann bietet Entertainment auf dem Smartphone rekreativen Mehrwert, und wann belastet es unsere Ressourcen an Energie und Zeit?

Ich möchte Ihnen an dieser Stelle noch einen Hinweis geben, da dies gerne unterschätzt wird: Räumen Sie Ihr Smartphone auf. Dieser unschuldig anmutende Hinweis ist ein effektiver Weg, Userverhalten mit Chooserverhalten zu ersetzen. Wir alle haben Kontakte, Bilder, Dateien und Apps auf dem Telefon, die veraltet sind, die wir nicht mehr brauchen oder nicht mehr benutzen. Räumen Sie sie auf. Löschen Sie Kontakte von Menschen aus früheren Leben. Löschen Sie Apps, die Sie nicht benutzen. Löschen Sie Apps, die Sie zu oft und zu lange benutzen, obwohl die Zeit mit ihnen eindeutig in die D- oder C-Kategorie der Eisenhowermatrix fällt (siehe Seite 77). Es hält nicht nur das Smartphone übersichtlich. Es gibt einem auch das Gefühl, das Endgerät gezielt, statt zufällig, zu benutzen. In der analogen Welt gilt vielerorts »weniger ist mehr«. Das darf auch für unser Smartphone gelten.

Maß

Wenn es darum geht, das richtige Maß zu finden, heißt es vor allem zu Beginn reduzieren, reduzieren, reduzieren. Reduzieren Sie vor allem die Anzahl der Nachrichten, die sie auf den Bildschirm geschoben bekommen. Auf wie vielen Apps haben Sie am Computer oder am Smartphone aktive Benachrichtigung eingeschaltet? Es soll sogar

Menschen geben, die Push Messages für Nachrichten eingeschaltet haben? Das heißt, die haben 2020 jedes Mal eine Nachricht bekommen, wenn in einem Land Menschen auf der Straße protestierten, wenn eine neue Coronaregel eingeführt wurde, und wenn es im Weißen Haus einen Skandal gab. Wie hält man das aus? Wenn Sie nicht Day-Trader am Aktienmarkt sind, für den plötzliche weltweite Ereignisse sofortige Kursänderungen auslösen, wüsste ich nicht, wozu man sonst Nachrichten im Minutentakt erfahren muss.

Anders gesagt, wenn es nicht zu Ihrem Beruf gehört, ständig übermäßig informiert zu sein, schalten Sie alle Push Messages von Nachrichtenquellen aus. Die meisten Nachrichten sind sowieso negativ und irrelevant. Fragen Sie sich: Wenn ich eine Woche keine Nachrichten höre, habe ich dann etwas Wesentliches verpasst? Was ist mit einem Monat? Das Problem mit Push-Nachrichten ist, dass wir sie nicht ignorieren können. Selbst wenn wir das Telefon liegen lassen, nachdem wir hören oder sehen, dass wir eine Nachricht bekommen haben, schwirrt der Wunsch, unsere Neugier zu befriedigen, in unserem Kopf rum.

Smartphonefreie Zonen

Wenn unser Smartphone überall mit hin darf, dann ist es wie eine Person, der wir ausnahmslos zustimmen, Ja sagen und alles erlauben. Das geht meistens schief. Es braucht Bereiche und Orte, an denen das Smartphone ausgeschlossen ist. Indem wir unser Bad, das Bett, die Couch oder irgendeinen anderen Ort zur smartphonefreien Zone erklären, automatisieren wir die Entscheidung, ob wir (schon wieder) darauf zugreifen oder nicht. Das Bett bietet sich als guter Startpunkt an, weil wir meist wenig wache Zeit dort verbringen und es erwiesenermaßen den Schlaf stört, sich vor dem Einschlafen von einem Bildschirm bestrahlen zu lassen. Auch beim Essen und am Esstisch das Smartphone außer Sichtweite zu haben, ist eine gute

Gelegenheit, den Konsum zu reduzieren. Alternativ können Sie sich andere Tätigkeiten für diese Orte suchen. Nehmen Sie beispielsweise im Bett ein Buch zur Hand, hängen Sie sich ein Poster auf, das sie gerne bestaunen, oder hören Sie Musik.

Smartphonefreie Zeiten

Eine Alternative oder Ergänzung zur smartphonefreien Zone ist eine smartphonefreie Zeit. Wie viele Minuten vergehen morgens, bis Sie auf Ihr Telefon schauen? Zehn? Fünf? Eine? Die genaue Zahl ist zweitrangig. Was zählt, ist, den Tag nicht mit einem Blick ins Telefon zu starten. Das ist nicht nur eine gute Entwöhnungstaktik, sondern eine Gelegenheit, den Beginn des Tages selbst zu gestalten. Wenn wir gleich ins Gerät glotzen, bestimmt unser Endgerät und was wir darauf sehen, unseren Start in den Tag. Genauso bietet es sich an, das Ende des Tages als userfreie Zeit einzurichten. Wenn Sie nach 23 Uhr nicht mehr aufs Telefon schauen, was würden Sie dann verpassen? Das wissen Sie selbst am besten. Hat es Ihnen jemals etwas gebracht, um 1 Uhr in der Früh noch Ihren Instragramfeed durchzuswipen?

Gleichermaßen können wir bestimmte Userzeiten einführen, um unseren Konsum runterzufahren. Wenn wir uns zum Beispiel ein Zeitfenster von 15 Minuten nach dem Mittagessen einrichten und dann noch in der S-Bahn auf dem Heimweg 15 Minuten, dann definieren wir mit diesem Rahmen selbst, wann unsere Userzeit ist.

Natürlich ist bei all diesen Vorschlägen, Ideen und Tricks Disziplin gefordert. Das stimmt. Die meisten Menschen hängen an ihrem Telefon. Das ist normal. Es kommt jetzt auch kein Aber. Bedenken Sie einfach Folgendes: Ein entschiedenes Nein zu Social Media und zum Bildschirm bestärkt unsere Fähigkeit, über uns selbst und unsere Gedanken zu verfügen, und führt somit zur Stärkung unserer inneren Autorität. Wer Verzicht übt, wird bereichert.

WAS MACHT WERNER?

Eines Samstagabends ist Werner allein zu Hause. Er schaut sich einen Film an, dann noch ein Comedy-Special. Es ist null Uhr. Obwohl Werner müde ist, will er irgendwie noch wach bleiben. Die Recherche für den neuen Job in der Segelbranche hat er bereits am Nachmittag gemacht. Was geht heute noch? Instagram. Werner öffnet die App und swipet los. Eine halbe Stunde vergeht. Er hat viel gesehen, aber es ist nichts passiert. Nach einer weiteren halben Stunde hängt er im Feed irgendeines Instamodels. »Was mache ich hier eigentlich?!«, sagt er plötzlich laut zu sich selbst. Genervt, verwundert und irgendwie angeekelt von seiner ziellosen Zeitvergeudung steht Werner auf, putzt sich die Zähne und geht ins Bett. In dieser Nacht hat er einen Traum: Er sitzt in einer Bar an der Theke. Obwohl es morgens ist, ist die Bar mit Leuten gefüllt. Eine junge hübsche Frau setzt sich zu ihm. Sie trägt einen blauen Badeanzug. Werner sagt »Hallo«. Sie schaut ihn an, lächelt, aber sie sagt nichts. Sie holt ihr Telefon raus und scrollt durch ihr Twitter. »Hallo«, sagt Werner erneut. Sie schaut ihn an, und sie scheint auch Interesse an ihm zu haben, aber sie sagt wieder nichts. Sie schaut wieder in ihr Telefon. Werner verlässt die Theke, um seine Jacke zu holen. Er kommt zurück, um die Frau mit nach draußen zu nehmen, wo es ruhiger ist, doch sie ist weg. Auf ihrem Hocker liegt ihr Telefon. Er nimmt es in die Hand und sieht, dass sie seinen Twitter-Account durchgegangen war. »Aber ich bin doch gar nicht auf Twitter?!«, sagt sich Werner im Traum. Der Traum blendet aus.

Am Morgen erinnert sich Werner noch lebhaft an den Traum. Er fragt sich, was Twitter und die stumme hübsche Frau im Badeanzug mit ihm zu tun haben. Er ist verwirrt. Das Gefühl, das vom Traum übrig bleibt, ist, dass Werner derzeit keinen Zugang zu Frauen hat. Er hat kein Problem damit, auf Frauen zuzugehen, nur es scheint ihm, als stünde etwas zwischen ihm und seinem Wunsch, öfter mal Zeit mit einer interessanten Frau zu verbringen. Beim Frühstück dämmert es ihm: Kann es sein, dass dieser ständige Medienkonsum zwischen ihm und dem Kennenlernen von Frauen steht? Die junge Frau im Traum war ja auch in ihrem Smartphone verloren, obwohl sie sich zu ihm gesetzt und Interesse gezeigt hat. Hielt sie ihm vielleicht einen Spiegel vor?

Egal was der Traum nun bedeutete, Werner nimmt sein willenloses Geglotze von gestern Nacht als Anlass, seinen Medienkonsum zu reduzieren. Janette hatte das letztens schon angedeutet, und ihre Ideen waren alle einfach und sofort umsetzbar. Sie schlug unter anderem vor, dass er sich auf eine einzige App beschränken solle, um Push-Nachrichten zu erhalten. Die einzige App, von der er Nachrichten bekommen möchte, ist geschäftlicher Natur, da er sich dort mit Leuten aus der Segelbranche vernetzt hat und auf Antworten oder Anfragen reagieren will. Bei WhatsApp, Instagram und seinen Nachrichten-Apps schaltet er alle Push-Nachrichten aus. Wenn er wissen will, ob es was Neues gibt, kann er einfach reinschauen.

Werner gefällt der Gedanke, dass von nun an keine Nachrichten mehr seine Aufmerksamkeit abgreifen. Er geht noch einen Schritt weiter. Das Bad erklärt er von heute an zur smartphonefreien Zone. Vielleicht hört er stattdessen mehr Musik, wenn er dort ist. Er lässt das Telefon ab heute auch nachts nicht mehr neben dem Bett laden, sondern am Wohnungseingang. Auch nimmt er sich vor, morgens erst aufs Telefon zu schauen, nachdem er geduscht und den Tag für sich gestartet hat. Werner spürt zwar, dass es ungewohnt sein wird, abgekapselt zu sein, aber er fühlt sich durch diese Entscheidungen auch befreit. Er schüttelt den Kopf bei dem Gedanken, wie normal es für ihn gewesen ist, so zugänglich zu sein – selbst für Nachrichten-Apps, die überhaupt keinen persönlichen Bezug zu ihm hatten.

»Diese ganzen Nachrichten und Apps sind ein ganz schön heftiger Eingriff in unser Leben«, erzählt er Janette Montagfrüh beim Kaffee.

»Absolut«, antwortet sie. »Und das kann auch immer wiederkommen. Bei jeder Art von Konsum kann man rückfällig werden, wenn man nicht aufpasst«, fährt sie fort.

»Und wie verhindern wir, dass wir rückfällig werden?«, fragt Werner.

»Gute Frage«, sagt Janette. »Wie ein Alkoholiker, der nüchtern geworden ist und sich darauf fokussieren muss, den ersten Schluck zu vermeiden, so müssen wir vermeiden, die Push-Nachrichten wieder einzuschalten und die gelöschten Apps wieder runterzuladen. Das wird uns zu Beginn schwerfallen, vor allem wenn wir uns langweilen, aber das ist der beste Weg. Einfach jedes Öffnen dieser Apps aufschieben.«

»Klingt einfach«, sagt Werner, »aber ist bestimmt mit Disziplin verbunden.«

»Absolut«, stimmt Janette ihm zu, »manche Dinge können nicht mit Tipps weggezaubert werden. Das Gehirn braucht neue Reize. Da ist es das Beste, einen guten Ersatz zu finden: Statt Feeds zu scrollen, könnte man einen Podcast hören; statt auf Nachrichten zu warten, könnte man die Person anrufen oder jemand anderem schreiben, dem man lange nicht mehr geschrieben hat; statt Videos und Entertainment am Abend zu konsumieren, könnte man einfach mal wieder ein Buch in die Hand nehmen. Das ist alles eine Sache der Gewohnheit.«

Während die Woche voranschreitet, beobachtet Werner sein sonstiges Smartphoneverhalten. Manchmal swipet er einfach durch sein Telefon, scheinbar ohne Absicht. Wenn er sich langweilt, liest er alte Nachrichten nochmal durch. Oder er schaut schlicht aus Neugier auf die Wetter-App, ohne dass er die Wetterinfos für irgendwas braucht. Er merkt, wie sein Gehirn es gewohnt ist, ständig mit Bildern und Infos bedient zu werden.

Vor Jahren hatte sein Stiefvater Michael ihm ein Buch über Thomas Cook gekauft. Obwohl es weniger mit Segeln und mehr mit Abenteuer zu tun hat, nimmt er es nun abends zur Hand und beginnt zu lesen. Jeden Abend vor dem Schlafengehen liest er ein paar Seiten. Es gefällt ihm. Am Ende der Woche muss er sich zwar immer noch bewusst dazu entscheiden, seinem Smartphone aus dem Weg zu gehen, aber ihm scheint, er ist wieder mehr bei sich angekommen.

KAPITEL 5

NEIN ZU BEZIE-
HUNGSBULLSHIT

Starke Beziehungen machen das Neinsagen leichter. Nein zu sagen, ist nicht immer einfach – manchmal für beide Seiten nicht. Wenn wir Nein sagen, gehen wir entweder mit uns selbst oder mit anderen in Konflikt. Diesen Konflikt müssen wir aushalten und durchhalten. Das ist eine Herausforderung, eine emotionale Kraftanstrengung. Vor allem wenn wir uns inmitten einer solchen anstrengenden Zeit befinden, stellen wir fest, dass uns negative und sanierungsbedürftige Beziehungen ausbremsen. Das Gute an solchen Erlebnissen ist aber, dass sie den wachsamen Menschen zeigen können, welch ein Beschleunigungsfaktor Beziehungen gleichzeitig sein können.

Businessphilosoph Jim Rohn[8] erzählt in einem seiner Vorträge eine Geschichte von einem Seminarteilnehmer, der Nein zum Beziehungsbullshit sagte, den er selbst produziert hatte. Sein Leben lang hatte er seinen Töchtern das Leben schwer gemacht. »Ich war kein guter Vater«, gab er gegenüber Jim offen zu. »Jedes Mal, wenn meine Töchter zum Beispiel auf ein Rockkonzert wollten, habe ich sie um die Eintrittskarten betteln lassen. ›Es ist zu wild und zu laut‹, warf ich ihnen stets vor. Nachdem ich aber Ihr (also Jims) Seminar besucht hatte, wurde mir klar, wie wichtig mir meine Töchter waren. Es musste sich was ändern. Ich musste mich ändern.« Das nächste Mal, als die Lieblingsband seiner Töchter in die Stadt kam, wartete er gar nicht, bis seine Töchter ihn anbettelten. Er kaufte ihnen die Tickets als Überraschung. Doch nicht nur irgendwelche Tickets. Es waren die besten Tickets in der Konzerthalle.»Meine Töchter konnten es nicht glauben«, erzählte er Jim weiter.»Sie kamen vom Konzert heim und fielen mir in die Arme.« Sie mussten nie wieder um Tickets für Konzerte betteln. Was für ein Unterschied.

Was meinen Sie: Hat die neu gewonnene Einstellung des Vaters die Kommunikation zwischen ihm und seinen Töchtern verändert? Wie hätten Sie sich als junge Erwachsene gefühlt, wenn Ihre Eltern plötzlich eine 180-Grad-Kehrtwende gemacht und das unterstützt hätten, was *Sie* wollten? Wie würde sich Ihre Beziehung zu Ihren Kindern ändern, wenn Sie sie mal nach ihren Werten, ihren Zielen und ihren Wünschen fragen – ohne diese an Ihren eigenen Wertmaßstäben zu messen? Dabei ist die Familie natürlich nur ein Beispiel. Gleiches gilt für Freunde, Bekannte und Kollegen. Was würde sich für Sie ändern, wenn über Kleinigkeiten und Unterschiede hinweggeschaut würde und man mit einem gemeinsamen Verständnis in eine Richtung ginge? Das ist möglich.

Damit es dazu kommt, muss eine Sache passieren: Das Vertrauen muss größer sein als die Angst in einer Beziehung. In der Geschichte des Vaters war die Angst und die Sorge größer als das Vertrauen. So entsteht Beziehungsbullshit – jede Menge davon. Auf diese Art kosten Beziehungen viel mehr Zeit und Energie, als sie geben. Die gute Nachricht ist: Wenn wir die Reife haben, in Beziehungen zu investieren, geht vieles leichter und schneller.

Eine Studie in den USA wollte herausfinden, was der Grund für die Effizienz der besten Führungskräfte von Unternehmen war. Warum haben einige wenige Führungskräfte in der gleichen Zeit so viel mehr erreicht als andere? Das Ergebnis der Studie war, dass die besten Manager die besseren Beziehungen hatten. Sie hatten nicht nur ein großes Netzwerk, sondern vor allem hatten sie ein gesundes Netzwerk, das heißt, sie kannten viele Menschen und verstanden sich gut mit ihnen. Das leuchtet ein: Wenn wir ein Problem haben oder uns eine wichtige Information fehlt, um weiterzuarbeiten, kommen wir viel schneller ans Ziel, je mehr Menschen wir fragen können – und je mehr davon uns gut gesonnen sind. Das ist alles andere als selbstverständlich.

Aus Berichten vieler Seminarteilnehmer und aus eigener Erfahrung kann ich mit Sicherheit sagen, dass es in den meisten Unternehmen anders aussieht. Viele Kollegen sind einander nicht wohlgesonnen. Die meisten Menschen haben weder einen Draht zu den vielen anderen im Unternehmen außerhalb ihres eigenen Büros oder der eigenen Abteilung noch haben sie einen besonders positiven Draht zu denen, mit denen sie verbunden sind. Wie soll da produktiv und konstruktiv gearbeitet werden?

In Familien ist es oft nicht anders. Auch da gibt es einen Riesenhaufen Beziehungsbullshit zu bewältigen. Emotionale Erpressung, Betrug, Eifersucht, Gewalt, Lügen und Geldstreitereien, um nur einiges zu nennen – in Familien gibt es alles. Familie ist keine kriegsfreie Zone. Warum meinen Sie, kommt es bei Familientreffen immer wieder zu Streitereien? Nicht weil am Büfett die Salatsoße fehlt. Wenn es zum Problem wird, dass die Salatsoße fehlt, dann nur, weil es unausgesprochene, ungeklärte und vielleicht auch unklärbare Konflikte gibt. Diese entstehen über die Jahre, allerdings nicht nur, weil es unterschiedliche Wertesysteme und Ziele gibt, denn die gibt es überall. Vielmehr fehlen der Platz und der Mut für ein angemessenes Nein und ein angemessenes Ja.

EMOTIONEN VERSTEHEN

Emotionen sind die Brille, mit der wir die Welt erleben – nicht sehen, sondern erleben. Wir sehen mit unserem Intellekt, und wir erleben mit unseren Emotionen. Um unsere Gefühlswelt zu verstehen, sind vor allem drei Gehirnbereiche relevant: das Reptiliengehirn, der Neo-

cortex und das limbische System. Das Reptiliengehirn ist der älteste
Teil unseres Gehirns und für die Steuerung unbewusster Körperak-
tivitäten und reflexartiger Handlungen zuständig. Der Neocortex ist,
wie der Name schon sagt, der evolutionsgeschichtlich neue Teil des
Gehirns. Dieser ermöglicht wissentliches Denken und Entscheiden.
Es ist dem Neocortex zu verdanken, dass wir die Zukunft planen und
Flugzeuge bauen können. Das limbische System liegt genau dazwischen und hat es sich mit einem Teilbereich, der Amygdala, zur Aufgabe gemacht, zwischen dem alten und dem neuen Teil des Gehirns
zu verhandeln. Und genau dort sehen Wissenschaftler den Ursprung
der Fähigkeit, über unsere Emotionen und die anderer zu reflektieren
und damit Einfluss auf sie auszuüben. Diese Fähigkeit nennt man
emotionale Intelligenz. Es ist die Fähigkeit, Intelligenz zu Emotionen
zu bringen. Unsere Gefühlswelt mit der Achtsamkeit von Intelligenz
zu bereichern, ist eine Kernursache von innerer Autorität. Sie ermöglicht es uns nicht nur, bei uns zu sein und über uns selbst zu verfügen, sondern auch Zustände anderer einzuordnen.

Emotionale Intelligenz wird gerne als Pseudofähigkeit verschmäht,
für die man in der Grundschule Sternchen bekommt. Doch diese Einstellung ist fragwürdig. Sie lässt nämlich die Vorannahme vermuten,
wir hätten dank unseres rationalen Denkens alles unter Kontrolle.
Das ist aber eine Illusion. Wir bestimmen nicht, welche Emotionen
möglich sind, genauso wenig wie ein Jockey beim Reiten über die
Kraft des Pferdes bestimmt. So wie der Jockey können auch wir lediglich die Fähigkeit ausbauen, unsere Gefühle zu lenken. »Ziel ist es,
fest im Sattel zu sitzen, damit ich nah am Pferd dran bin«, sagte mir
eine Pferdefreundin im Gespräch. »Doch fest im Sattel sitzen muss
ich auch im übertragenen Sinn. Über Jahre baue ich eine Beziehung
zum Pferd auf. Ich habe auch Training, bei dem ich gar nicht auf dem
Pferd sitze, sondern nur neben ihm hergehe.« Sie kann das Pferd
nicht kontrollieren. Das weiß sie. Wenn es ausflippt, flippt es aus.
Keiner hat eine Chance gegen diese Naturkräfte. Wir können aber
unseren Einfluss ausbauen, indem wir unsere Emotionen genauso

ausbilden, wie wir in der Schule, in der Uni oder in der Arbeit gelernt haben, unser Gehirn zu schulen. Dabei geht es nicht nur darum, unseren Umgang mit anderen zu verbessern, sondern auch den mit uns selbst.

Stellen Sie sich das Reptiliengehirn wie einen Hammer vor. Seine Kraft ist wuchtig und effektiv. Die feinen Vernunftfähigkeiten des Gehirns im Kopf sind wie der zum Hammer gehörende Meißel. Ihr Einfluss ist differenzierter. Um im Bereich der Zwischenmenschlichkeit unseren Charakter wie eine Steinfigur herauszuarbeiten, müssen wir lernen, Hammer und Meißel aufeinander abzustimmen. Das ist hauptsächlich ein emotionales Anliegen. Es erfordert von uns, die Befindlichkeit anderer zu erkennen und anzuerkennen, uns zu öffnen und lernen zu vertrauen, Intimität und Freundschaft aufzubauen, Grenzen zu ziehen, Trauer, Niedergeschlagenheit und Wut zu- und wieder loszulassen und selbst über Euphorie und blendende Glückgefühle hinwegzukommen. Menschen, die nur kalkuliert sind, erscheinen kühl und distanziert. Menschen, die nur von ihren Gefühlen geleitet sind, erscheinen überwältigend und übergriffig. Wer hauptsächlich von Gefühlen geleitet ist, kann sich ebenso täuschen, da unser Gefühl auch das Ergebnis einer Fehlinterpretation sein kann, die auf antiquierten Reaktionsmustern beruht.

Sie sehen: Kopf und Körper aufeinander abzustimmen, ist eine Herausforderung. Genauso wie beim Neinsagen reicht das Wissen darum, dass es möglich ist und wie es geht, bei Weitem nicht aus, um es auch zu tun. Wer sich dieser Herausforderung stellt und sich selbst und anderen gegenüber die Geduld mitbringt, die eigenen Fertigkeiten in diesem Bereich zu verfeinern, gestaltet eine Persönlichkeit mit Charakter. Und auch das ist beim Neinsagen zutreffend: Es ist eine Fähigkeit, die aufgebaut, ausgebaut und verfeinert werden muss. Dabei bilden wir ebenso unseren Charakter und gestalten unsere Persönlichkeit neu.

Darüber hinaus gibt es kaum etwas, das das Selbstwertgefühl so aufbaut wie die Fähigkeit, Nein zu blendenden Emotionen zu sagen –

ob Wut oder Euphorie. Denn derjenige, dem das gelingt, ist, wenn auch nur für einen Moment, über sich selbst hinausgewachsen. Aus diesem Selbstwertgefühl erwächst die Kraft, die Emotionen anderer einzuordnen und wenn nötig mit Achtung auf Distanz zu gehen, statt in sie mit reingezogen zu werden.

Wer konsequent Nein sagen möchte, muss auch lernen, zu den eigenen Gefühlen und denen anderer Nein zu sagen. Wir müssen dabei erkennen, dass so wie andere über die Sache empfinden, sich nicht mit unserem Empfinden decken muss. Das heißt aber nicht, dass wir andere und ihre Sichtweise abblocken, denn das gefährdet die Beziehung. Vielmehr müssen wir üben, bei uns zu sein und aus unserer inneren Autorität heraus zu vermitteln, indem wir sagen: »Ich sehe und verstehe, warum du das so siehst und so empfindest. Gleichzeitig empfinde ich anders.«

ENDLICH FREI VOM DRACHEN

Mit diesem Kapitel, bei dem es um Nein zu Beziehungsbullshit geht, befinden wir uns in den letzten Zügen des Anstiegs, bevor wir auf den Gipfel des Neinsagens zugehen. Wenn es einen Bereich gibt, in dem innere Autorität – oder ein Mangel an ihr – sichtbar wird, dann ist es dieser. Die Marge für Selbsttäuschung ist hier oben ziemlich schmal.

Wer klare Werte und Ziele hat, seinen eigenen Willen entwickelt und gezielt Verzicht üben kann, der hat wenig Toleranz für Beziehungsbullshit. Dafür ist das Leben einfach zu kurz, und es gibt zu viele Menschen auf der Welt, mit denen wir uns leichter verstehen können. Wir müssen es nicht erzwingen, Erfolg mit den falschen Menschen zu haben. Wer aber das Gefühl hat, tagtäglich in Beziehungsbullshit rumzustapfen, wird hier möglicherweise einen unschönen Blick in den Spiegel erleben. Denn Neinsagen und Beziehungsarbeit sind nicht zu trennen.

Drachen sind wundersame Wesen, sowohl mythologisch betrachtet als auch in Form von Menschen. Menschen, die sich benehmen wie Drachen, sind Personen, die in Konfliktsituationen ihrem Reptiliengehirn freien Lauf lassen. Ihre verbalen Angriffe sind vollkommen unverhältnismäßig. Sie teilen Beleidigungen und Drohungen in gleicher Menge aus, wie Karnevalsprinzen mit Kamellen um sich werfen. Sie schüren Angst und Misstrauen und haben selbst eine dicke Haut beim Aushalten von alldem.

Wenn Sie einen Drachen zu Hause, im Büro oder im Freundeskreis haben, dann darf ich Ihnen von Herzen dazu gratulieren – ehrlich jetzt. Einen Drachen im Leben zu haben, ist ein Geschenk, weil er einen stets an die eigenen Grenzen bringt und ein gelungener Umgang mit ihm innere Autorität voraussetzt. Ich selbst hatte zwei einflussreiche Drachen in meinem Leben: einen in der Familie und einen im Büro. Beide haben mich nach einer Odyssee in ihrer Welt letztlich näher zu mir selbst gebracht und mich dadurch stärker gemacht – auch in meiner Fähigkeit, Grenzen zu ziehen und Nein zu sagen. Ein Geschenk, das ich gegen nichts tauschen möchte. Wer Drachen Paroli bieten kann, dem scheinen Normalsterbliche, die einem nur die Zeit stehlen wollen, wie kleine Geckos.

Wir können Drachen zwar nicht ändern (das müssen sie selbst tun), aber wir können viel vom gekonnten Umgang mit ihnen lernen. Drachen können für uns eine Art Trainingsfeld und Sparringspartner in Sachen Zwischenmenschlichkeit sein. Wenn Sie einen Drachen im Leben haben, müssen Sie verstehen, dass Ihr Drache nicht einfach für die Allgemeinheit zum Fürchten, Lästern und Bestaunen da ist. Drachen sind Schatzhüter, gefährliche, listige Schatzhüter, die einem zeigen, woraus man gemacht ist. Es braucht einen Helden, um einen Drachen zu finden, aber es braucht ebenso einen Drachen, um herauszufinden, was für ein Held wir sein können.

Ein Drache ist für keinen Menschen gleich. Jeder Mensch erlebt einen Drachen anders. Ein Drache ist nicht für jeden Menschen gleich bedrohlich. Jeder lockt in ihm etwas anderes hervor, denn jeder hat einen anderen wunden Punkt. Glauben Sie mir, für andere Menschen ist Ihr Drache womöglich ein zahmes, gefügiges Kätzchen. Vergessen Sie nie, dass Ihr Drache auch nur ein Mensch ist. Ein verletzter Mensch, ja. Ein verwirrter Mensch, ja. Ein Mensch der überkompensiert, ja. Aber immer noch ein Mensch. Das Problem mit Drachen ist, dass sie Beziehungsbullshitfabriken sind. Sie produzieren Beziehungsbullshit wie am Fließband. Warum? Es ist ihre seelische Nahrung. Das Gefährliche am Leben mit dem Drachen ist, dass sein Verhalten alle Aufmerksamkeit auf ihn zieht. Das merkt er nicht, denn er fragt sich, warum alle so auf ihn schauen. Damit geraten die eigenen Wünsche und Bedürfnisse derjenigen, die ihn umgeben, in den Hintergrund. In der Geschichte Ihres Lebens spielen Sie als eigenständige Person die Hauptrolle. Wenn Sie sich dafür entscheiden, in der trügerischen Gemütlichkeit der Fremdbestimmung zu leben, müssen Sie sich mit einer Nebenrolle in Ihrem Lebensfilm zufriedengeben. Im Folgenden lesen Sie zehn Gedanken, die Ihnen helfen können, mit Ihrem Drachen effektiver umzugehen und selbst mehr und mehr die Hauptrolle zu übernehmen.

Kaum etwas hat einen so starken Einfluss auf uns wie die Menschen, mit denen wir uns umgeben. Sie müssen sich nicht sinnlos der Auseinandersetzung mit einem verletzten und verletzenden Menschen wie einem Drachen stellen, nur mit dem Ergebnis, dass Sie verunsichert und geschwächt durchs Leben gehen. Auf der anderen Seite wird das Leben Sie nicht vor Herausforderungen schonen. Selbst wenn es das Richtige sein kann, sich von dem Drachen zu distanzieren, indem Sie beispielsweise kündigen, sich trennen oder eine Freundschaft beenden, warten im Anschluss nur neue Herausforderungen auf Sie.

Beachten Sie für eine erfolgreiche Drachenbefreiung die folgenden beiden wichtigen Voraussetzungen:

Erstens: Lassen Sie Ihren Drachen am Leben. Es geht nicht darum, den Drachen zu zerstören, also seinen Ruf zu ruinieren, ihm das Herz zu brechen oder ihn aus dem Büro zu mobben. Wer das tut, nimmt nicht nur dem Drachen die Chance, sich zu befreien. Derjenige nimmt vor allem sich selbst die Chance, über sich hinauszuwachsen. Sie mögen Angst vor dem Drachen haben, aber das heißt nicht, dass der Drache böse ist. Oft wissen Drachen gar nicht, dass sie Drachen sind. Lassen Sie den Drachen am Leben. Es geht darum, ihn auf Ihre Seite zu ziehen, und das geht nur, wenn der Drache frei ist.

Zweitens: Achten Sie darauf, nicht selbst zum Drachen zu werden. Wer mit dem Gedanken oder dem Gefühl reagiert »Dem werd' ich's zeigen!«, lässt sich auf das Spiel des Drachen ein. Glauben Sie mir, dabei werden beide verlieren, weil Sie in den Krieg gegeneinander ziehen. Denken Sie nicht wie ein Kriegstreiber, sondern lieber wie ein Geschäftsmann: Blut kommt einem immer teuer zu stehen. Sie werden nie frei sein, wenn Sie selbst zum Drachen werden. Bleiben Sie Sie selbst, und akzeptieren Sie die wunden Punkte, die Ihr Drache Ihnen immer und immer wieder vor Augen führt. Die Auseinandersetzung mit dem Drachen kann schon an sich bereichernd sein, wenn wir den Anspruch haben, ihn in der Auseinandersetzung am Leben zu lassen. Wem das gelingt, hat einen treuen und mächtigen Partner an seiner Seite.

DER 10-PUNKTE-DRACHENBEFREIUNGSPLAN

Im folgenden 10-Punkte-Drachenbefreiungssplan bekommen Sie Ideen dafür, wie Sie selbstbestimmt und proaktiv das Leben mit einem Drachen gestalten können.

1. Seien Sie höchst aufmerksam

Es gibt kein magisches Elixier, mit dem wir den Drachen zur guten Fee umwandeln. Das geschieht, wenn überhaupt, durch viele kleine Taten. Anstatt den Drachen zu scheuen, müssen wir lernen, dem Drachen zu begegnen, uns ihm auszusetzen. Am besten gelingt das, wenn wir in seiner Gegenwart höchst achtsam sind. Das ist der Drache auch. Drachen sind empfindliche und leicht reizbare Wesen. Indem wir selbst unsere Präsenz erhöhen, lernen wir, mit seinen Waffen zu kämpfen. Seien Sie nicht nur achtsam dem Drachen gegenüber, sondern auch sich selbst gegenüber. Das ist unbezahlbares Training für das Leben mit Normalsterblichen. Beobachten Sie, wie Sie auf den Drachen reagieren. Sind Sie wütend? Haben Sie Angst? Sind Sie überfordert oder überwältigt? Sind Sie traurig? Nehmen Sie sich selbst wahr, und gestehen Sie sich Ihre Reaktionen zu. Menschen, die ihre Gefühle klar benennen können, sind handlungsfähiger. Es legt die Grundlage für die Tipps und Tricks, die wir oft lesen und hören und im Eifer des Gefechts gerne vergessen: Denken Sie, bevor Sie sprechen. Schweigen Sie, wenn Sie nichts zu sagen haben. Fragen vor Klagen.

Drachen teilen gerne aus. Um gut einzustecken, müssen wir zu uns kommen und voll präsent sein. So stehen wir nach jedem Schlag immer wieder auf und machen weiter. So lernen wir, trotz aller Widerstände und Hindernisse bewusst und bestimmt zu handeln. Wer in Begegnungen mit dem Drachen bei vollem Bewusstsein ist, dem fallen leichter passende Antworten und angemessene Handlungen ein – egal ob wir entschieden Ja sagen oder entschieden Nein sagen möchten.

2. Sehen Sie jeden Verlust als ein Investment

Schachgroßmeister Joshua Waitzkin beschreibt in seinem Buch *The Art of Learning*[9] ausführlich die Idee, wie wir proaktiv mit kleinen verlorenen Begegnungen in den Gesamtsieg investieren. Bei unserem

Drachen verhält es sich so: Unser Drache fordert uns heraus. Es ist kein Kräftemessen. Der Drache ist viel stärker als wir, sonst wäre er für uns kein Drache. Wir müssen uns als Lernende verstehen, um Wege zu finden, ihm etwas entgegenzuhalten. Um zu lernen, müssen wir bereit sein, Ideen auszuprobieren und mit ihnen zu scheitern. Mit jedem kleinen Scheitern, aus dem wir lernen, kommen wir einem konstruktiven Umgang mit unserem Drachen ein Stück näher.

Unsere Wandlung, bei der wir lernen, dem Drachen gewachsen zu sein, ist ein Prozess. Wenn wir dies verstehen, können wir die vielen kleinen Verluste in Gewinne umwandeln und schließlich ein fähiger Drachenzähmer sein – wenn alles gut geht.

Nochmal: Der Drache repräsentiert Herausforderung. Kein Mensch, der ein lohnenswertes Ziel erreicht hat, sprach je davon, wie einfach es ihm fiel, dieses Ziel zu erreichen. Jeder Schlag des Drachens zeigt uns unsere Schwächen, unsere Ängste, unsere falschen Erwartungen und unser mögliches Wertevakuum. Es liegt an uns, das zu sehen und aufzuspüren. Wenn wir Verluste in der Begegnung mit dem Drachen als Investment sehen, bestimmen wir selbst den Umgang mit ihnen. Mit dieser Einstellung werden wir geschickter, wendiger, und ausdauernder.

3. Lachen Sie, und sehen Sie Ihren Drachen mit Humor

Wenige Dinge bringen einen so direkt in die Gegenwart, in Achtsamkeit, wie ein herzliches Lachen. Lachen ist nicht nur wichtig, um unsere Geistesgegenwart und geistige Gesundheit zu bewahren. Es ist auch wichtig, um dem Drachen zu signalisieren, dass er nicht an uns rankommt. Wenn wir nicht lachen, um dem Drachen ein Signal zu senden, dann sollten wir es tun, um uns selbst ein Signal zu senden: »Hey, ich lache noch. Ich lebe noch. Ich stehe das durch.«

Wenn Sie nicht lachen können, lächeln Sie. Wenn Sie nicht lächeln können, schmunzeln Sie. Wenn Sie noch nicht einmal schmunzeln können, setzen Sie sich hin, und schreiben Sie drei Sätze auf, warum es gut ist, dass Sie einen Drachen im Leben haben. Seien Sie dankbar, dass es diesen Drachen in Ihrem Leben gibt. Diese Perspektive ist überlebenswichtig. Wenn Sie eine Chance in der Auseinandersetzung mit dem Drachen haben wollen, müssen Sie beide Seiten der Medaille sehen: das Gute und das Schlechte, und darüber hinaus das Schlechte im Guten und das Gute im Schlechten. Ihre Einstellung und Perspektive müssen ausgewogen sein, um gefestigt die Zeit und die Begegnungen mit dem Drachen durchzustehen.

Darüber hinaus ist mit dem Lachen ein ganz anderes Prinzip des Wohlseins am Werk: Wir dürfen es nicht anderen überlassen, wie wir uns fühlen. Manchmal müssen wir dazu das Lachen trainieren, ja geradezu von uns fordern. Es muss ja keiner sehen. Ich selbst habe das Lachen nach Feierabend zum Ritual gemacht. Wenn Sie zufällig im Winter 2017/2018 an einem Wochentag zwischen 17 und 18 Uhr auf der Straße Englischer Garten in München unterwegs waren, dürften Sie einen Radfahrer dabei erwischt haben, im Schutz der Dunkelheit mit lautem, herzlichem Lachen an Ihnen vorbeizufahren. Das war ich. Das war mein Feierabendritual, um die zermürbende Schwere in meinem eigenen Drachenbüro tagtäglich hinter mir zu lassen. Es hat sehr gut funktioniert. Lachen ist die beste Atemübung, die es gibt. Lachen ist ein emotionaler Reset, der uns von der Schwere der Negativität befreien kann, wenn auch nur für einige Momente.

4. Wertschätzen Sie Ihren Drachen

»Was?!«, denken Sie vielleicht empört, »diesen Menschen soll ich auch noch wertschätzen für all das, was er getan hat? Ich sollte ihm das Gleiche antun wie er mir!« Wut und Aggression gegen den Drachen sind mehr als verständlich. Ich habe selbst meine Portion davon empfunden. Bedenken Sie dabei Folgendes: Wut vergiftet nicht den, für die sie empfunden wird, sondern die Person, die sie empfindet. Wenn Sie (insgeheim) wütend sind, ist der Drache vielleicht in Ihr Leben gekommen, um Sie dabei zu unterstützen, über Ihre Wut hinwegzukommen, indem er Ihre Wut für Sie sichtbar macht. Es ist ja Ihre Reaktion. Ein anderer Mensch, mag eine ganz andere Reaktion auf seinen Drachen haben. Ihr Ziel ist es letztendlich, Nein zu Beziehungsbullshit zu sagen. Und wenn Sie selbst Beziehungsbullshit betreiben, bejahen Sie ihn. Das wird Ihnen vielleicht kurzfristig Genugtuung verschaffen, aber langfristig ändern Sie so nichts an Ihrer Situation.

Wenn wir unseren Drachen nicht mit Stärke befreien können, dann befreien wir ihn vielleicht mit Wertschätzung. So bestimmen wir selbst unsere Reaktion im Denken und im Handeln. Sehen wir nur das Schlechte im Drachen, dann sehen wir nicht die ganze Person und rauben uns selbst die Möglichkeit, durch die Begegnung mit ihm zu lernen. Wie gesagt, es geht nicht darum, den Drachen zu töten. Wer ihn tötet, verliert, denn es stirbt damit die Chance, ihn zu befreien, und selbst als Held aus der Geschichte zu gehen. Der Drache ist derjenige, der leidet, sonst wäre er überhaupt kein Drache und würde nicht so um sich schlagen.

Wenn Sie also bisher nichts an Ihrem Drachen schätzen, fangen Sie jetzt damit an. Stellen Sie sich unter anderem die folgenden Fragen:

- Was kann mein Drache besonders gut?
- Welche Eigenschaft hat er, die ich gerne hätte?
- Was kann ich von ihm als Person lernen?
- Wo war er jemals großzügig, fair, tolerant, dankbar, lustig, ehrlich oder hilfsbereit?
- Was habe ich dank des Drachens in meinem Leben?

Vielleicht spüren wir in der Auseinandersetzung mit dem Drachen einen starken Impuls, verstehen zu wollen, warum er uns auf die Palme bringt. Das ist verständlich, denn Antworten darauf geben uns das Gefühl der Kontrolle über uns selbst. Darum geht es aber bei obigen Fragen nicht. Es geht hier darum, die Vogelperspektive einzunehmen und das größere Bild zu sehen. Wenn wir diese Fragen nicht beantworten können, dann nicht, weil es nichts gibt, das wir wertschätzen können, sondern weil wir nicht danach suchen. Wenn wir nicht suchen, sind wir ignorant und urteilen nur. Das ist kinderleicht. »Auf wessen Seite sind Sie eigentlich?«, könnten Sie sich fragen. Ich bin auf der Seite der Eigenständigkeit und der Pragmatik. Und ich bin auf der Seite, die Ihnen hilft, klar und bestimmt Nein zu sagen. Dafür gibt es, wie gesagt, leider keinen Zaubertrank. Wir müssen manches durchdenken und lernen anzuwenden, bis innerlich der Groschen fällt, dass der Drache eine Daseinsberechtigung hat. Urteilen und über andere zu schimpfen und herzuziehen, ist das Leichteste, was es gibt. Dafür braucht es weder Intelligenz noch Charakter, und deshalb ist es auch so weitverbreitet. Wir dürfen uns nicht selbst der Chance berauben, von unserem Drachen zu lernen und reicher aus der Begegnung zu gehen. Wenn wir schon so in der Scheiße stecken, dann sollten wir wenigstens lernen, sie als Dünger zu verwenden.

Suchen Sie Vorteile und Wertvolles für sich in Ihrem Drachen. Dann werden Sie nicht nur gelassen sein im Umgang mit ihm, sondern Sie werden auch die Schwere abschütteln können, die seine überwältigende Art mit sich bringen kann. So bestimmen Sie selbst, wie viel Sie aus der Zeit mit dem Drachen ziehen.

5. Glauben Sie nicht, dass Sie Ihren Drachen kennen

Ein Drache zeigt nie sein wahres Gesicht. Er lebt in einer Welt, in der Offenheit und Nachgiebigkeit eine Niederlage bedeuten können. Wer, wie gesagt, glaubt, sein Drache sei eine einseitig boshafte Person, der täuscht sich. Ich selbst habe die großzügige, empathische, liebevolle und menschliche Seite von Drachen gesehen. Das macht es nicht leichter, mit ihnen umzugehen. Doch es ist ein großes Geschenk, diese Vielseitigkeit in Menschen erleben zu dürfen.

Keiner weiß, wie der Drache zum Drachen geworden ist. Nicht einmal er selbst weiß es. Halten Sie sich, trotz aller schlechten Erfahrungen mit Ihrem Drachen, stets vor Augen, dass der Drache ein Mensch ist – mit einer weichen und liebevollen Seite. Nur weil wir sie nicht zu sehen bekommen, heißt das nicht, dass es sie nicht gibt. Es heißt nur, dass er sie uns nicht zeigen möchte. Wir dürfen deswegen nicht eingeschnappt sein. Vielmehr können wir dadurch lernen, damit umzugehen und es auszuhalten, wenn Menschen uns nicht mögen. Wir mögen den Drachen ja auch nicht. Ist er deswegen traurig? Möglicherweise. Das ist aber eher unwahrscheinlich.

Dieser Punkt ist im Drachenbefreiungsplan ein wichtiger Teil. Sich vor Augen zu halten, dass wir unseren Drachen immer nur zum Teil zu sehen bekommen und kennenlernen, hält uns zum einen davon ab, seine Sterblichkeit zu vergessen. Zum anderen weist es darauf hin, wie wichtig es ist, auf der Hut zu sein. Drachen können immer wieder mit neuen Angriffen auf uns zukommen. *Don't get ready. Stay ready!*, ist eine gute Einstellung ihm gegenüber.

Auch wenn der Drache Schwächen und eine warme, weiche Seite hat, dürfen wir nicht den Fehler machen, unaufmerksam in seiner Gegenwart zu sein. Sich aber seiner Menschlichkeit bewusst zu sein, rückt stets die Perspektive in den Vordergrund, dass wir nicht nur mit ihm ringen, sondern auch gegen unsere eigene Einstellung zu kämpfen haben.

6. Verstehen Sie, dass Sie Eigenschaften mit Ihrem Drachen teilen

Vielleicht ist Ihr erster Gedanke an dieser Stelle ein vehementes Nein. Wissen Sie, wir Menschen sind wundersame Wesen. Nicht alles, was wir tun, ist verständlich und erklärbar – schon gar nicht mit Logik und Verstand. Was wir aber wissen, ist, dass unser Geist nicht nur interpretiert, sondern auch projiziert. Vor allem, wenn uns jemand oder etwas besonders stark berührt, können wir davon ausgehen, dass derjenige etwas auslebt, das auch in uns lebt. Je stärker es uns aufregt, desto mehr leugnen wir die Gemeinsamkeit, das heißt, desto mehr verschließen wir unsere Augen vor der Tatsache, dass auch wir diese Eigenschaft in uns tragen.

Ich würde sogar so weit gehen, zu behaupten, dass wir uns unbewusst diesen Menschen ausgesucht haben, um diese Eigenschaft, die wir leugnen, durch den Konflikt mit ihm in uns selbst zu erkennen. Ja, das ist eine psychologische Links-Rechts-Kombination, geht aber nicht gegen das beste Wissen, das wir von der menschlichen Seele und den Funktionsweisen des Lebens haben.

Drachen zeigen uns nicht nur unsere Grenzen auf, sondern auch unsere Potenziale – die positiven wie die negativen. Denken Sie, Ihre Persönlichkeit besteht nur aus guten Teilen? Wenn ja, dann setzen Sie bitte einen Kaffee auf und blättern dieses Buch zurück zu den Grundbegriffen in Kapitel 1. Menschen, die wir respektieren und schätzen, sind nicht Menschen, die nur gute und positive Seiten haben. Solche Menschen gibt es nicht, ebenso wenig, wie es Menschen gibt, die nur negative Seiten haben. Menschen, die wir respektieren und schätzen, sind Menschen, die zu ihren fragwürdigen Seiten stehen, sich für ihre Vergehen entschuldigen und einen Weg finden, um ihre Schwächen und Fehler herumzunavigieren. Das nennt man eine integrierte Persönlichkeit: jemand, der alle seine Persönlichkeitsteile miteinander vereinbaren kann. Nur wer sich diesem Ideal annähert, bleibt langfristig handlungsfähig, weil diese Person sich selbst aus dem Weg gehen kann. Dreimal dürfen Sie raten, wem das besonders schwerfällt: richtig, den Drachen.

Drachen glauben, alles, was sie tun, sei in Ordnung und richtig. Sie glauben, die anderen würden falschliegen und sein. Ein Drache glaubt, er verteidigt sich nur und setzt sich mit gerechten Mitteln durch, damit der Laden weiterläuft und er nicht untergeht. Für ihn ist es ein ständiger Kampf mit anderen, der darauf beruht, dass er selbst keine Fehler macht. Die Tendenz, so zu leben, haben wir alle. Das werden Sie mindestens mit dem Drachen gemeinsam haben. Wenn Sie dies nicht im gleichen Umfeld glauben, in dem Sie Ihrem Drachen begegnen, dann in einem anderen. Doch Sie tun es. Hundertprozentig.

Fragen Sie sich: Was genau stört mich am Drachen? Was auch immer es ist, verstehen Sie, dass es im großen oder kleinen Ausmaß auch in Ihnen lebt. Wenn uns das gelingt, kommen wir der Versöhnung mit uns selbst und unserem Drachen ein kleines Stück näher. Im Drachenbefreiungsprozess ist das ein wichtiger Schritt, weil wir nicht mehr den Drachen selbst zum Gegner haben, sondern auch unser eigenes Ego. Denn nicht der Drache steht zwischen uns und unserer inneren Autorität, sondern unser Ego.

7. Bauen Sie keine Mauer, bauen Sie eine Brücke

Die Mauer, die unsere Feinde raushalten soll, hält auch mögliche Freunde von uns fern. Es ist leicht, sich dem Drachen zu versperren oder zu versuchen, ihn zu leugnen. Doch nochmal: Wir werden nicht sehr viel davon haben, wenn wir den Drachen verneinen oder verteufeln. Das wäre so, als würden wir die Hände vor die eigenen Augen halten und glauben, man sehe uns nicht. Drachen spiegeln uns unsere Grenzen und Schwächen wider. Wenn wir lernen wollen, Nein zu sagen und eigenständig zu leben, ist das auch etwas Gutes.

Eine Mauer zu bauen, löst das Problem nicht. Im Gegenteil: Wir versperren uns damit der Chance, vom Drachen zu profitieren und Wege zu etablieren, echte Begegnungen zu ermöglichen. In einem Paralleluniversum gibt es die Möglichkeit, mit Ihrem Drachen im Team zu agieren. Stellen Sie sich vor, es gelingt Ihnen, mit Ihrem Drachen Einverständnis zu erlangen. Was wäre nur möglich, wenn Sie beide an einem Strang zögen? Unglaubliches. Warum? Weil Drachen unglaublich viel Energie haben. Sie zeigen sie bei jeder Begegnung. Sie haben nur noch nicht den Weg gefunden, diese Energie in konstruktive Kanäle zu lenken.

Anstatt zwischen uns und unserem Drachen eine Mauer zu bauen, sollten wir lieber lernen, ihm zu begegnen – Tag für Tag. Entscheiden Sie sich jeden Tag (oder bei jeder Begegnung), auf den Drachen zuzugehen, ihm zu begegnen oder sich ihm zu stellen. Je nachdem, wo wir mit ihm stehen, sollten wir uns an sein Feuer gewöhnen oder ihm zeigen, dass sein Feuer uns nicht so viel ausmacht.

Zwei Dinge werden dann passieren: Erstens bauen wir Stück für Stück, Tag für Tag unsere Sicherheit und unser Selbstbewusstsein gegenüber dem Drachen auf. Wir wandeln unsere Angst in Stärke um und unsere innere Labilität in innere Autorität. Zweitens, sobald der Drache unsere Stärke wahrnimmt – und das wird er, weil er ein empfindliches Wesen ist –, beginnt er, uns zu respektieren. Das wird er natürlich niemals sagen, aber er wird es zeigen. Vielleicht macht er bezüglich seines Verhaltens kleine Zugeständnisse. Vielleicht spart er sich Kritik. Vielleicht geht er mit einem Problem zu jemand anders, weil er weiß, er kann uns nicht mehr damit schikanieren oder nerven. Wie auch immer, sobald der Drache spürt, dass wir stärker geworden sind, entsteht eine unsichtbare Brücke, durch die er erkennt, wie wir von Vorteil für ihn sein können.

Zum Drachen eine Brücke zu bauen, ist intelligent, kostet aber Mühe und Zeit. Die Frage, die wir uns stellen müssen, ist: Warum sind wir dort, wo uns der Drache begegnet? Wenn es in der Arbeit ist, warum machen Sie diesen Job? Was ist Ihr Ziel, Ihr gewünschtes Ergebnis? Was hat es mit Ihren höchsten Werten zu tun? Wenn Sie daheim einen Drachen haben, was hält die Beziehung zusammen? Ist es das wirklich wert? Was wollen Sie aus dieser täglichen Drachentortur rausholen? Was erhoffen Sie sich von der Beziehung? Ist es realistisch?

Das Leben mit einem Drachen ist kein Witz. Drachen auszuhalten, kostet Kraft und Vitalität, Selbstbewusstsein und Selbstwertgefühl, Lebensfreude und Begeisterung. Das wird täglich vom Drachen in Angriff genommen. Wer den Drachen bezwingt, bekommt das alles in x-facher Ausführung zurück. Nur, da muss man erstmal hinkommen. Das mitunter größte Investment der Drachenbefreier ist Geduld. Wir brauchen nicht nur viel Geduld mit dem Drachen, sondern vor allem auch mit uns selbst. Kaum eine dieser Drachenbefreiungsideen wird im ersten Anlauf gelingen. Wie heißt es so schön unter Boxern: Jeder hat einen Plan, bis er einen Schlag ins Gesicht bekommt.

Eine Mauer zu bauen, braucht Geduld. Eine Brücke zu bauen, braucht Geduld. Deshalb brauchen wir verdammt gute Gründe, warum wir uns überhaupt diese Mühe machen. Finden Sie diese heraus, und halten Sie sie sich vor Augen. Und dann bauen Sie, aber bauen Sie lieber eine Brücke statt eine Mauer. Das Investment ist das Gleiche. Das Ergebnis ist ein anderes.

8. Betrachten Sie Ihren Drachen als Egotrainer

Menschen, die daran arbeiten wollen, Grenzen zu ziehen und effektiv Nein zu sagen, haben ein Egoproblem. Warum? Sie haben kein Ego. Ein Ego ist nicht automatisch schlecht. Alles hat seine guten und seine schlechten Seiten. Ob es uns hilft, ist eine Frage der Einstellung und der Größe.

Drachen haben ein zu großes Ego, das ist ihr Problem. Deshalb stehen sie sich hauptsächliche selbst im Weg. Wer seinem Ego aber was Gutes aberkennt, steht auch vor Herausforderungen. Anstatt unser Ego kleinzuhalten, wollen wir lieber schauen, dass es nicht zu groß wird. Anstatt unser Ego brüllen und prahlen zu lassen, wollen wir lieber schauen, dass es uns hilft, Gehör zu finden. Unser Ego ist wie ein Schutzschild: Einen Schutzschild ständig vor den Körper zu halten, versperrt die Sicht für den Angriff. Ihn aber einfach als wertlos in den Graben zu werfen, macht uns verwundbar, wenn wir Schutz brauchen.

Menschen, die mit ihrem Ego umgehen können, sind meistens schlagfertig, ohne verletzend zu sein, fordernd, ohne unhöflich zu sein, reserviert, ohne verschlossen zu sein. Wie schlagen Sie sich im verbalen Ring mit dem Drachen? Wie schlagen Sie sich mit anderen im verbalen Schlagabtausch? Schlagfertigkeit ist eine Fähigkeit, die wir lernen können. Besonders mit einem Drachen lässt sich das gut proben. Damit lässt sich unser Ego auf eine gesunde und zuträgliche Größe aufbauen. Eine klassische Schlagfertigkeitstechnik ist zum Beispiel, jemandem die Worte im Mund umzudrehen. Wenn jemand Sie beschimpft und beleidigt, nehmen Sie die Worte des anderen, und interpretieren Sie sie so um, dass sie das Beste der Welt darstellen. Bezeichnet uns der Drache als lahme Ente, könnten wir entgegnen: »Also, wenn Sie mit lahmer Ente meinen, ich nehme mir Zeit, die Dinge richtigzumachen, damit ich sie nicht zweimal machen muss, dann bin ich tatsächlich eine lahme Ente.« Werden wir als Besserwisser beschimpft, könnten wir entgegnen: »Wenn Sie mit Besserwisser meinen, ich habe den Mut, jemanden auf einen Fehler hinzuweisen, der uns alle etwas kosten kann, dann bin ich von mir aus gern ein Besserwisser.«

Beleidigungen müssen wir nicht annehmen. Sie einfach abzustreiten, bringt selten etwas, zumal man dabei oft in der Rechtfertigung landet. Im verbalen Schlagabtausch spielt nicht der Inhalt die entscheidende Rolle, sondern die Emotionen. Indem wir Beschimpfungen umdrehen und uminterpretieren, überraschen wir andere oft, sodass ihnen nichts dazu einfällt. Wenn das Gegenüber dennoch nicht aufhört, können Sie das Gespräch immer beenden, in dem Sie fragen: »Sind Sie fertig?« Oder: »Haben Sie noch etwas auf dem Herzen?« Oder: »Kann ich jetzt gehen?«

Vielleicht denken Sie: »Für so was braucht man Eier!« Sie haben vollkommen recht. Nur irgendwo müssen wir beginnen, um uns Eier anzutrainieren. Eier kommen nicht durch das Lesen eines Buches. Häufig kommen Sie davon, dass wir etwas satthaben und uns beim Erstellen einer Lösung entweder nach vorne irren oder nach vorne blamieren. Wer dazu nicht bereit ist, hat die Auseinandersetzung mit seinem Drachen verloren, bevor er überhaupt begonnen hat, sich von seinem Feuer der Fremdbestimmung zu befreien.

Trauen Sie sich, dem Drachen schlagfertig zu begegnen. Er ist ein guter Sparringspartner, um unser Ego aufzubauen. Tun Sie nichts, was Ihren Job gefährden könnte. Tasten Sie sich langsam mit kleinen Bemerkungen und Gesten voran. Zeigen Sie Veränderung, statt darum zu bitten. Auf der einen Seite bildet es den Charakter, wenn man lernt, einzustecken und weiterzumachen. Auf der anderen Seite bildet es den Charakter, zu lernen, zurückzuschlagen und nicht mit sich spielen zu lassen. Sagen Sie Nein zum Beziehungsbullshit.

9. Begreifen Sie, dass der Drache aus Angst und Verletzlichkeit agiert

Zugegeben: Ich selbst habe lange gebraucht, um zu verstehen, dass es vieles gibt, was ich über meine Drachen nicht weiß. Das meiste davon betrifft die verletzliche Seite. Erst mit Abstand zu meinen Drachen und nach vielen Büchern, Filmen und Podcasts, die mir neues Wissen über die Seele vermittelt haben, verstand ich: Meine Drachen waren alles andere als stabile und sichere Menschen. Sie waren verängstigt, verloren und verdienten zum Teil tiefes Mitleid. Damit ist kein Mitleid der arroganten Art gemeint, nach dem Motto: »Dieser arme verwirrte Mensch. Soll er in der Hölle schmoren.« Nein, damit ist ein Mitleid gemeint, das klarmacht, dass das Leid dieser Drachen womöglich viel größer ist als das eigene Leid. Wie sollen sie sonst zu so abgehärteten, verbitterten und fiesen Menschen geworden sein?

Denken wir zurück an Punkt 5: Wir kennen unseren Drachen nicht so gut, wie wir glauben. Drachen sind auch nur Menschen – wütende, aggressive und verletzende Menschen vielleicht, ja, aber sie sind immer noch Menschen. Und es gibt eine ganz natürliche Erklärung für ihr Verhalten. Wo Aggression ist, findet man Verletzungen. Unabhängig davon, welche Situationen zu diesen Verletzungen geführt haben, lassen Drachen ganz archaische Programme laufen. Das Reptiliengehirn lässt grüßen. Niemand, der so austeilt, wie Drachen das können, fühlt sich im Herzen sicher und geborgen. Im Gegenteil: Der Drache ist von irgendeiner Angst getrieben und möchte seine Verletzlichkeit mit Aggressivität und Übergriffigkeit tarnen. Versuchen Sie es bei Ihrem Drachen mal mit der Ja-und-Amen-Methode. Dabei sagen Sie zu allem Ja, zeigen sich mit allem, was Ihr Drache möchte, einverstanden, geben ihm bei allem Recht und bedanken sich für jedes noch so unpassende Feedback. Die wenigsten Drachen können damit umgehen. Es überfordert sie förmlich. Warum? Sie sind es nicht gewohnt, denn ihr Verhalten provoziert meistens nur das Schlimmste in anderen. Zur Erinnerung: Drachen leben in einer Welt, in der Offenheit und Nachgiebigkeit eine Niederlage bedeuten können. Sie sind wie kleine Diktatoren. Wenn wir aber verstehen, dass Drachen gekränkt sind und vor allem sich selbst krank machen mit ihrem Verhalten, sind nicht mehr wir das Opfer, sondern die Drachen. Das verleiht uns eine viel größere Ausdauer und Großzügigkeit im Umgang mit ihnen. Nur so sehen wir Gelegenheiten, unsere Brücke auszubauen und über unseren Drachen zu schmunzeln oder zu lachen. Davon ganz abgesehen, entwickeln wir für die eigene seelische Gesundheit eine ganz neue Dankbarkeit.

10. Analysieren Sie Ihren Drachen nicht

Noch ein ganz wichtiger Punkt zum Schluss: Analysieren Sie Ihren Drachen nicht (zu viel). Es gibt so viele Gründe, warum unser Drache zum Drachen geworden ist – zu viele. Wir sollten nicht versuchen, sie herausfinden, überblicken oder analysieren zu wollen. Warum? Das wird uns nicht gelingen. Wir werden uns auf diese Weise am Drachen die Zähne ausbeißen. Es wird uns auch nicht helfen, ihn zu befreien. Was hilft, ihn zu befreien, sind Geduld, Präsenz, Schlagfertigkeit und der Aufbau innerer Autorität. Werden Sie nicht zum Freizeitpsychologen. Widerstehen Sie der Versuchung, in die Analyse zu gehen. Sie werden keine endgültigen und befriedigenden Antworten finden. Wenn Sie welche zu finden glauben, führen diese nur zu noch mehr Fragen. Das ist gefährlich. Wir lassen uns auf diese Weise in einen Psychodschungel reinziehen, in dem wir nicht allein zurechtkommen werden.

Wenn es in der Auseinandersetzung mit dem Drachen um ein besseres Verständnis von irgendwem geht, dann um ein besseres Verständnis von uns selbst. Das heißt nicht, dass wir uns selbst analysieren sollen, nein. Ein besseres Verständnis von uns zu erlangen, als wir es zu der Zeit hatten, bevor wir den Drachen kennenlernten, reicht vollkommen aus. Was genau »besser« bedeutet, bestimmen Sie selbst. Punkt ist: Nur weil Sie einen Drachen im Leben haben, heißt das nicht, dass mit Ihnen etwas nicht stimmt. Das Leben fordert lediglich Sie und Ihr Wertesystem heraus. Überprüfen Sie lieber, ob Sie selbst auf Kurs im Leben sind, das heißt, inwieweit Sie Ihre Werte leben und wie Sie diese in der Situation mit dem Drachen leben können.

Wenn Sie also überhaupt etwas tiefgehend analysieren wollen, dann sollten dies Ihre eigenen Ziele sein. Sollten Sie zu dem Schluss kommen, die Situation mit dem Drachen ist für Sie nicht tragbar, gehen Sie – das ist okay. Bedenken Sie nur Folgendes: Das Leben wird Ihnen neue Herausforderungen in Form neuer Drachen senden, bis Sie den Mut haben, zu Ihren Werten und Zielen zu stehen und Ihr Leben danach auszurichten – und das beinhaltet auch die Fähigkeit auszubauen, Nein zu sagen.

Es mag widersprüchlich klingen, doch der einzige Ausweg führt nach innen. Anstatt den Drachen zu analysieren, sollten wir die Energie nutzen, um an uns selbst zu arbeiten. Wir können Bücher zur Persönlichkeitsbildung lesen oder einen ermutigenden Podcast hören. Es gibt so viele Möglichkeiten. Ich selbst entdeckte in dieser Zeit das Eiswasserbaden (mehr dazu im nächsten Kapitel). Was zählt, ist der Wille zur Veränderung und die Einstellung, das eigene Befinden nicht dem Zufall zu überlassen.

Die Zeit mit dem Drachen kann uns dazu bewegen, noch vor der Arbeit aufzustehen und Yoga zu machen, zu meditieren oder zu musizieren. Drache hin oder her, es ist letztlich unser Leben. Wir müssen lernen, mit den Umständen klarzukommen. Ob unsere Arbeit an uns selbst Früchte trägt, erkennen wir schließlich daran, dass wir aufhören, nur an den Drachen zu denken. Stattdessen rückt das »Wir« in den Vordergrund. Was zählt, ist die Zusammenarbeit. Was bringt uns zum Drachen, und welchen Auftrag führen wir gemeinsam aus? Was können wir tun, um die Zusammenarbeit und die Ergebnisse zu verbessern? Ja, der Drache mag uns daran hindern. Doch das tun wir in den Augen des Drachen auch. Wem es gelingt, von »mir« auf »wir« umzuschalten, dem gelingt es, größer zu denken und zu sein als der Streit, der zwischen ihm und dem Drachen herrscht.

Fazit

Insgesamt geht es in der Auseinandersetzung mit dem Drachen nicht um den Drachen selbst, sondern um uns. Drachen sind empfindliche und geschickte Wesen. Sie spüren unsere wunden Punkte geradezu auf und sind damit unwillkommene, aber hilfreiche Partner beim Ausbau unserer inneren Autorität. Wer es versäumt, zu erkennen, wie und wo der Drache angreift, versäumt es, seine eigenen wunden Punkte zu erkennen. Drachen sind mystische Wesen, weil sie unergründlich sind. Das macht sie seltsamerweise so anziehend. Wir dürfen uns aber nicht von dieser Anziehungskraft einnehmen lassen. Wir müssen Nein zum Alltagsdrama sagen, das die Drachen so lieben. Wir dürfen nicht den Fehler machen, den Drachen als die Ursache unserer Schmerzen zu machen. Er führt uns lediglich vor Augen, woran wir arbeiten müssen, um selbst stabiler zu werden, damit wir in Beziehungen Wege zum »Wir« ausbauen.

NEIN ZU FAMILIE UND FREUNDEN

Die stärksten Bindungen, die wir haben, bestehen zu unserer Familie und unseren Freunden. Das ist Segen und Flucht zugleich. Auf der einen Seite sind es genau diese Bindungen, die uns als emotionaler Anker ein Gefühl der Zugehörigkeit und Sicherheit geben können. Familie und Freunde können ein Fels in der Brandung sein, wenn wir uns verletzt fühlen und verloren sind. Auf der anderen Seite ist es ebendieser Anker, der uns festhält und es uns erschwert, über unsere Vergangenheit und die damit verbundene Identität hinauszugehen. Das, was Sie sein könnten, ist viel größer als das, was Sie heute sind. Unsere Bindung zu Familie und Freunden und die gemeinsame Identität, die wir durch unsere gemeinsame Geschichte teilen, kann uns daran hindern, über uns selbst hinauszuwachsen.

Damit wir uns verstehen: Es geht hier nicht um Schuldverteilung. Tatsächlich geht es hier überhaupt nicht um Schuld. Es geht um Verantwortung. Ob wir ein Leben nach dem eigenen Entwurf leben, ist unsere Verantwortung. Und manchmal ist die beste Antwort zu Familie und Freunden: »Nein!«

Ein Freund sagte mir mal: »Familie bedeutet, dass keiner zurückgelassen wird.« Das ist ein schöner Gedanke. Er setzt allerdings voraus, dass man sich in der Familie immer einig wird, wie es weitergeht. Ich persönlich denke: Es ist unausweichlich, dass gelegentlich jemand zurückgelassen wird. Obendrein stellt sich die Frage: Was ist, wenn jemand den ganzen Laden aufhält? Stellen Sie sich vor, wie das war, als Menschen noch Nomaden waren. Die Gruppe wechselte ständig zu Fuß den Wohnsitz. Was war, wenn jemand verletzt oder krank war? Mussten dann alle warten, bis dieses Gruppenmitglied wieder gesund war? Wurde dieses Gruppenmitglied den weiteren Weg getragen? Wie hätte das möglich sein können, wenn man durch die Savanne zog und Raubtieren, Hunger und Durst ausgesetzt war? Dieses Szenario legt die Vermutung nahe, dass diese Menschen durchaus zurückgelassen wurden, um die Gruppe zu retten.

Die beste Definition von Familie hörte ich auf einem Seminar des amerikanischen Redners John Maxwell, der sagte:»Familie heißt vor allem, ein gemeinsames ›Wir‹ zu leben.« Dieses »Wir«, von dem John sprach, ist weder ortsgebunden noch zeitgebunden. Vielleicht haben Sie in Ihrer Familie und unter Ihren Freunden auch Menschen, bei denen sie beim Wiedersehen das Gefühl haben, sofort anzuknüpfen. Das geht, weil das »Wir«, das gelebt wird, intakt ist. Es ist eine einzigartige Idee von Gemeinschaft, die Menschen zusammenbringt. Deswegen verspüren wir auch zu Freunden oft eine Verbindung, die genauso eng ist wie die mit den eigenen Familienmitgliedern. Es heißt ja auch:»Freunde sind die Familie, die man sich selbst aussucht.« Um aber den Kreis zu schließen und die ursprüngliche Idee meines Freundes zu erweitern, erkennen wir Familie daran, dass einerseits niemand zurückgelassen wird und dass andererseits niemand das gemeinsame »Wir« zurücklässt. Das heißt, Familie bedeutet auch, dass wir für die Gruppe hin und wieder auf etwas Eigenes verzichten, damit die Gruppe nicht nur stark ist, sondern auch beweglich.

Mit dieser Voraussetzung stellt sich die Frage, wo nun die Grenze ist zwischen berechtigtem individuellem Interesse und angemessener Zurückhaltung zum Wohl der Gruppe. Denn wenn wir immer wieder Ja zur Familie sagen, obwohl wir Nein sagen möchten, sagen wir Nein zu uns selbst. Das ist weder gut für uns noch ist es gut für die Beziehung zur Familie. Wir säen damit den Samen für jede Menge Beziehungsbullshit, denn mit einem Nein zu uns selbst schwächen wir uns und damit letztendlich auch die Beziehung.

Ich selbst habe sechs Geschwister. Das heißt, wir sind eine Familie von neun Personen. Seitdem ich Teenager war, beschäftige ich mich damit, zu verstehen, was es bedeutet, ein gemeinsames »Wir« zu erkennen und zu leben und für dieses »Wir« auf Eigenes zu verzichten. Es war eine sehr gute Schule in Sachen Flexibilität und Kompromissbereitschaft.

Um Beziehungsbullshit in der Familie vorzubeugen oder abzubauen, dürfen wir unter keinen Umständen die folgenden drei Dinge in uns kompromittieren:

Identität: Unsere Identität ist unser Verständnis davon, wer wir im Herzen sind. Wenn wir das aufgeben, um dazuzugehören, sind wir tot, bevor wir sterben. Das ist die archetypische Geschichte des Helden, der seine Seele verkauft, um reich, berühmt oder schön zu sein.

Werte: Über Werte haben wir viel gesprochen bisher. Wenn wir unsere Werte aufgeben müssen, um in der Familie oder bei Freunden einen Platz zu bekommen, schwächen wir damit nicht nur uns selbst, sondern auch die Gruppe. Nur wenn wir uns in der Kraft unseres eigenen Wertesystems befinden, können wir vollen Herzens geben. Eine starke Familie findet Platz für die Werte aller Mitglieder – oder strebt zumindest danach.

Wahrheit: Und schließlich dürfen wir unsere eigene Wahrheit nicht leugnen. In einer Familie von vier Personen zum Beispiel gibt es fünf verschiedene Wahrheiten darüber, was in ihrer Geschichte passierte: Die persönliche Geschichte jedes Individuums und die Geschichte, wie sie tatsächlich passierte. Jede dieser Geschichten hat etwas Wahres und Richtiges. Nur wenn das gemeinsame »Wir« einer Familie der Wahrheit aller Geschichten Raum lässt, kann sie bestehen.

Diese Ideen müssen wir im Zusammenhang des Neinsagens und der Eigenständigkeit verstehen. Sie dienen als Leitplanken, um den Rahmen zu bestimmen, in dem wir uns bei Familie und Freunden bewegen. Damit bedeutet, Nein zur Familie zu sagen, nicht, dass wir in einem dramatischen Wutanfall die Türen zuknallen und niemanden reinlassen. Im Gegenteil: Mit diesem Rahmen geht es viel bedachter und gezielter. Es kann schlichtweg bedeuten, ausgewählte Familienmitglieder und Freunde seltener zu sehen. Im Folgenden finden Sie nun Schritt für Schritt Hinweise, wie wir unser Nein gegenüber Familie und Freunde sanfter, sicherer und sorgloser entwickeln und vermitteln können.

Studieren Sie Ihre Familienmitglieder und Freunde (bis zu einem gewissen Grad)

Anders als beim Drachen kann es helfen, die eigene Familie und die engsten Freunde tiefer zu verstehen. Ich weiß, Sie glauben, Ihre Familie nur allzu gut zu kennen. Das tun wir alle. Schließlich sind wir mit unserer Familie aufgewachsen, haben uns miteinander gefreut und gestritten, kennen die Schicksalsschläge und größten Erfolge voneinander. Doch der Schein kann auch trügen. Denn bei dieser Enge und Nähe ist es leicht zu vergessen, dass unsere Geschwister und Eltern ganz andere Menschen sind als wir. Menschen sind so unterschiedlich, dass wir das kaum begreifen können. Sie sind ganz eigene Personen – mit ganz eigenen Werten, Wünschen und Zielen. Je später wir das erkennen, desto länger orientieren wir uns fälschlicherweise an ihren Werten, ihren Wünschen und ihren Zielen. Anstatt unser Leben zu leben, leben wir plötzlich ihr Leben auf unsere Weise.

Indem wir die Geschichte und die Seele unserer Familie studieren, das heißt in Grundzügen analysieren, lernen wir sie nicht nur besser kennen, sondern können auch besser zwischen ihnen und uns selbst unterscheiden. Wir versöhnen uns mit ihnen und können uns innerlich leichter verabschieden und lösen. Das erlaubt es uns mehr und mehr, wir selbst zu sein und so zu leben, wie wir es möchten: nach unseren Werten, Wünschen und Zielen, unabhängig von dem, was die anderen sagen. Das erfordert viele kleine und große Neins von Woche zu Woche und Jahr zu Jahr. Das ist aber kein dramatischer Abschied, sondern eine graduelle Entwöhnung, ein natürlicher Gang in unser eigenes Leben, bei dem wir neue Grenzen zwischen uns und unserer Familie ziehen. Schließlich wollen wir unsere eigene Geschichte schreiben.

Dieses Studieren unserer Familie hat natürlich auch seine Grenzen. Wir dürfen nicht den Fehler machen, uns in unseren Analysen zu verlieren. Es geht in unserem Leben nicht darum, die Familiengeschichte und deren Mitglieder vollends zu verstehen, zu versöhnen und aufzulösen. Vieles ist verfälscht oder unzugänglich, sei es durch die Zeit oder durch die verschiedenen, zum Teil unversöhnlichen, Versionen von dem, was passiert ist. Es geht in unserem Leben darum, *unser* Leben zu leben. Das klingt banal, aber es ist nicht einfach. Sterbende bereuen am meisten, nicht den Mut gehabt zu haben, sich selbst treu zu bleiben, ein Leben nach den eigenen Vorstellungen zu leben und weniger dem nachzugehen, was andere von ihnen erwarteten.[10] Wie weh wird es auch Ihnen an Ihrem Lebensende tun, wenn Sie feststellen, Sie haben es versäumt, sich auszuleben, so wie Sie es für richtig erachtet haben.

Machen Sie einen Jahresüberblick aller Feste

Das Familienleben ist von vielen festen Terminen geprägt, die Jahr für Jahr wiederkehren. Das Jahr zu überblicken, setzt Dinge in Perspektive und hilft, Ereignisse wie Weihnachten, Geburtstage, Familientreffen und weitere Kontaktpunkte in den eigenen Kalender einzuordnen. Mit einer Auflistung haben wir eine handfeste Zahl wiederkehrender Berührungspunkte. Im nächsten Schritt können wir bestimmen, welche Termine uns zu viel sind, und welche davon wir am liebsten streichen möchten. Ziel ist es nicht, sofort alles abzusagen. Ausschließlich auf Nein zu schalten, setzt uns und die anderen zu sehr unter Druck. Mit einer klaren Auflistung fällt es uns allerdings leichter, der Familie gegenüber Nein zu sagen, denn wir wissen gleichzeitig, wann und wo wir auch Ja sagen werden.

Vermerken Sie die Feste und Anlässe, an denen Sie gerne dabei sind. Vielleicht hilft es auch, sich in den Sinn zu rufen, was Ihnen an diesen Anlässen gefällt. Bei größeren Familientreffen reicht es vielleicht aus, wenn ein Verwandter dabei ist, den wir gerne sehen möchten, aber bei dem wir sonst nicht die Gelegenheit dazu bekommen.

Vielleicht stellen Sie bei diesem Überblick auch fest, dass Ihnen gewisse Anlässe und Feste fehlen, und Sie wollen dann selbst die Initiative ergreifen und eine Zusammenkunft organisieren. Alles in allem können wir mit diesem Überblick viel leichter selbst bestimmen, was in unsere Jahresplanung passt.

Sagen Sie bestimmte Feste ab

Ein Fest, das ich immer am liebsten mit der Familie gefeiert habe, war Silvester. Die Silvesterpartys mit der Familie, das heißt mit Großeltern, Eltern, Onkel, Tanten, Geschwistern, Cousinen und Cousins, waren schlichtweg die besten Silvester. Es gab gutes Essen, schönes Feuerwerk, und es existierte kein Druck wie an Weihnachten – und es kam auch nicht zu solchen Exzessen wie an den Silvesterpartys mit Freunden.

Doch nicht alle Feste mit der Familie sind schön. Jetzt, wo wir den Jahresüberblick haben, können wir ruhig das ein oder andere absagen. Vor allem Weihnachten hat einen starken Bindungsfaktor: gemeinsames Essen, Geschenke, Erinnerungen an vergangene Weihnachten, der gesellschaftliche Hype des Festes und die vielen Vorbereitungen sowie die Anreise. Zudem soll an diesem Tag alles perfekt verlaufen. Feste wie Ostern oder Allerheiligen werden in einigen Familien mit ähnlichem Aufwand betrieben. Nun könnte man auf der einen Seite sagen, dass sich diese Feste damit schlecht eignen, der Familie fernzubleiben, denn das könnte Streit auslösen. Auf der anderen Seite bieten sie die perfekte Gelegenheit, sich von der Familie zu entkoppeln, weil eine Absage hier eine klare Ansage ist.

Wenn Sie das ausprobieren wollen, bedenken Sie bitte Folgendes: Unser Nein sollte nicht als ein »Nein, nie wieder!« kommuniziert werden. Besser ist es, unsere Absage als etwas zu kommunizieren, das wir ausprobieren wollen. Schließlich war dieses Fest seit Familiengedenken immer gleich. Allein dieses Jahr soll ein Jahr sein, in dem wir ausprobieren wollen, die Dinge anders zu machen. Ihre Familie wird das vielleicht nicht verstehen, aber es ist leichter für sie, es zu akzeptieren, wenn Sie es als Versuch vermitteln.

Seien Sie sich auch über die Folgen im Klaren. Möglicherweise sind Sie nur aktuell oder nur von einer bestimmten Person in der Familie genervt. Wenn wir aus diesen momentanen Empfindungen gleich die Notwendigkeit eines Kontaktabbruchs ableiten, könnten wir auch von dieser Entscheidung enttäuscht sein und schließlich feststellen, dass wir die Familie vermissen. Der radikale Bruch könnte andere zudem derart vor den Kopf stoßen, dass es selbst nach einer Wiederannäherung nicht wieder so wird wie früher. Das Ziel solcher Entwöhnungsstrategien ist es, das Familienleben besser zu machen, indem wir mehr von uns in die Familie bringen, frei nach dem Motto: »Ein Schritt zurück, zwei Schritte vor.«

Lehnen Sie Gefallen ab

Wo, wenn nicht in der Familie und bei Freunden, werden wir freizügig um Gefallen gebeten? Das ist zuallererst gut und richtig, und es ist auch gut und richtig, solchen Anfragen nachzukommen. Es sind Gelegenheiten, zu geben, zu teilen und zu helfen. Schwierig wird es, wenn von uns erwartet, das heißt vorausgesetzt wird, dass wir einfach Ja sagen. Da zeigt sich die negative Seite familiärer Bindungen.

Zu den Klassikern unter den Gefallen zählen etwa: auf die Kinder aufpassen, Texte, Präsentationen oder andere Arbeiten überarbeiten oder gegenlesen, beim Umzug helfen, im Urlaub nach der Post und den Blumen schauen oder auf den Hund aufpassen. Nochmals: Es ist gut und richtig, anderen zu helfen und für sie da zu sein. Nicht nur, weil wir uns selbst Hilfe wünschen, wenn wir sie dringend brauchen, sondern vor allem, weil es, wie gesagt, einfach gut und richtig ist, anderen zur Seite zu stehen und zu helfen. Gleichzeitig sind diese Gefallen und Hilfen nicht immer angebracht.

Was zählt, ist es herauszufinden, wann es für uns richtig ist und wann nicht, das heißt, wann ein Ja richtig ist, und wann ein Nein richtig ist. Wenn wir etwas Wichtigeres in dieser Zeit zu tun haben, ist es nicht angebracht, das für einen kleinen Gefallen zu opfern. Bei der Entscheidungsfindung hilft es auch, sich zu fragen: Wenn ich diese Person um den gleichen Gefallen bitten würde, wie groß wäre ihre Hilfsbereitschaft? Personen, die den Gefallen nicht erwidern würden, ihn aber von uns fordern, nutzen unsere Gutmütigkeit schlichtweg aus. Sagen Sie Nein. Wenn ein höfliches, gut begründetes Nein zu einem Streit führt, dann ist es umso angebrachter, dass wir es sagen. Wichtig ist: Sagen Sie Nein, und bleiben Sie dabei.

Vor allem bei jährlich wiederkehrenden Veranstaltungen, bei denen man stets um Mithilfe gebeten wird, geht es erstmal darum, das Eis zu brechen. Anstatt zu sagen:»Nein, ab diesem Jahr mache ich das nie wieder«, versuchen Sie es lieber mit:»Mama, beim Aufbau des Weihnachtsmarktes möchte ich dieses Jahr aussetzen.« Das klingt viel sanfter. Vor allem wenn Sie die letzten zehn Jahre jedes Jahr dabei waren, ist es mehr als fair, mal für ein Jahr zurückzutreten. Wenn es ums Babysitten geht, wird ein Nein vielleicht leichter angenommen, wenn Sie eine vertrauenswürdige Alternative gefunden haben. Wenn es ums Umziehen geht, wollen Sie vielleicht einem begrenzten Zeitrahmen zustimmen.»Beim Einladen in der Früh kann ich leider nicht. Aber nachmittags kann ich beim Ausladen helfen.« Fürs Korrekturlesen von Präsentationen und Manuskripten gibt es, auf Englisch zumindest, Softwareprogramme oder für andere Sprachen professionelle Lektoren.

Welche Art von Gefallen es auch sein mag, wir müssen verstehen, dass das Problem auch ohne uns gelöst werden kann. Wägen Sie selbst ab, wie wichtig es ist, diesen Gefallen nicht tun zu müssen, und denken Sie über mögliche Alternativen nach, um das Problem erfolgreich zu lösen. Das reduziert nicht nur Beziehungsbullshit, sondern kann auch die Beziehung stärken, denn wir konzentrieren uns dabei weder auf uns noch auf den anderen – wir konzentrieren uns auf das »Wir«.

WAS MACHT WERNER?

Werner lacht, als Janette beim Mittagessen seine Chefin als Drachen bezeichnet. Es erleichtert ihn auch, weil er versteht, dass es bei all diesen Angriffen und Spielchen nicht um ihn geht. *Sie* hat ein Problem. Aber er muss nun lernen, damit zu leben. Das ist sein Problem.

Am nächsten Morgen freut er sich fast schon darauf, dem Drachen zu begegnen. Als Allererstes will er sich selbst einfach mal beobachten. Wie reagiert er, wenn sie das Büro betritt? Wie reagiert er auf ihren Tonfall? Was sieht er in ihrem Blick, was vielleicht gar nicht da ist? Werner ist in höchster Alarmbereitschaft. Aber Tina kommt nicht. Den ganzen Tag bleibt sie weg, obwohl sie eine Verabredung haben, um die Zahlen des letzten Monats zu besprechen. Anstatt erleichtert zu sein, beobachtet Werner, wie er gekränkt ist. Er ist gekränkt, nicht nur weil er seine neuen Drachentricks nicht ausprobieren kann, sondern auch weil Tina dieses wichtige Treffen nicht absagt.

Am Tag darauf erwischt es ihn eiskalt. Kaum hat er dem ersten Kollegen einen guten Morgen gewünscht, hört er Tinas Stimme: »Werner, kommen Sie sofort zu mir!« Er bleibt stehen und dreht sich um. Sie steht vor ihm. Sein Puls geht hoch. Heute sollte Tina gar nicht im Büro sein.

»Tina«, sagt er mit festem Blickkontakt, »geben Sie mir bitte fünf Minuten. Ich habe Sie nicht erwartet und muss noch etwas vorbereiten.«

Stille. Tina starrt ihn überrascht an. Ohne einen weiteren Kommentar dreht sich Werner um und geht an seinen Schreibtisch. Er kann nicht glauben, dass er das gerade gesagt hat. Er nimmt einen tiefen Atemzug, um zu sich zu kommen. Sein Puls fährt runter.

Fünf Minuten später kommt Werner in Tinas Büro. »Danke, dass Sie gewartet haben«, sagt er und setzt sich schnell hin.

»Ich habe nicht auf Sie gewartet, Werner«, schnappt Tina. Sie geht im Schnelldurchlauf die Zahlen des letzten Monats durch. In seinem

Kopf ist immer noch der Frust darüber, dass Tina ihn gestern hat sitzen lassen, aber Werner ist vorbereitet, denkt mit und macht sich Notizen.

»Es geht jetzt gerade um diese Sache«, denkt er sich immer wieder, um präsent zu sein. Er weiß aber, er will sich dem Drachen stellen, bevor er geht und seine Chefin für den Rest des Tages nicht mehr sieht. Nachdem sie fertig sind, fängt sein Herz wieder an zu rasen. Jetzt oder nie.

»Tina«, sagt Werner ruhig, »ich habe meinen Tag gestern nach unserem Termin ausgerichtet, und Sie sind nicht gekommen. Bitte seien Sie so freundlich, und sagen unseren Termin das nächste Mal ab, wenn Sie ihn nicht wahrnehmen können.« Tina schaut, als könne sie nicht glauben, was gerade geschehen ist. Stille. Werner hält den Blick. Stille.

»Wir sind hier fertig, Werner«, schnappt sie und schaut in ihren Computer, als sei Werner gar nicht da. Stillschweigend verlässt Werner den Raum.

Werner hat sich selbst überrascht. Zum ersten Mal hat er die Initiative in der Kommunikation mit dem Drachen übernommen und hat sich ihm aktiv gestellt. Das ist ein voller Erfolg. Hat er sich im Ton vergriffen? Das schien ihm nicht so. Hat er den Drachen beleidigt? Schwer zu sagen. Es ist ihm aber auch egal. Was zählt, ist, dass er sich getraut hat, seinen Unmut über ihr Verhalten ohne böse Absichten zu zeigen. Es ist ein Schritt in die richtige Richtung. Selbst wenn es sich als ein Verlust herausstellen sollte, egal. »Auch ein Verlust kann ein Investment sein«, hatte Janette gesagt.

Wieder an seinem Platz angekommen, muss Werner schmunzeln. Es gibt eine Sache, die er am Drachen bewundert: Sie ist meistens kurz angebunden und lässt sich nicht die Zeit stehlen. Davon will er sich zukünftig eine Scheibe abschneiden. »So, weiter im Text«, spricht sich Werner selbst zu, um keinen weiteren Gedanken an den Drachen zu verschwenden.

Nachdem Werner und Janette sich zu Beginn der Woche über das Ziehen von Grenzen innerhalb der Familie und bei Freunden unterhalten hatten, war Werner jeden Abend etwas nachdenklicher geworden. Eigentlich sollte er am Wochenende zur Familie fahren und seiner Mutter beim Einpacken der Kerzen für den Weihnachtsmarkt helfen. »Will ich das jetzt oder mache ich es nur Mom zuliebe?«, fragt er sich. Werner wird nervös beim Gedanken, seiner Mutter abzusagen. Aber allein dass er überhaupt Zweifel daran hat, ob er helfen soll oder nicht, gibt ihm zu denken. Der Weihnachtsmarkt ist noch viele Wochen hin. Da findet sie sicher einen Ersatz.

Werner greift zum Telefon. Er starrt den Bildschirm an, wo er nur noch im Kontaktfenster seiner Mutter auf »Anrufen« klicken muss. Er legt das Telefon wieder weg und holt seinen Notizblock. Werner schreibt sich auf, was er genau sagen möchte. Ihm fallen Sätze ein, die seine Mutter sagen könnte, und er überlegt, was er darauf antworten würde. Das alles fühlt sich für Werner äußerst fremd an, als taktiere er gegen seine Familie. Er weiß, wie wichtig der Weihnachtsmarkt für seine Mutter ist. »Denk daran, Werner«, hatte Janette gesagt, »selbst in der Familie sind alle erstmal an ihren eigenen Werten interessiert.«

»Entschieden!«, sagt Werner laut zu sich. »Ich sage ab!« Werner ruft an. Seine Mutter geht ran. Ohne zu fragen, wie es ihm geht, springt sie gleich in die Vorbereitungen, die sie diese Woche bereits gemacht hat. »Ich freue mich so sehr, dich am Wochenende zu sehen, mein Schatz«, sagt sie schließlich.

»Mama«, sagt Werner und versucht, dabei lässig zu klingen, »ich werde am Wochenende nicht kommen. Ich möchte mich dieses Jahr beim Kerzenstand komplett raushalten. Es passiert grade sehr viel, und ich möchte einfach mehr Zeit für mich.« Werner schweigt und wartet auf eine Reaktion.

»Was?!«, sagt seine Mutter überrascht, »also, das, ja, das glaube ich nicht. Wo soll ich denn jemand anders finden? Das kannst du mir doch nicht antun, Werner.«

Das hat Werner kommen sehen. »Bitte verstehe mich, Mama«, sagt er ruhig, trotz erhöhten Pulses. »Ich hab die letzten Jahre immer geholfen. Ich möchte dieses Jahr einfach aussetzen, weil ich anderes im Kopf hab. Ich brauche meine Energie gerade für mich.«

»Das ist ganz schön egoistisch von dir!«, sagt seine Mutter aufgebracht.

Auch das hat Werner kommen sehen. Er atmet tief durch. Er hat alles gesagt, was er sagen wollte, also wiederholt er sich einfach: »Ich hab die letzten Jahre immer geholfen, Mom. Dieses Jahr möchte ich mehr bei mir sein und meine eigenen Dinge machen. Das ist doch fair, oder?«

Stille. Werner wartet auf eine Antwort. »Ach, Werner«, schmollt seine Mutter. »Du weißt, ich kann jede Hand gebrauchen. Was ist denn so wichtig gerade bei dir, dass du plötzlich absagen musst?«

Werner hat sich vorgenommen, auf keine Diskussion einzugehen. Ihm ist es lieber, er spricht sich von Angesicht zu Angesicht mit seiner Mutter aus. »Mama, das ist alles, was ich gerade sagen kann. Tut mir leid, wenn du das nichts verstehst. Ich komme in ein paar Wochen wieder heim. Da können wir in Ruhe reden, okay?«

»Mensch Werner, mein Schatz,« sagt seine Mutter betrübt, »du hast dich verändert. Das ist nicht gut. Wir müssen als Familie füreinander da sein.«

»Mama«, sagt Werner, »ich muss jetzt auflegen. Lass uns ein andermal darüber reden. Es tut mir leid, dass du enttäuscht bist.«

Werner hört sich noch die Abschiedsworte seiner Mutter an und legt auf. Ihm fällt seine Last von der Brust. Er hat es wirklich getan: Er hat seiner Mutter abgesagt und sich nicht reinreden lassen. Sein letzter Satz kam spontan aus ihm raus, aber er findet ihn sehr aussagekräftig. Seine Mutter war enttäuscht, weil sie sich selbst getäuscht hatte, zu glauben, ihre Kinder würden ihr immer beim Weihnachtsmarkt zur Seite stehen. Das ist nicht seine Schuld und auch nicht seine Verantwortung. Werner ist froh, dass er den Mut zusammengenommen hat, einfach ehrlich zu sein.

Werner denkt die folgenden Tage über seine Mutter nach. Er konnte sie nie wirklich verstehen, aber er wusste, dass ihre Eltern nicht immer für sie dagewesen waren. Konnte es sein, dass sie deshalb umso mehr für ihre Kinder da sein will und das Gleiche von ihnen erwartet? Auch die Geschichten seiner anderen Familienmitglieder kommen ihm in den Sinn. Sein Stiefvater Michael ist ein Waisenkind. Er hat Werner einmal erzählt, dass ihn ein Lehrer unter seine Fittiche genommen, ihn nach der Schule gefördert und ihm Mut zugesprochen hatte, zu studieren und seinen Interessen nachzugehen, statt es nur bei Karrierefantasien zu belassen. Michael ist stets sehr lustig, aber manchmal übertreibt er es auch mit der Witzelei. Will er damit die Zuneigung anderer erzwingen oder herbeiwinken?

Werners Gedanken gehen über zu seinen Geschwistern. Sein Bruder Leo ist der älteste. Als Kind wollte er eigentlich nie mit Werner und Daniela spielen. Früher dachte Werner, es liegt daran, dass Leo ihn nicht mochte. Heute versteht Werner, dass es mehr darum ging, dass Leo einfach für sich selbst sein wollte. Kann es sein, dass Leo eher introvertiert ist im Vergleich zu Werner und Daniela?

Daniela hat eine total behütete Kindheit gehabt. Im Schutz ihrer zwei großen Brüder hat sie viele Freiheiten gehabt und ist oft mit jedem Blödsinn davongekommen. Sie ist auf jeden Fall extrovertiert, immerhin geht sie mühelos auf andere zu. Was Werner so an Daniela schätzt, ist, dass sie nie fordernd oder aufdringlich ist. Bei ihr hat er nie das Gefühl, Nein sagen zu müssen.

Werner erkennt, dass er zwischen Leo und Daniela steht, was nicht unbedingt die einfachste Position ist. Er ist nicht das älteste Kind, das schon früh Verantwortung tragen muss, und auch nicht das jüngste Kind, das mit jedem Schabernack davonkommt. In seiner mittleren Position hat er sich dennoch nie wirklich wohl gefühlt. Janette sagt immer: »Egal wo wir innerhalb der Familie stehen – wir sehen statt der Vorteile immer eher die Nachteile. Außerdem ist es ungemütlich, Dinge zu ändern. Deshalb bleiben wir gerne, wo wir sind.«

Ist das wirklich so? Werner sieht jedenfalls, dass er schon jetzt nach dem Gespräch mit seiner Mutter durchaus anders auf seine Familie blickt. Er fühlt sich freier.

TIPPS & TRICKS

Wie?

Warum?

ZIELE

WERTE

Fragen & Entscheiden

TEIL III
DER GIPFEL

KAPITEL 6
NEIN ZU AUSREDEN

Wir sind nun auf dem Gipfel angelangt und haben beim Anstieg viel über uns und unser Umfeld gelernt. Das war sicher herausfordernd. Umso grandioser ist es, dass wir dennoch drangeblieben sind. Die Krux ist: Wenn wir zu allem, was uns herausfordert, Nein sagen, laufen wir Gefahr, unsere besten Vorsätze und Pläne zu verwerfen. Ängste und Ausreden können uns jederzeit einen Strich durch die Rechnung machen und unsere innere Autorität infrage stellen. Hier auf dem Gipfel haben wir einen perfekten Rundumblick auf unser Leben und werden herausfinden, was es heißt, sich Ausreden zu stellen.

Gewinner und Verlierer unterscheidet meistens nicht viel. Oft gelingt es Gewinnern einfach besser, lange genug an einer Sache dranzubleiben, bis die Tätigkeit zum gewünschten Ergebnis führt. Verlierer hingegen können vor allem eines: Ausreden (er)finden. Wer Nein sagen kann und eigenständig leben möchte, darf sich von Ausreden nicht beeindrucken lassen – nicht von denen anderer und auch nicht von den eigenen. Es ist wie mit kalten Duschen. Die meisten Menschen wissen um den positiven Effekt von kalten Duschen. Und doch scheuen sich die meisten Menschen davor. Warum? Weil sie unangenehm und ungemütlich sind. Und genau das steht uns im Weg, wenn es darum geht, unsere Ideen vom gelungenen Leben umzusetzen und zu bekommen, was wir wollen: Gemütlichkeit.

Selbst zum Neinsagen können wir zu gemütlich sein, denn das Ziehen von Grenzen und die Zurück- oder Zurechtweisung von (uns lieben) Menschen läuft nicht immer lässig und harmonisch ab. Im Gegenteil. Wer konsequent und deutlich Nein sagt, wird für andere oft ungemütlich. Das ist wie bei kalten Duschen: Man muss sich erstmal dazu überwinden. Kalte Duschen und das Neinsagen haben übrigens noch etwas gemeinsam: Man gewöhnt sich daran und begrüßt mit der Zeit die positiven Effekte.

Was sind Ausreden? Ausreden sind Geschichten, die wir uns selbst erzählen. Und im Erfinden von Geschichten sind wir alle besser, als wir glauben. Ausreden sind auch Ängste, die in Form von Vernunft gut getarnt sind. Dabei ist es wichtig, Fehler zu machen. Um unsere Fehler auszuhalten und mit Vertrauen in unseren eingeschlagenen Pfad weiterzumachen, stelle ich Ihnen in diesem Kapitel neben den Mythen des Neinsagens sieben Geschenke vor, die uns das Leben in Form von Hindernissen geben kann, wenn wir dabei sind, unser Potenzial zu testen und unsere Möglichkeiten zu erweitern. Diese sieben Geschenke sammelte ich mit Freunden im Winter 2017/2018, als wir Woche für Woche im Münchener Eisbach badeten, und zwar in Badehose.

Die meisten Menschen sind ungern in Badehose in 1,8 Grad kaltem Wasser. Indem meine Freunde und ich uns aber diesen ungemütlichen Umständen stellten, lernten wir, dass wir zu viel mehr fähig sind, als wir dachten, und dass unser Körper Schmerzen und Ängste aushält, wenn man seinen Ausreden ein klares Nein erteilt. Wir brauchen diese Einstellung, wenn wir den Mut und die Geduld aufbringen wollen, uns die Tipps und Tricks auf dem Gipfel des Neinsagens anzueignen.

Unannehmlichkeiten sind in unser aller Leben unausweichlich. Es klingt paradox: Wenn wir uns den Unannehmlichkeiten stellen, haben wir ein angenehmeres Leben, als wenn wir versuchen, ihnen zu entkommen. Hinzu kommt: Es ist aussichtslos, ihnen zu entkommen. Wenn wir das erkennen und einsehen, dann schließen wir Frieden mit den Schmerzen, die es mit sich bringt, wenn wir uns den Unannehmlichkeiten stellen. Das ist in puncto Ausreden ein wichtiger Schritt, denn man muss hier zwischen Schmerz und Leid unterscheiden: Schmerzen sind körperliche oder emotionale Empfindungen. Wer einen gesunden Körper und eine gesunde Seele hat, erlebt Schmerzen. Als Warnsignale schützen sie uns. Leid ist eine geistige Empfindung. Leid ist die Geschichte hinter dem Schmerz, die wir uns erzählen. Mit einem präsenten und resilienten Geist verhindern wir, dass aus Schmerzen Leid wird. Wir verstehen dann: Leid ist optional – Schmerzen hingegen nicht.

MYTHEN DES NEINSAGENS

Mythen sind Geschichten, die nicht wahr sind. Mythen sind Ideen. Das Gleiche trifft auf Ausreden zu. Die folgenden Mythen zum Thema Neinsagen sind weitverbreitete, missinterpretierte Ideen, die uns davon abhalten können, unserer inneren Autorität zu vertrauen. Zudem sind es hervorragende Mittel, um vor allem junge Menschen davon abzuhalten, den Mut zum Nein zu fassen. Kurz: Diese Mythen sind schlichtweg Ausreden, um weiterhin Ja zu sagen und dem Neinsagen aus dem Weg zu gehen. Es könnten genau diese Mythen sein, die Sie davon abhalten, sich ernsthaft mit Ihren Werten und Zielen auseinanderzusetzen und diese zu leben.

Mythos 1: Nein zu sagen, ist egoistisch

Der erste Mythos besagt, über sich selbst nachzudenken und sich selbst an erste Stelle zu setzen, ist egoistisch. Es stimmt, wir beschäftigen uns hier mit uns selbst – unseren Werten, unseren Zielen, unseren Wünschen und unserer Lebenszeit. Es stimmt, es geht in unserem Leben nicht nur um uns – das wissen Sie, dass weiß ich.

Kein Mensch ist eine Insel. Kein Mensch kann ohne die Hilfe und Unterstützung anderer zu dem werden, wer er ist. Als soziale Wesen sind wir per definitionem aufeinander angewiesen. Zu geben, zu teilen und für andere da zu sein, ist einer der besten Wege, ein langes, glückliches und erfülltes Leben zu führen – ohne jedes Wenn und ohne jedes Aber.

Anknüpfend daran stellt sich eine einfache und bescheidene Frage: Gibt es ein Leben nach der Geburt? Anders gefragt: Leben Sie, wenn Sie nicht Sie sind? Das ist keine narzisstische Frage. Das ist eine pragmatische Frage. Das ist eine soziale Frage. Wer den Mut hat, Ja zu sich selbst zu sagen und er selbst zu sein, gibt anderen damit die Erlaubnis, es auch zu tun. Die Welt braucht nicht mehr Zombies, die sich gedankenlos nach anderen richten. Davon gibt es genug. Die Welt braucht mehr Menschen, die Ziele haben und ihre Werte leben wollen und bereit sind, deswegen auch mal Nein zu sagen.

Beim Neinsagen geht es nicht darum, die Segel auf Isolation zu setzen. Es geht darum, die Segel auf Eigenständigkeit innerhalb einer Gemeinschaft zu setzen. Es geht darum, das Leben besser zu machen, auch für andere. Doch irgendwo müssen wir anfangen. Und dieser Anfang ist für viele bei sich selbst – auch wenn sie es nicht wahrhaben möchten. Wenn Ihre Antwort auf die Frage »Leben Sie, wenn Sie nicht Sie sind?« Ja lautet, dann empfehle ich Ihnen, noch einmal zurückzublättern und das Buch von vorn zu lesen.

Wenn der Gedanke, etwas nur für uns zu tun, schambesetzt ist, kann er zur Handlungsstarre führen. Damit stehen wir eher auf der anderen Seite einer proaktiven Lebensweise und lassen uns, gegen unser besseres Wissen, Grenzüberschreitungen und Übergriffe bieten. Menschen, die nichts dagegen tun, werden eines Tages innerlich explodieren und sich oder anderen schreckliche Dinge antun, weil sie erkennen, sie waren Zeit ihres Lebens durch den Willen anderer bestimmt und haben nie die Stimme ihrer inneren Autorität sprechen hören. Wissen Sie, wie sich das anfühlt? Da können die physischen Qualen des Prometheus einpacken. Das ist tägliche seelische Selbstkasteiung. Was haben andere und die Gesellschaft denn von solchen Menschen? Lassen Sie es nicht zu, dass durch diesen Mythos das Gute in Ihnen anderen Menschen vorenthalten wird. Nein zu sagen und sich damit Raum zu verschaffen, in dem man aufblüht, kann jedes Umfeld um neue Begegnungen und Erlebnisse bereichern.

Mythos 2: Nein zu sagen, belastet Beziehungen

Der zweite Mythos lautet: Wenn ich Nein sage, leidet die Beziehung. Ja, das kann vorkommen. Es ist aber seltener der Fall, als wir im Allgemeinen erwarten. Dieser Mythos bildet sich schlichtweg aus schlechten Erfahrungen, wenn wir uns beim Neinsagen ungeschickt angestellt haben. Das kann vorkommen. Doch nur weil jemand sich verletzt fühlt, dürfen wir nicht davon ableiten, dass wir uns danebenbenommen haben. Sonst sind wir nicht mehr bei uns und lassen uns von den Reaktionen anderer einschüchtern. Wie wir uns beim Neinsagen geschickt anstellen, sehen Sie in Kapitel 7. Grundsätzlich gilt: Seien Sie hart in der Sache, aber wertschätzend dem Menschen gegenüber.

Das Wort Nein fungiert als Bremse; als eine Bremse, die jede Begegnung braucht, um sicher die Kurven in Begegnungen mit anderen zu nehmen. Das Wort Ja ist das Gaspedal, mit dem wir auf geraden Wegen aktiv beschleunigen können. Wir brauchen beides. So wie es beim Autofahren empfindliche Beifahrer gibt, gibt es in Beziehungen empfindliche Menschen, die leicht gekränkt sind. Es ist nur fair, das zu bedenken. Anstatt diese jedoch als Stoppschild auf unserem Weg zum kompetenten Neinsager zu verstehen, wäre es geschickter, sie in puncto Kommunikation als »Achtung-Gegenverkehr«-Schild zu betrachten. Das heißt, wir müssen unseren Kommunikationsstil anpassen, um sie nicht zu überfahren. Empfindsame Menschen sind eine Chance, uns beim Neinsagen zu sensibilisieren. Sie sind ein hervorragendes Training, um das richtige Fingerspitzengefühl in Situationen zu bringen.

Kompetent Nein zu sagen, hat wenig mit Worten zu tun. Zuallererst hat es etwas damit zu tun, voll und ganz bei sich zu sein und zu seinen Wünschen und Bedürfnissen zu stehen, ja sie einzufordern. Das ist innere Autorität. Um dort hinzukommen, müssen wir vor allem zu Beginn unsere Angst vor Ablehnung und Zurückweisung durchschauen und überwinden. Wie gesagt: Neinsagen ist weniger eine Sache von Worten und mehr eine Sache von Taten und Gefühlen. Scham und ihre Zwillingsschwester Schuld sind gewaltige Gefühle, die wir nur in Beziehung zu anderen Menschen empfinden können. Und es gehört zum Handwerkszeug des Erwachsenseins, mit diesen Gefühlen konstruktiv umzugehen.

Der Mythos, dass, ich die Beziehung gefährde, wenn ich Nein sage, will uns die andere Seite von Schuld und Scham vorenthalten. Schuld und Scham können nämlich auch gut sein. Diese Gefühle zeigen uns, dass etwas im Missverhältnis ist. Wer sich schämt, erkennt, dass er etwas falsch gemacht hat. Diese Gefühle signalisieren uns, dass wir Grenzen überschritten haben. Dadurch helfen sie uns, diese zu erkennen. Angemessene Schuldgefühle haben also auch etwas Gutes. Schuldbewusste Menschen werden sich eher entschuldigen und nach Wiedergutmachung streben als Menschen, die keine Schuld empfinden. Wenn wir also Schuld und Scham empfinden, zeigt das, dass unser emotionaler Kompass noch intakt ist. Die Herausforderung ist es, aus diesen Gefühlen Handlungen abzuleiten und tätig zu werden, statt in unserer Schuld und Scham verhaftet zu bleiben und uns selbst in dieser Vergangenheit einzukerkern. Denn wer das tut, vernachlässigt sich selbst, indem er seine Werte, Ziele und Bedürfnisse anderen unterordnet – et voilà, Ja zu sagen, das heißt ungeprüfte Zustimmung, wird zu unserem sicheren emotionalen Hafen.

Brechen Sie den Treueschwur mit diesen Mythen. Tun Sie sie guten Gewissens in die Märchenschublade, denn sich um sich selbst zu kümmern, ist nicht Egoismus, sondern Eigenständigkeit. Und Beziehungen leiden dann unter harten Grenzen, wenn Wertschätzung fehlt. Wir müssen uns demnach erlauben, alle Ausreden, die zwischen uns und unserem neuen, selbstbestimmten Leben stehen, aus dem Weg zu räumen.

DIE SIEBEN GESCHENKE DES EISBACHS

»Carlo«, sagt mein Freund Toni im September 2017 zu mir, »wir gehen diesen Winter regelmäßig in den Eisbach.«

»Wir?!«, entgegne ich. »*Wir* machen das ganz sicher nicht! Du kannst das gerne machen.«

Der Eisbach ist ein Kanal, der mitten durch den Englischen Garten fließt. Der Name ist Programm, denn er ist selbst im Sommer eiskalt. Er ist etwa 10 Meter breit und bis zu 2,30 Meter tief. Offiziell ist dort das Baden verboten. Der Eisbach hat auch schon tragischerweise das ein oder andere Todesopfer gefordert. Seit Jahren gehen mein Freund Toni und ich im Sommer fast jeden Tag in den Eisbach. Aber im Winter? Niemals würde ich, der die Tropen liebt und sogar zum Teil im Sommer widerwillig in den Bach geht, den ganzen Winter lang ins kalte Wasser steigen.

»Das ist viel zu gefährlich«, gebe ich zu bedenken. »Was ist, wenn wir krank werden? Hab ich überhaupt die passende Ausrüstung dafür? Was ist, wenn wir bleibende Schäden davontragen?« Ich halte all dies für legitime Bedenken und bin entschlossen, mich aus dieser Challenge rauszuhalten. Doch es kommt anders. Wie Sie sich an dieser Stelle vielleicht bereits denken können, waren meine »vernünftigen« Bedenken nur Ausreden. Und zu Ausreden Nein zu sagen, das heißt, sich Ausreden auszureden, ist eine Frage der Übung.

Toni war bei dem Niederländer Wim Hof auf einem Seminar gewesen. Wim Hof ist weltweit auch als *The Iceman* bekannt.[11] Er hält Rekorde im Eiswasserschwimmen und ist mit seiner Resistenz gegen Kälte für Wissenschaftler ein Phänomen. Als sich im September bei 10 Grad Außentemperatur und 15 Grad Wassertemperatur Tonis erstes Bad im herbstlichen Eisbach nähert, bin ich schon neugierig. Ich gehe mit. Und ich gehe sogar rein. Es ist kalt, aber es ist kein Problem, das Wasser fünf oder sechs Minuten auszuhalten. Doch wie würde es bei 13 Grad sein? Bei 12 Grad? Bei 11 Grad? Woche für Woche tasten wir uns vorsichtig vor. Meine Neugier ist stärker als meine Ausreden. Im Oktober sinkt die Temperatur des Eisbachs unter 10 Grad. »Oh mein Gott«, denke ich mir, »das, überleben wir nicht!« Wir joggen zur Stelle, an der wir planen, das Wasser zu verlassen, legen unsere Handtücher bereit, ziehen uns bis auf die Badehose aus und joggen in Richtung Einstiegsstelle. Die Außentemperatur beträgt 7 Grad. Spaziergänger, die uns sehen, machen große Augen. Wir fokussieren uns auf die Challenge, nehmen tiefe Atemzüge beim Laufen und sprechen kein Wort.

Mir gehen Horrorszenarien durch den Kopf: Mein Körper erstarrt durch die Kälte, und ich versinke wie ein Sack Kartoffeln; ich hyperventiliere, und mein Herz kommt zum Stillstand; ich bekomme eine Panikattacke, schlage um mich und gehe erschöpft unter. All diese Bilder schießen mir auf dem Weg zwischen Ausziehen und Reinspringen durch den Kopf. Aber es sind alles Ausreden – alles Geschichten ohne jeden Bezug zur Realität. Ich war schon Hunderte Male im Eisbach gewesen und bin lebendig wieder rausgekommen. Das würde mir auch dieses Mal gelingen – so hoffe ich.

An unserer Einstiegsstelle angekommen, machen wir Liegestütze und Squats, um den Körper weiter aufzuheizen. Noch zehn tiefe, konzentrierte Atemzüge. Anlauf. Sprung. Und platsch. Noch bevor ich auftauche, setzt die Schockreaktion des Körpers ein. Das Herz rast. Die Lunge lechzt nach Luft. Als ich auftauche, nehme ich einen tiefen Atemzug. Der Kopf friert. Die Haut brennt. Finger und Zehen nehmen binnen Sekunden ein Taubheitsgefühl an. Aber wir leben noch. Wir können uns noch bewegen. Yes! Nach einer Minute hat der Körper wie im Sommer einen Kältemantel gebildet. Das Herz wird ruhiger. Der Atem wird langsamer. Wir schaffen das. Einfach weiterschwimmen. Nach fünf Minuten ist es geschafft. Wir sind am Ziel angekommen, und wir leben noch. Ja, wir zittern. Ja, die Haut ist rot, und die Finger sind blau, aber wir leben noch. Mehr noch: So schlimm war es gar nicht. Selbst unter 9 Grad Wassertemperatur sind bei unserer Vorbereitung und Übung kein Problem für uns. Wer hätte das gedacht?

In den Monaten von September 2017 bis April 2018 haben die Kälte und die Gefahr des Eisbachs uns viele Geschenke gegeben – Geschenke, die sich auf jede Begegnung mit dem Unbekannten übertragen lassen, und die ich im Folgenden mit Ihnen teilen möchte. Dass wir ohne Erkältung, Grippe oder andere Winterwehwehchen die dunklen Monate überstanden haben, sei nur am Rande erwähnt. Vielmehr gab uns der Bach die Möglichkeit, über unsere Grenzen hinauszugehen und zu erfahren, was möglich ist, wenn es uns gelingt, Ausreden beiseitezulegen. Kaum etwas fördert das Vertrauen in die eigene innere Autorität mehr als ein solcher Prozess, denn wir erfahren sie unmittelbar als leitende Kraft, die uns durch die Herausforderung trägt.

1. Das Geschenk der Krise

Wenn wir in eiskaltes Wasser springen, kommt unser Körper in eine Krise. Das ist an sich erstmal in Ordnung, denn der Körper stellt sich auf die neuen Umstände ein und tut alles, um uns lebend aus der Sache rauszubringen. Doch erzählen Sie das mal Ihrem Kopf. Der kriegt es nämlich mit der Angst zu tun, sobald er sieht, wie der Körper reagiert: Herzrasen, flacher Atem, brennende Haut, Kopfweh und taube, unbewegliche Gliedmaßen. Der Kopf sagt dann nur noch: »Raus! Raus! Raus!« Zum Problem wird diese Krise erst, wenn unser Geist der Krise des Körpers freien Lauf lässt. Damit eine Krise zum Geschenk werden kann, müssen wir lernen, uns selbst Mut und Vertrauen zuzusprechen. Denn unser Körper kann auch anders – wenn unser Geist anders kann.

Wenn wir in Krisen geraten, haben wir oft den Reflex, allein in der Außenwelt eine Veränderung vorzunehmen, um die Krise zu überwinden. Das ist gut und richtig. Nicht jeder ist Wim Hof und kann stundenlang in kaltem Wasser ausharren. Unser Kopf will so schnell wie möglich eine Lösung für diese schmerzhafte und ungewöhnliche Situation finden. Auf diese Weise verlieren wir in der Krise aber schnell Perspektive. Das ist beim Neinsagen nicht anders. Wenn wir uns zum Beispiel vornehmen, einen Monat auf Alkohol und Fernsehen zu verzichten, kann es sein, dass wir in eine Krise der Leere und Langeweile geraten. Wir haben uns entschlossen, dieses Nein durchzusetzen, doch die Macht der Gewohnheit hält unser Verlangen lebendig. Anstatt im Verlust von Perspektive unterzugehen, müssen wir lernen, das größere Bild zu sehen. Das ist eine reine Denkleistung. Für den Körper könnte sich dieser Verzicht wie ein Verlust anfühlen, ja vielleicht sogar wie eine Bedrohung. Wir müssen aber die mentale Stärke aufbringen, dieses Erleben zu relativieren. Das kann der Körper nicht allein.

Das war im Eisbach nicht anders. Egal wie gefährlich das kalte Wasser erschien, wir waren immer noch in einer sicheren Umgebung. Tatsache ist, der Eisbach liegt mitten in der Stadt, einem behüteten, künstlich angelegten, überschaubaren und zugänglichen Umfeld. Dieser Gedanke an Sicherheit allein hilft, das Gefühl von Vertrauen in einem zu wecken, und macht die Angst im kalten Wasser kleiner. Krisen können einen mit dem richtigen Denken genau wieder dort hinführen: zu dem, was stabil ist, zu dem, was wichtig ist, zu dem, was wirklich zählt. Krisen schälen das Triviale weg und können Perspektive geben.

Im Eiswasser weiß unser Körper das aber nicht. Das muss unser Geist ihm sagen. Um das zu bewerkstelligen, reicht es aus, sich selbst Vertrauen und Sicherheit zuzusprechen, dann schwinden die Ausreden. Übertragen auf andere Krisen können Sie sich sagen: »Ich finde die richtigen Worte«, »Ich verpasse nichts, wenn ich den Fernseher ausgeschaltet lasse«, »Was ist hier wichtig? Dafür entscheide ich mich!«

Im Eiswasser können wir nichts gegen die Kälte tun. Sicher, man kann aussteigen, man kann flüchten – und dann? Dann haben wir unserer Angst recht gegeben und sie bestärkt. Es gibt aber noch einen anderen Weg, der Kälte zu entkommen, ohne sie zu verlassen. Wir müssen sie loslassen. Unsere natürliche Tendenz in Krisen ist es, uns festzubeißen – wie ein Hund an einem Spielzeug, das er sich nicht nehmen lassen will. Überlegen Sie, wie viel Energie das Festbeißen kostet. Dabei ist es elementar in einer Krise, mit unserer Energie hauszuhalten. Wer sich festbeißt, verliert den Überblick, den Kontakt, den Fokus, das eigentliche Ziel. Krisen zeigen uns, was wir kontrollieren können und was nicht. Wir alle unterliegen diesen Grenzen. Um sicher und selbstbewusst Nein zu sagen, und ein eigenständiges Leben aufzubauen, müssen wir lernen, das in unserem Leben zu unterscheiden. Das ist das Geschenk der Krise.

Noch mal: Wir können das kalte Wasser nicht kontrollieren. Wir können noch nicht einmal die spontane Reaktion unseres Körpers kontrollieren. Das Einzige, was wir in den ersten Momenten beeinflussen können, sind unsere Gedanken. Kraft unserer Gedanken können wir uns auf das Wasser einlassen und uns ihm ergeben. Wenn wir das tun, passiert etwas Wunderbares: Wir halten die Kälte besser aus, und unsere körperliche Krise fährt runter. Im kalten Wasser loszulassen, heißt zuzugeben, dass wir machtlos sind, es aber aushalten können. Das ist sehr befreiend und gibt einem paradoxerweise Mut und Kraft, trotz der unmöglichen Situation durchzuhalten.

Beim Neinsagen ist es oft genauso: Sobald wir erkennen, was wir in Momenten des Verzichts, in Momenten, in denen wir Grenzen ziehen, und in Momenten, in denen wir über Ziele entscheiden, kontrollieren können und was nicht, haben wir es leichter, uns Vertrauen zuzusprechen. Dann haben wir die Chance, als Gewinner aus den Krisen hervorzugehen.

Es ist das Natürlichste der Welt, vor Krisen flüchten zu wollen. Wir haben bei unseren Eisbachausflügen jeden respektiert, der doch nicht reingehen wollte oder nach wenigen Sekunden rausging. Menschen werden durch Krisen stärker und weiser, wenn sie in Krisen Stärke und Weisheit *suchen*. Wir lernen erst dann aus Erfahrungen, wenn wir uns das Vertrauen zusprechen, dass in den Krisen ein Geschenk verborgen ist. Damit schenken wir ihnen einen Platz im Leben, so wie wir dem kalten Wasser im Winter einen Platz schenken.

Wim Hof geht mit der Einstellung ins Wasser, dass das Wasser ihn willkommen heißt, dass die Kälte ihn nährt. Stellen Sie sich vor, wie Sie möglicher Nervosität beim Neinsagen oder der Unruhe beim Verzicht mit dieser Einstellung begegnen. Das heißt nicht, dass diese Momente schmerzfrei werden. Im kalten Wasser spürt man auch trotz dieser Einstellung, wie Hände und Füße taub werden, das Herz rast und die Gliedmaßen unbeweglich werden. Mit einer Einstellung der Begeisterung und Dankbarkeit für das Erlebnis kommen wir aber schnell über diese Einschränkungen hinweg und bleiben handlungsfähig.

2. Das Geschenk der Angst

Es heißt, Angst sei ein schlechter Ratgeber. Und das stimmt. Das liegt daran, dass Angst überhaupt kein Ratgeber ist. Es ist unser Fehler, wenn wir uns von unserer Angst beraten lassen. Angst ist ein Kompass. Sie ist das zweite Geschenk, das uns der Eisbach gemacht hat. Die Angst zu unserem Gefährten auf dem Weg des Neinsagens zu machen, resultiert in Ausdauer und Resilienz.

Im Supermarkt traf ich mit einem Eisbachfreund auf einen Nachbarn. Wir kamen auf unsere Eisbachabenteuer zu sprechen. »Was?!«, fragte der Nachbar ungläubig. »10 Grad kaltes Wasser, da stirbst du doch!« Nachdem wir unsere subjektive Temperaturmauer von 10 Grad unterboten und überwunden hatten, konnte ich aus Erfahrung sagen, dass das nicht der Fall ist. Persönlich bin ich der Überzeugung, dass jeder durchschnittlich sportliche Mensch problemlos bei 10 Grad ins Wasser gehen kann. Die Einschätzung meines Nachbarn konnte ich aber gut verstehen. Ich hatte ja selbst allerhand Horrorszenarien im Kopf gehabt.

Unsere Ängste sind nichts, was wir uns aussuchen. Wir können sie auch nicht kontrollieren, das heißt, wir können nicht die Reaktionen auf unsere Angst abschalten. Was wir tun können, ist, uns auf unsere Ängste vorzubereiten, das heißt, einen ritualisierten Umgang damit zu pflegen. Im Detail sieht das so aus: Angst ist ein Zustand von Körper und Geist. Unser Gehirn interpretiert eine Situation und gibt einen Reaktionsbefehl an den Körper weiter. Um uns erfolgreich in diesen Prozess einzumischen, müssen wir dementsprechend auch sowohl unseren Körper als auch unser Gehirn einsetzen. Schließlich lehrt uns der Umgang mit unserer Angst, dass wir den Reaktionen unseres Körpers nicht ganz ausgeliefert sind. Auf Englisch sagt man dazu »*mind over matter*« – unser Geist ist stärker als Materie. Das nicht nur zu verstehen, sondern zu erfahren, das ist das Geschenk der Angst. Unsere Ängste werden so zu einem Kompass. Sie zeigen uns die Richtung auf, in die wir uns entwickeln können, wenn wir uns selbst überwinden können. Angst ist eine hervorragende Ausrede, etwas nicht zu tun. Wenn wir allerdings unsere Angst nicht als Stoppschild verstehen, sondern als Richtungshinweis, ändert das alles.

Wie beim Geschenk der Krise können wir auch durch positives Zureden über das Chaos der Angst hinauskommen. Wenn wir uns der Angst hingeben, übernimmt die Angst das Kommando. Wir verkrampfen. Das einzige Gegenmittel ist Vertrauen. Vertrauen ist Übungssache. Im Eiswasser geht der Aufbau von Vertrauen vor allem über die Atmung. Eine tiefe, ruhige, fokussierte Atmung fährt den Puls runter. Das ist kein billiger Trick. Wir nutzen dabei einfach die Intelligenz des Körpers. Bewusst und ruhig zu atmen, ist ein effektives Mittel, um seine Angst gehen zu lassen.

Übertragen aufs Eiswasser bedeutet das: Sobald diese erste Hürde der Angst überwunden ist, bildet der Körper einen Kältemantel. Der Kältemantel ist kein wissenschaftlicher Begriff; er ist ein Erfahrungswert. Und er ist etwas Wunderbares. Es scheint, sobald unser Körper die Angst hinter sich gelassen und die Kälte akzeptiert hat, erlebt er die Kälte nicht mehr als immanent bedrohlich. Man kann die Kälte in aller Ruhe wahrnehmen, ja, sie geradezu begrüßen und genießen.

Das Gleiche gilt für jede andere Angst, die uns in unserem Leben begegnet: Sobald wir trotz unserer Ängste voranschreiten, bilden wir einen mentalen Kältemantel. Ein Freund und ich hatten mal eine heftige Auseinandersetzung. Wir planten ein klärendes Gespräch, in dem Grenzen abgesteckt werden sollten. Er ist ein scharfer Denker, und ich fürchtete mich vor der Auseinandersetzung, weil ich keine Zugeständnisse machen wollte, die ich später bereuen würde, und weil ich nicht aus Selbstschutz beleidigend sein wollte. Ich bereitete mich darauf vor, indem ich mir klar vor Augen führte, welche Zugeständnisse ich machen konnte und welche nicht, was ich von ihm forderte, und was zu fordern unverhältnismäßig sein würde. Unmittelbar vor dem Gespräch war ich noch entspannt. Doch kaum, nachdem es losging, ergriff mich die Angst. Mein Herz raste, und ich bekam heiße, feuchte Hände. Ganz im Sinne meines Umgangs mit der Angst im kalten Wasser entschleunigte ich innerlich. Ich atmete langsamer und nahm auch zwischendrin den einen oder anderen tiefen Atemzug, den ich als Denkpause verkleidete. Etwa eine Minute nach Beginn dieses Entschleunigungsrituals spürte ich zwar noch die Anspannung der Situation, aber ich fühlte mich durch meinen Fokus von ihr isoliert – wie der Körper im Eiswasser durch den Kältemantel vor der Kälte isoliert scheint. So konnte ich mich mit einem Gefühl der Sicherheit dem herausfordernden Gespräch stellen – ohne Zugeständnisse zu machen, ohne meinen Freund zu beleidigen und ohne Unmögliches zu fordern.

Fazit: Lassen Sie Angst nicht als Ausrede gelten, zu einer Herausforderung Nein zu sagen. Hören Sie nicht auf Ihre Angst, aber hören Sie Ihrer Angst zu! Hören Sie ihr wirklich zu. Sie will uns etwas Wichtiges sagen. Wenn wir hinhören, gewinnen wir aus unserer Angst Stärke und Sicherheit. Und wir sehen, dass wir nicht zur Herausforderung Nein sagen müssen, sondern zur uns abhaltenden Angst.

3. Das Geschenk der Einsamkeit

Im Winter ist der Englische Garten, wie alle Gärten, ein einsamer Ort. An den meisten Tagen ist er eisig kalt. In den meisten Stunden ist er dunkel. In den meisten Ecken ist er still. Selbst zu zweit kann man sich in so einem Umfeld schnell einsam vorkommen. Genau in dieser Einsamkeit offenbaren sich die Energie in der Kälte, der Schutz in der Dunkelheit und die Weitsicht in der Leere.

Wenn wir lernen, Nein zu sagen, und uns den Ruf aufbauen, bedachte und reife Zugeständnisse zu machen, werden wir auf diesem Weg auch allein sein. Wir werden missverstanden werden. Wir werden andere enttäuschen. Wir werden nicht immer den richtigen Ton treffen. Doch gelegentlich allein dazustehen, ist ein kleiner Preis im Vergleich zur Entfremdung von uns selbst, wenn wir aus Schwäche Ja sagen. Wenn wir also gekonnt Nein sagen und unsere Ideen und Pläne umsetzen möchten, müssen wir auch lernen, mit Einsamkeit umzugehen. Sobald wir erkennen, dass in der Einsamkeit ein Geschenk liegt, wird das um ein Vielfaches leichter.

Im Winter ins Eiswasser zu gehen, erfordert Vorbereitung. Wir machten dafür Liegestütze, Klimmzüge, Dehnübungen, Schattenboxen und Lufttritte. Ich fühlte mich dabei mehr als einmal wie ein einsamer, etwas verrückter Wolf. Doch ich war nicht allein. Ich war Teil der Kälte, Teil der Dunkelheit, Teil der Natur. Wenn man sich dies bewusst macht, sind Einsamkeit und Isolation kein Schicksal und keine Strafe. Sie werden zum Geschenk, denn man ist nun geschützt, um seinen eigenen Ideen nachzugehen – nicht nur auf dem Papier oder im Büro, sondern spürbar in der Außenwelt.

Auch beim Neinsagen werden Sie Momente der Einsamkeit haben. Ja ich wünsche sie Ihnen geradezu. Ja, das sind keine einfachen Momente, aber es sind Momente, in denen wir uns selbst und unserer eigenen Wahrheit begegnen. Es kann sein, dass Ihnen nicht gefällt, was Sie sehen, wenn Sie sich im Spiegel der Einsamkeit erkennen. Es kann sein, dass es uns schmerzt, zu ertragen, wer wir wirklich sind.

Es kann auch sein, dass wir schlichtweg leugnen, was wir sehen. Wir werden aber durch diese Begegnung bereichert werden – solange wir uns ihr hingeben und sie nicht ausblenden oder sie mit Alkohol oder anderen Drogen betäuben. Nur in der rohen Selbstbegegnung, in der wir in aller Einsamkeit die Schwere unseres Daseins spüren, können wir uns vom Leben auslachen lassen und den Stolz und die Sturheit ablegen, die uns von uns selbst weggeführt haben und die uns aus Angst vor der Einsamkeit ständig Ja haben sagen lassen. Der wahre Grund, warum wir zu Jasagern werden, ist, dass wir uns von uns selbst abgewandt haben, das heißt, uns von uns selbst entfremdet haben. Manchmal braucht es Momente der Einsamkeit, damit wir wieder zu uns kommen und uns sagen: »Ich kann nicht zu allem Ja sagen. Ich bin auf dem richtigen Weg.«

4. Das Geschenk der Monotonie

Monotonie bedeutet, immer das Gleiche zu tun. Wenn aber das, was wir immer wieder tun, etwas Positives und Konstruktives ist, kann Monotonie auch viel Gutes beinhalten und bewirken. Positive Assoziationen diesbezüglich sind Rituale, Gleichförmigkeit, Beständigkeit, Sicherheit und Kontinuität. Genau das braucht es, um sich auf das kalte Wasser einzulassen – ob sprichwörtlich oder in puncto Neinsagen im übertragenen Sinne. Vor allem seitdem es die Idee und den Begriff der Spaßgesellschaft gibt, hat Monotonie einen schlechten Ruf. Heute sind Werte der Abwechslung und Spontanität weitverbreitet und je nach Milieu auch hoch angesehen. Beim Eisbaden kann aber der Wunsch nach Spaß und Abwechslung den Tod bedeuten. Es gibt nur einen sehr kleinen Rahmen für Irrtümer. Je besser der Ablauf geplant ist, desto stabiler und sicherer ist das Erlebnis im Wasser.

Als in unserem Eisbach-Winter die Wassertemperatur unter 7 Grad ging, suchten wir uns eine ruhige Stelle im Eisbach, anstatt in den wilden Strom zu springen. Wir wollten uns nicht gegenseitig in Gefahr bringen. Über den Eisbach hinaus badeten wir im Winter in Seen und Flüssen und wandten dabei das gleiche Vorbereitungsritual an, das uns durch den Eisbach brachte. Dabei gingen die Ausreden nie ganz weg. Zwar waren sie nicht so bildhaft und heftig wie zu Beginn, doch wir mussten jedes Mal erneut gegen sie ankämpfen. Gleichzeitig wurde mit dem immer gleichen Ritual auch das Gefühl der Freiheit und Macht über den eigenen Geist und Körper weiter ausgebaut. Es gab keine Abwechslung und Beliebigkeit in unserer Vorbereitung. Wir waren selbst zu Eismännern geworden und haben uns mentale Werkzeuge angeeignet, um uns selbst und unsere Ausreden zu überwinden. Das gab uns Sicherheit. Auf paradoxe Weise gab es uns auch Sicherheit, dass wir die Reaktionen unseres Körpers vorhersagen konnten, weil auch sie immer gleich waren.

Rituale und geregelte Abläufe sind wichtig. Mit einem Ritual kommen wir geistig und körperlich in »*the zone*« – einen Zustand höchster Aufmerksamkeit, bei dem wir gleichzeitig abwesend sind. Der Grund warum wir in diesem Zustand abwesend sind, ist, dass wir, um fokussiert zu sein, alles Unwichtige ausblenden müssen. Wir verschließen uns, reduzieren und minimieren, um mit unserem Geist nur noch eine Sache zu sehen. Der Fokus gilt einzig allein der bevorstehenden Herausforderung. Das ist das Geschenk der Monotonie. Wie können wir mit diesem Geschenk bei der Umsetzung unserer Vorhaben verlieren?

Auch Neinsagen ist keine Kunst, bei der wir immer etwas anderes tun oder sagen müssen. Menschen, die stoisch ihren Werten und Zielen nachgehen, und dabei Nein zur vermeintlichen Abwechslung sagen können, sind strategisch im Vorteil bei der Durchsetzung ihrer Pläne. Monotonie ist schwer auszuhalten, ja. Wer jedoch dem Bedürfnis nach Abwechslung gelegentlich eine Absage erteilt, wird um viele Geschenke bereichert.

Wir können nicht erwarten, dass unser Nein sofort Anklang findet und auf Einverständnis stößt. Doch nur, weil es nicht angenommen wird, wie wir es uns wünschen, heißt das nicht, dass wir die falschen

Worte oder die falsche Methode gewählt haben. Auch wir müssen erst Sicherheit darin finden, Nein zu sagen. Monotone Abläufe können dabei helfen. Wir können für uns selbst ein Ritual entwickeln, bei dem wir in Begegnungen, bei denen wir Nein sagen wollen, erstmal durchatmen und bewusst entschleunigen. Das ist ein guter Start in jede Auseinandersetzung. Sie können es sich auch zur Gewohnheit machen, aufzustehen, wenn Sie sitzen oder andersrum. Egal was Ihnen geeignet erscheint: Die Idee dabei ist es, sich auf das Ritual zu verlassen, anstatt auf Mut oder Schlagfertigkeit. Diese Fähigkeiten hätten uns im kalten Wasser auch nichts gebracht.

5. Das Geschenk des Schmerzes

Die Auseinandersetzung mit Eiswasser ist vor allem durch eines geprägt: Schmerzen. Im Wasser selbst brennt die Haut, und es scheint, als sei man von einer Decke mit Tausenden kleinen Nadeln umhüllt. Wenn man dann mal aus dem Wasser rauskommt, nimmt der Schmerz eine ganz neue Dimension an, denn der Körper läuft auf Hochtouren, um einen wieder aufzuwärmen: Die Finger fühlen sich an wie Eiszapfen, die Feuer gefangen haben. Sie sind taub, unbeweglich und brennen. Der ganze Körper zittert unwillkürlich, und die Nadelstiche des Wassers wirken nach. Von all dem gibt es kein Entkommen. Die acht bis zehn Minuten Heimweg fühlten sich für mich wie eine Ewigkeit an. Der Körper lässt einen deutlich wissen, dass kaltes Wasser eine ungeheure Macht über uns haben kann. In diesen Momenten ist Schmerz für Körper und Geist die einzige Wirklichkeit.

Wenn wir unsere Fähigkeit, Nein zu sagen, und damit unsere innere Autorität ausbauen, kann es sein, dass wir seelische Schmerzen erleiden. Wut, Trauer, Ohnmacht, Angst und Scham können sich breitmachen. Diese Schmerzen können auch ein Geschenk sein. Genauso wie die Schmerzen der Kälte können auch die Schmerzen von Veränderungsprozessen ein Geschenk sein, weil aus dem Schmerz vor allem zwei Dinge wachsen können: Widerstandsfähigkeit und Geduld.

Widerstandsfähigkeit gegen Kälte stellte ich mir vor als etwas, das mein Kälteempfinden reduziert. Ich glaubte, ich würde von einer Frostbeule zum Kältehulk. Doch so war es nicht. Ich spürte die Kälte trotzdem. Der Unterschied war, dass sie mir nicht mehr so viel ausmachte. Kalter Wind im Nacken? Schnee ins Gesicht auf dem Fahrrad? Schon März und immer noch 5 Grad draußen? All das machte mir nicht mehr so viel aus wie vor meinem Eisbach-Winter.

Auf unserem Weg zur Selbsterneuerung und Selbstbestimmung kann es sein, dass die Reaktionen anderer Schmerzen auslösen. Wir dürfen uns aber nicht von den Reaktionen anderer verunsichern lassen. Die anderen leben in einer ganz anderen Welt als wir – jeder tut das. Anstatt uns selbst wegen möglicher Schmerzen durch die Reaktionen anderer zu verurteilen, können wir eine Widerstandsfähigkeit durch sie aufbauen. Unser Gegenüber rollt die Augen? Anstatt uns von dieser Ablehnung verunsichern zu lassen, können wir uns denken: »Wir rollen alle mal die Augen.« Wir haben einen Tag, an dem wir uns unentschieden und fremdbestimmt fühlen? »Kommt vor. Weitermachen!« Wir wollten eigentlich vier Wochen auf Alkohol verzichten, haben aber am Geburtstag eines Freundes mit einem Bier angestoßen? »Kein Thema! Ich probiere es einfach noch einmal.«

Widerstandsfähigkeit ist nicht, wie ich zu Beginn des Eisbachabenteuers glaubte, eine Taubheit im Empfinden. Sie ist vielmehr die Fähigkeit, Unangenehmes auszuhalten. Das Geschenk des Schmerzes kann das lehren. Aus Schmerzen kann neue Stärke erwachsen – Stärke, die wir für die nächste Situation zum Neinsagen brauchen.

Geduld ist keine angeborene Fähigkeit. So heißt es zu Recht in der deutschen Sprache: »Geduld ist eine Tugend.« Wenn wir nach einem Eisbad frieren, können wir der Kälte nicht entkommen. Ja, wir können zur warmen Dusche eilen, doch bis wir unter der Dusche sind, frieren wir. Man muss lernen, die Kälte zu ertragen und auszuhalten. Das geht am besten, indem wir loslassen und die Kälte annehmen.

Die warme Dusche bringt zudem auch nicht so viel, wie man glaubt. Erstens werden die brennenden Finger unter warmem Wasser zu Feuerwerkskörpern – sie brennen noch heftiger. Und zweitens zittert der Körper nach der Dusche weiter. Bis zu drei Stunden später ist die Kälte oder das Brennen der Kälte noch im Körper spürbar. Der Körper braucht vor allem eines, um sich zu regenerieren: Zeit. Da ist Geduld gefordert, einfach nur Geduld.

Wer sich auf seinem Weg zu mehr Selbstbestimmung und zum Gipfel des Neinsagens immer nur schnelle Ergebnisse erhofft, wird sicher enttäuscht. Nur weil unsere Fortschritte klein sind und die Veränderung langsam, heißt es nicht, dass sich nichts tut. Haben Sie Geduld mit sich und Ihren Veränderungsprozessen; unsere Seele braucht Zeit für die Anpassung. Wir dürfen uns nicht der Ausrede hingeben, dass wir keine Fortschritte machen und deshalb aufhören dürfen. Nein. Halten Sie den Schmerz aus, der mit Veränderungsprozessen und der Neugestaltung Ihres Lebens kommen kann. Es lohnt sich.

6. Das Geschenk der Langsamkeit

Im kalten Wasser kann der Körper sich nicht schnell bewegen. Die Muskeln werden nach wenigen Sekunden von der Kälte vereinnahmt. Wer unter diesen Bedingungen bestehen möchte, muss sich anpassen – indem er die Langsamkeit seines Körpers akzeptiert. Wem das gelingt, hält es wesentlich länger im Wasser aus. Man kann dann sogar, dank der Langsamkeit, die Kälte besser genießen.

Der Lockdown im Frühjahr 2020 aufgrund von COVID-19 entschleunigte das Leben. Das wurde nicht von allen begrüßt, aber nach einigen Wochen stellte ich in meinem Bekanntenkreis fest, dass viele daraus lernten.

Das moderne Leben verläuft enorm schnell. Die Digitalisierung trägt ihr Übriges dazu bei; alles muss schnell oder mal eben nebenbei gehen und getan werden. Wenn wir zu allem Ja sagen, werden wir irgendwann das Gefühl haben, zu unserem Leben Nein gesagt zu haben. Wir werden uns vorkommen wie in einem Hamsterrad, das sich immer schneller und schneller dreht und dem wir nicht entkommen können, weil wir keine Zeit haben, es auch nur ansatzweise zum Stehen zu bringen.

Wenn das Leben entschleunigt, finden wir heraus, was wesentlich ist. Wir begegnen uns selbst und anderen ganz anders, da wir mehr Zeit haben, hinzuschauen. Die Ausrede, keine Zeit zu haben, wird obsolet. Wir haben plötzlich sehr viel Zeit und wollen sogar lernen, mit Langeweile umzugehen.

Doch nicht nur in der Auseinandersetzung mit der Welt und uns selbst kann Langsamkeit ein Vorteil sein. Besonders im Zwischenmenschlichen können wir durch Entschleunigung gewinnen. Es heißt:»Mit Menschen ist langsam schnell, und schnell ist langsam.« Wenn wir im zwischenmenschlichen Bereich versuchen, Entwicklungen zu beschleunigen, dauert es länger, als wenn wir uns Zeit nehmen. Haben Sie selbst schon mal versucht, schnell jemandem etwas zu verkaufen, schnell ein Streitgespräch zu führen oder schnell jemandem Verständnis zu zeigen? Es mag Situationen geben, in denen das einem zu gelingen scheint, aber meistens halten die Ergebnisse nicht lange. Der Kunde reklamiert. Das Streitgespräch geht wieder von vorne los. Unser Gegenüber erkennt: Wir haben es noch nicht verstanden.

Wenn man aber bei den obigen Verhandlungssituationen Langsamkeit akzeptiert und behutsam vorgeht, kommt man oft schneller zum Ziel. Gute Verkäufer ziehen sich gerne auch zurück und sagen sowas wie:»Dieses Produkt/diese Dienstleistung ist glaube ich nichts für Sie.« Gute Krisenmanager nehmen aus einer Stresssituation auch mal den Druck raus und sagen:»Wir müssen jetzt nichts überstürzen. Das ist was Wichtiges, und wir sollten uns Zeit dafür nehmen«. Und empathische Menschen verstehen ohnehin den Faktor Zeit, wenn es darum geht, Verständnis aufzubauen und zu vermitteln.

Langsamkeit hat demnach einen festen Platz im Leben. Stück für Stück Nein zu sagen, kann uns helfen, wieder zur Ruhe zu kommen und den Blick frei zu haben für das, was wesentlich ist – weil die Landschaft nicht mehr nur an uns vorbeirauscht. Wir können die Dinge, die wichtig sind, wieder mit mehr Achtsamkeit angehen und die Langsamkeit genießen lernen. Wir können wieder durchatmen.

7. Das Geschenk des Todes

»Drei Dinge werden in unserer Gesellschaft totgeschwiegen«, sagte mal ein Freund zu mir,»Geld, Sex und der Tod.« Jedes Jahr sterben überraschend immer wieder prominente Persönlichkeiten. 2020 verloren wir Kobe Bryant, Sean Connery, Diego Maradona. Kobes Tod war zweifelsohne eine Tragödie. Ein junger Basketballstar stürzt mit seiner Tochter im Hubschrauber ab – das ist furchtbar. Man schaue sich nur an, wie sein Freund und langjähriger Spielpartner Shaquille O'Neal davon erzählt, wie er vom Glauben abfiel, als er von der Nachricht hörte. Das ist herzzerreißend.

Trauer ist, wenn auch natürlich und angebracht, nicht immer auf Dauer die passende Reaktion auf den Tod. Der Tod kann Menschen von unheilbaren Schmerzen befreien und Hinterbliebenen neues Leben einhauchen. Es ist nicht der Tod selbst, der Leid bringt, sondern eine einseitige Sichtweise darauf.

Wenn Sie in Ihren Zwanzigern sind, denken Sie vielleicht, Sie haben mehr Zeit zu leben, als jemand, der sich in den Siebzigern befindet. Aber da täuschen Sie sich. Wenn Sie mir nicht glauben, ziehen Sie die Badehose an, und gehen Sie bei der nächsten Gelegenheit in eiskaltes Wasser. Nach zwei Minuten in 4 Grad kaltem Wasser spüren Sie, dass Sie dem Tod plötzlich sehr nah gerückt sind. Jeder Atemzug von kalter Luft im Eiswasser ist der Atem des Todes, dem wir plötzlich sehr nahe sind. Selbst bei guter mentaler und körperlicher Vorbereitung und mit starkem Geist sind wir im Eiswasser nur etwa

20 Minuten vom Tod entfernt. Kaum etwas anderen lässt uns uns so lebendig fühlen. Und das ist ein Geschenk. Der Tod ist ein Geschenk. Bitte verstehen Sie mich richtig: Ich möchte Ihnen keine Angst machen. Diese Idee, den Tod als Geschenk zu sehen, ist auch nichts Neues. Wenige Dinge bringen uns so nah an das Leben wie die Idee, dass unsere Tage gezählt sind. Angesichts der Tatsache, dass unser Leben endlich ist, dürften wir viel öfter die Ausreden, die wir uns machen, zum Teufel jagen. Des Todes zu gedenken, oder wie beim Eisbaden, ihm durch Erfahrung näher zu treten, kann diesen Mut in uns inspirieren. Wenn wir unsere letzten Stunden oder Atemzüge zählen, ist es unwahrscheinlich, dass wir uns darüber freuen werden, unseren Ausreden zugehört zu haben.

Ein selbstbestimmtes Leben setzt voraus, dass wir lernen, mit dem Unbekannten umzugehen. Das heißt auch, dass wir lernen müssen, bereit zu sein, sprichwörtlich ins kalte Wasser zu springen. Was uns davon abhält, Änderungen auszuprobieren, sind schlichtweg Ausreden – also Kopfkino darüber, wie es schiefgeht. Beim Gedanken ans Unbekannte und Ungewisse machen sich bei jeder Handlungsverzögerung Ausreden im Kopf breit. Wir finden 1000 logische und plausible Gründe, etwas nicht zu tun. Auf der einen Seite ist das etwas Gutes. Diese Ausreden können uns davor schützen, unnötig unser Leben zu riskieren. Auf der anderen Seite berauben uns diese Sorgen, Ängste und Zweifel der Chancen, die sich hinter dem Vorhang des Unbekannten verbergen.

Um effektiv Nein zu sagen und selbstbestimmt zu leben, müssen wir Ausreden von tatsächlichen Warnungen unterscheiden können. Dies ist für unser Selbstwertgefühl überlebenswichtig. Wer sich seinen Ausreden stellt und es schafft, zu ihnen Nein zu sagen, dessen innere Stimme wird auch nach außen stärker und durchsetzungsfähiger. Doch das ist keine Fähigkeit, die wir in einem Seminar erwerben. Das Wissen um den Umgang mit dem Unbekannten und unseren Ausreden reicht nicht aus. Wir müssen den Sprung ins kalte Wasser wagen.

WAS WIR TUN KÖNNEN, WENN UNSERE AUSREDEN STÄRKER SIND ALS WIR

Damit wir uns verstehen: Allein hätte ich das Abenteuer mit dem Eiswasserschwimmen niemals gewagt. Ja, ich bin mal allein ins Eiswasser gegangen, aber nur, weil ich aus gemeinsamer Erfahrung mit Toni und Freunden wusste, wie das gefahrlos geht.

Wer sich selbst verändern möchte, wird sich im Laufe dessen seinen Ängsten stellen müssen. Mit den Ängsten kommen auch Ausreden, warum eine Änderung schlecht ist, sei es im Job oder in der Beziehung. Zu diesen Ausreden gehören nicht nur viele kleine Geschichten, was einem alles im Weg steht, oder Sorgen darüber, was schiefgehen könnte. Eines der größten Hindernisse ist es, über unsere eigene Geschichte hinauszuwachsen, die Geschichte, die uns zu der Person gemacht hat, die wir sind. Das heißt nicht, dass wir unsere Geschichte verwerfen und hinter uns lassen. Es heißt auch nicht, dass wir die vielen Geschenke wegwerfen, die in der eigenen Biografie verborgen liegen. Es heißt, dass wir lernen, unsere Geschichte zu verstehen, und dass wir mit einer erwachsenen Perspektive Frieden damit schließen. Allein ist das aber oft schwer.

Es ist paradox: Erst mit einem verständigen Ja zu unserer eigenen Geschichte können wir schließlich ein konsequentes Nein all dem entgegenhalten, was der Gestaltung einer neuen Geschichte im Wege steht. Wer sich seiner Geschichte stellt und die Ausreden, die sich in ihr verbergen, verwirft, findet neue Antworten auf das Leben. Damit bewegen wir uns raus aus der Ohnmacht und hinein in eine proaktive Position der Selbstgestaltung. Das ist das ideale Cockpit für gezieltes und stabiles Neinsagen.

Unser Ego ist jedoch durchaus kreativ, wenn es darum geht, zum Selbstschutz Ausreden zu erfinden, um unsere Geschichte zu bewahren:

- Das dauert zu lange.
- Mich versteht doch keiner.
- Die Geschichte ist zu komplex.

- Das kann ich doch keinem erzählen.
- Man kann sich nicht verändern.
- Man kann seine Geschichte nicht hinter sich lassen.
- Wie sehe ich denn dann vor meinen Freunden aus?
- Das ist viel zu viel Arbeit.
- Bei mir ist es zu spät dafür.
- So schlimm ist es ja gar nicht.
- Es gibt Menschen mit viel schlimmeren Geschichten, die auch zurechtkommen.

Es ist weitverbreitet, zu sagen, man soll nicht in der Vergangenheit leben. Und es stimmt: Wer das tut, kreiert diese wieder und wieder und wundert sich, warum er ständig in die gleichen Situationen kommt. Vielleicht erinnern Sie sich daran, wie es in Kapitel 1 bei den Grundbegriffen darum ging, den Garten unserer persönlichen Eigenschaften umzugraben. Wir können unsere Wirkung auf andere verändern, wenn wir unseren Charakter und unsere Persönlichkeit ändern. Das kostet aber auch Wissen, Geschick und Zeit. Das kann entmutigen. Wir brauchen diesen Weg aber nicht allein einzuschlagen. Was spricht dagegen, einen Coach, einen Mentor, einen Mediator oder eine professionelle Gruppenberatung einzubeziehen? Das ist weniger weitverbreitet; die wenigsten Menschen trauen sich das, weil sie zugeben müssten, dass sie allein nicht zurechtkommen, dass sie überfordert sind oder dass das, was sie für richtig gehalten haben, nicht funktioniert.

Dabei ist es vollkommen in Ordnung, sich von professionellen Beratern und Coaches Hilfe zu holen. Gerade beim Neinsagen zu Fremdbestimmung, Dauerkonsum und Beziehungsbullshit können einen die eigenen Ausreden überwältigen. Bleiben Sie nicht allein damit. Es war nie so leicht, sich Hilfe zu holen, wie heute. Wenn wir krank werden, gehen wir doch auch zum Arzt. Was würden Sie jemandem raten, der eine Grippe hat und aus Stolz jede Art von Behandlung ablehnt?

Wer die Fähigkeiten besitzt, über sich selbst nachzudenken und das eigene Leben und die eigenen Handlungen zu reflektieren, wer bereit ist, sich den Widersprüchlichkeiten der Seele zu stellen, und wer einen Intellekt mitbringt, der innere Vorgänge in Worte fassen kann, bringt ausgezeichnete Vorrausetzungen mit, um sich der eigenen Geschichte zu stellen und Ausreden für ein eigenständiges Leben aus dem Weg zu räumen.

Ich möchte Ihnen noch sechs Zutaten mitgeben, die Sie bei der Suche nach einem geeigneten Reflexionsprozess für Ihre Veränderung verwenden dürfen:

Abenteuerlust: Sehen Sie die Auseinandersetzung mit Ihrer Geschichte und Ihren Ausreden als Abenteuer. In Workshops und Coachinggesprächen betreten wir den Dschungel unserer Seele. Da gibt es die höchsten Baumkronen und die dunkelsten Sümpfe. Es gilt gnadenlos das Gesetz der stärkeren Überzeugung und der intensivsten Erlebnisse. Nichts ist richtig oder falsch, gut oder schlecht, schwarz oder weiß. Unser gesamtes Ego lässt sich in diesem Dschungel, je nach Licht, in Hunderten verschiedenen Grüntönen darstellen. Indem wir den Prozess als Abenteuer betrachten, gehen wir mit der Einstellung rein, dass alles passieren kann und darf. Die tiefsten Tiefen können sich als genauso bereichernd herausstellen wie die höchsten Höhen.

Eigenverantwortung: Die Verantwortung für den Erfolg dieses Abenteuers tragen wir. Gruppenleiter und Coaches sind keine Wunderheiler. Sie verstehen im Idealfall mehr vom Menschen, vom Gehirn, vom Körper oder von der Seele als wir selbst und können uns helfen, unsere Sicht auf uns selbst zu erweitern. Sie halten uns einen Spiegel vor Augen, der uns helfen kann, unsere Ausreden zu erkennen und zu verstehen, wie wir auf andere wirken. Welche Schlüsse wir aus dem Blick in den Spiegel ziehen, ist jedoch einzig und allein uns überlassen. Wir müssen entscheiden, was richtig und was falsch ist. Wir tragen die Verantwortung dafür, das Wissen und die Interpretationen, die andere mit uns teilen, auf uns anzuwenden. Es gibt bei der Selbstveränderung keinen linearen Prozess, der wie eine Schablone auf jeden Menschen gelegt werden kann. Es hilft, alle Beteiligten in diesem Prozess genauso als Suchende zu verstehen wie uns selbst – mit dem Unterschied, dass die leitenden Personen, wie Dschungelführer, bereits mit vielen Menschen im Dschungel ihrer Geschichte unterwegs waren. Deswegen sollten wir ihnen auch vertrauen. Doch kein Coach kann alles wissen und schon gar nicht über unsere Wahrheit und unsere Geschichte bestimmen. Bei allem, was bei diesem Abenteuer passiert, müssen wir für uns selbst denken.

Team: Nehmen Sie sich Zeit, das richtige Team zu finden. Besuchen Sie mehrere Coaches, Gruppen oder Berater. Wir öffnen uns nur, wenn unser Gegenüber uns wertschätzt. Ob wir richtig aufgehoben sind, entscheidet unser Gefühl. Das richtige Gefühl bekommen wir durch differenzierte Erfahrungen. Die Chemie muss stimmen. Schließlich kann es auch sein, dass wir feststellen, keine der Gruppen oder keiner der Coaches wird uns eine große Hilfe sein. In dem Fall können wir guten Gewissens darauf verzichten. Das ist ja dann auch wiederum gut zu wissen.

Offenheit: Wir sollten uns öffnen und ohne Filter oder Zurückzuhaltung mitteilen. Das zu erreichen, ist ein Lernprozess, denn natürlich muss dafür volles Vertrauen zur Gruppe oder dem Gesprächsleiter hergestellt sein. Wenn wir aus Scham und Angst Dinge zurückhalten, machen wir die Arbeit nur schwerer. Die meisten Coaches haben bereits alles Mögliche gehört. Trauen Sie sich, sich zu öffnen. Nur wenn wir Dinge beim Namen nennen, auch wenn es plump rauskommt oder für uns merkwürdig klingen mag, werden sie greifbar. Wir können nur daraus lernen. Allein über Ausreden reden zu können, darüber, was uns zurückhält, kann bereichernd sein.

Zurückhaltung: Erzählen Sie erstmal niemand anderem von Ihrem Abenteuer. Erstens geht es niemanden etwas an, und zweitens können wir darauf verzichten, uns von der Reaktion anderer, egal wie diese ausfallen mag, verunsichern zu lassen. Es geht zunächst nur darum, dass wir lernen, Dinge zu verstehen und nicht anderen unser Verständnis zu erklären. Lassen Sie sich selbst die Zeit, die es braucht, um in der Auseinandersetzung mit Ihrer Geschichte und Ihren Ausreden Fuß zu fassen – und seien Sie stolz auf sich, dass Sie sich überhaupt getraut haben, es anzugehen.

Neue Wege: Finden Sie andere Möglichkeiten der Selbstbegegnung und Selbstanalyse. Wir können die Ergebnisse unserer Selbstveränderung vervielfachen oder intensivieren, indem wir weiterhin Wege finden, uns selbst zu begegnen und neue Denk- und Verhaltensmuster zu etablieren. Dazu zählen neue Sportarten oder Bewegungsrituale wie Yoga, Spaziergänge, Eisbaden oder Atemübungen. Mit am stärksten wirken neue Netzwerke. Wenn wir neue Menschen kennenlernen, denen wir mit unserem neuen Selbstverständnis begegnen, lernen wir Beziehungen von Beginn an zu gestalten. Besuchen Sie Workshops, Retreats und Seminare, wenn Sie die Zeit und das Geld haben. Wenn Ihnen Ressourcen fehlen, meditieren Sie. Dies ist mit die beste Begleitung im Abenteuer der Selbsterneuerung, weil Meditation erwiesenermaßen auf neurologischer Ebene alte Muster im Gehirn auflöst und neue Verbindungen stärkt. Hinzu kommt: Indem wir andere Quellen der Selbstbegegnung und Selbsterfahrung erschließen, nehmen wir den Gruppen- oder Coachinggesprächen ein wenig Druck, weil sie nur einen Teil in unserer Selbsterneuerungsmaschinerie darstellen. Dadurch fühlt sich unsere Wandlung weniger von anderen abhängig an und wird mehr von uns selbst bestimmt.

WAS MACHT WERNER?

»Werner, guten Morgen. Wir müssen reden«, sagt Werners Abteilungsleiter eines Morgens. Werners Abteilungsleiter heißt Simon und ist nur vier Jahre älter als Werner. Anders als einige andere in der Abteilung hält Werner ihn für durchaus kompetent. So eine direkte Begrüßung hatte Werner allerdings noch nicht bei ihm erlebt. »Ist etwas faul?«, fragt sich Werner. Er steht auf, nimmt sich seinen Notizblock und folgt Simon in sein Büro. Sie setzen sich hin.

»Es geht um Tina«, beginnt Simon. Werners Puls schlägt höher. Er denkt sich: »Was hat sie jetzt wieder für Lügen erzählt?«

»Wir merken, ihr Verhalten hat schlechten Einfluss auf die Zusammenarbeit hier im Team. Ich möchte gerne deine Einschätzung dazu, bevor wir weitere Schritte einleiten.«

»Simon, es ist nicht meine Schuld, dass Sie sich so benimmt«, verteidigt sich Werner.

Simon zieht die Augenbraue hoch. »Das sage ich auch nicht. Das hat keiner gesagt«, entgegnet er lächelnd und schüttelt den Kopf, als wolle er sagen: Wie kommst du denn da drauf?

Werner atmet auf. Er ist erleichtert. »Es geht gar nicht um mich. Es geht um das Team«, denkt er sich beruhigt. Werner erzählt von den vielen Begegnungen mit Tina, und Simon hört aufmerksam zu. Es entwickelt sich ein warmes und offenes Gespräch. Nach 30 Minuten scheint alles gesagt zu sein, und Simon bedankt sich. Überraschend und neu für Werner war, dass er Tina nicht schlechtgeredet hat, so sehr er sie auch nicht mochte. Das Gespräch mit Simon prägte seine Aufrichtigkeit, das Problem zu verstehen und mehr an das Team zu denken als an die einzelnen Beteiligten. Doch noch etwas klang nach dem Gespräch mit Simon nach: Warum hatte Werner eine Angstreaktion auf Simons Bitte zum Gespräch gehabt? Diese Reaktion erschien ihm vielsagend. Seine Fantasie hatte ihm wohl einen Streich gespielt und ihn erwarten lassen, er sei in Schwierigkeiten. Es schien ihm, dass Erwartungen, Ängste und Ausreden zusammenhingen. Konnte es sein, dass er, ohne es zu bemerken, mit seinen Erwartungen projizierte, was gerade in der Situation passiert, anstatt die Situation einfach zu beobachten und nüchtern zu bewerten? Nachdem Janette ihm davon erzählt hatte, welche Geschichten unsere Ängste erfinden, um uns sicher zu halten, wäre das durchaus möglich.

Werner hatte Janette genau zugehört, als sie von der sublimen Macht von Ausreden sprach. Sie erzählte auch von Wim Hof, und wie ihr das Eiswassertraining die Angst nahm, beim Segeln ins Wasser zu fallen. »Du musst nicht gleich mit richtigem Eisbaden anfangen«, hatte Janette ihm gesagt. »Versuche dich mal morgens einfach mit einer kalten Dusche herauszufordern.« Werner konnte nicht glauben, dass es Menschen gab, die sich bereitwillig in eiskaltes Wasser begeben. Als Teenager war er im Frühjahr beim Segeln in die Nordsee gefallen. Er erinnert sich noch genau an den Schock, die Kurzatmigkeit, die brennenden Finger und die Unterkühlung. Die kalte Dusche schien ihm zwar harmlos, aber schlichtweg abstoßend. Es schüttelte ihn allein schon bei dem Gedanken daran, morgens nach der schönen warmen Dusche den Hahn auf kalt zu drehen.

»Was ist, wenn, ich das nicht vertrage und erstmal krank werde, bis der gute Effekt eintritt?«, denkt er sich. Doch schon lacht er bei dem Gedanken. Hat er sich doch tatsächlich bei der ersten Ausrede ertappt.

»Und, wie läuft's mit der kalten Dusche?«, fragt Janette eine Woche später.

»Ich glaube es selbst nicht, Janette, aber ich habe mich jetzt jeden Tag kalt abgeduscht. Furchtbar ist es. Ab wann ist es weniger unangenehm?«, fragt Werner.

Janette schmunzelt. »Nie«, sagt sie. »Es bleibt unangenehm. Das ist mit ein Grund, warum man es macht. Außerdem, du bist doch mit Tina ganz anderen Stress gewohnt. Da haut dich doch eine kalte Dusche nicht um, oder?«

Werner seufzt. »Hast ja recht, Janette. Aber die Sache mit Tina habe ich im Gegensatz zur kalten Dusche nicht selbst in der Hand. Sie ist der Boss. Ich kann sie nicht zurechtweisen.«

»Musst du auch nicht«, sagt Janette. »Fang einfach damit an, in den Stresssituationen, ob mit Tina oder ohne, zu entschleunigen. Es kommt dir zwar so vor, als würdest du langsam sein, aber oft stimmt das gar nicht. Du verhinderst eher, dass du unbedacht sprichst oder handelst. Dann brauchst du eben einen Moment zum Nachdenken, na und? Du hältst das aber dann besser aus und triffst bessere Entscheidungen.«

Werner denkt nach. »Aber wie komme ich zu mir in solchen Situationen, damit ich an das Entschleunigen denke?«, fragt er.

»Wie machst du es denn beim Kaltduschen?«, fragt Janette zurück.

»Ich mache gar nichts. Gefühlt hyperventiliere ich hauptsächlich«, sagt Werner.

»Da hast du's«, sagt Janette. »Atmen. Einfach atmen. Das ist alles, was du tun musst, um zu dir zu kommen und zu entschleunigen.«

Am Abend trifft sich Werner mit seinem Freund Andreas zum Billardspielen. Andreas arbeitet als Barista. Er und Werner kennen sich seit der Schulzeit. »Also, das Segeln lässt mich nicht los, Andi,« sagt Werner, während er das Spiel anstößt. »Ich will nicht am Ende meines Lebens sagen: Hätte ich mich nur getraut, einfach das Segeln an erste Stelle zu setzen.«

Andreas schaut überrascht und sagt: »Du segelst, seitdem wir uns kennen, Werns. Dass es dir aber so wichtig ist, hast du nie wirklich durchblicken lassen.«

Werner seufzt. »Ja«, sagt er, »ich habe erst in den letzten Wochen wieder dazu Zugang gefunden. Warum, weiß ich auch nicht. Es gibt halt nichts, was mich mehr herausfordert und wobei ich nie aufhöre, Neues zu lernen.«

Andreas hat inzwischen zwei Kugeln hintereinander versenkt. Er sagt nichts und spielt weiter. Die dritte Kugel fällt. Dann die vierte. »Lass mich auch noch spielen«, scherzt Werner. Auch die fünfte Kugel fällt. Andreas richtet sich auf: »Warum machst du es nicht einfach, Werner?«, fragt er ernst.

Stille. Werner ist verlegen. »Ja, weil ...«, setzt Werner an und denkt nach. »Weil ich einen festen Job habe. Da kann ich nicht einfach weg, Andi. Ein Boot habe ich auch nicht. Meine Suche nach einem Job in der Segelwelt ist auch nicht wirklich fruchtbar. Warum sollte mich irgendwer einstellen? Ich hab keinerlei Erfahrung.«

»Mhm«, entgegnet Andreas, »klingt nach Ausreden, wenn du mich fragst.«

Stille.

Andreas versenkt die nächste Kugel. »Du weißt ja, Werns«, fährt er fort, während er zum Stoß ansetzt, »meinen Job habe ich auch nicht bekommen, weil ich die besten Herzen in den Cappuccinoschaum ziehe.«

»Stimmt«, sagt Werner, »du bist wochenlang von Laden zu Laden gegangen. Gut, du hast auch eine überzeugende Art.«

Andreas ist schon bei der schwarzen Kugel. Werner hat noch fünf auf dem Tisch. Ohne mit der Wimper zu zucken, versenkt Andreas auch die letzte Kugel. Als wäre nichts gewesen, beginnt er für das nächste Spiel, die Kugeln aus den Taschen zu holen. »Ausreden, Werner!«, sagt er wieder ernst. »Wenn ich mich bei irgendwas mit Segeln bewerben würde«, fährt Andreas fort, »hätte ich ganz plötzlich keine überzeugende Art mehr. Wenn du weißt, dass du das willst, mach es einfach. Mehr kann ich dazu, ehrlich gesagt, nicht sagen.«

Werner ist still. Er holt die Kugeln aus den Taschen und baut das nächste Spiel auf. Ist Andreas nicht an seinem Anliegen interessiert oder ist er jetzt einfach pragmatisch? Hat er wirklich nichts mehr dazu zu sagen oder will er es einfach nicht? Werner kommt sich bei dieser plumpen, aber pragmatischen Aussage von Andreas ein wenig dumm vor. Aber irgendwie muss er ihm auch recht geben: Klar, warum sollte er es eigentlich nicht machen?

Sie beginnen ein zweites Spiel. Werner liegt nach wenigen Minuten wieder hinten. »Spiel mal bitte so, als wolltest du gewinnen«, sagt Andreas.

Werner zieht die Augenbraue hoch. »Wie bitte? Als wollte ich gewinnen?«, fragt er.

»Ja, genau«, sagt Andreas. »Ich hab das Gefühl, du nimmst irgendwie Rücksicht auf mich. Ich will 'nen Gegner, Werns. Zock mal einen auf wie früher!«

Werner ist genervt und versucht, es zu überspielen. Er stößt. Daneben. Frust. Andi sagt nichts und sucht die nächste Kugel. Während Werner zuschaut, erinnert er sich an die Spiele von früher, als Andreas und er Teenager waren. Da hat er Andreas in die Tasche gesteckt. Er war beim Zielen und Stoßen viel schneller, aggressiver und entschlossener. »Was mache ich heute anders?«, fragt er sich. Da fällt der Groschen: »Ich stehe mir beim Spielen gerade selbst im Weg. Kann es sein, dass ich Andi gewinnen lasse, weil ich mir Sorgen mache, wie es ihm geht, wenn ich gewinne? Nee!« Werner schüttelt den Kopf und kommt wieder zu sich. Er ist dran.

Werner versenkt die erste Kugel. Und noch eine. Und noch eine. Andreas wirft ihm einen Blick zu, der sagt: Du kannst es doch! Die vierte geht daneben. Andreas ist mit der letzten Kugel dran. Er stößt daneben. Werner sagt nichts und setzt konzentriert zum Stoß an. Er trifft. »Wenn ich gewinne, kommt Andi schon klar«, denkt er sich und versenkt die restlichen Kugeln. Es liegt nur noch die schwarze auf dem Tisch. Er locht sie nicht ein. Andreas lässt sich diese Chance nicht nehmen und gewinnt. »Das ist es, was ich meine, Werns«, sagt er und gibt ihm ein High five. »Du hast was drauf. Lass dir doch von niemandem was erzählen – vor allem nicht von dir selbst.«

Werner versteht sofort. Wenn Andi nur wüsste, wie gut er den Nagel auf den Kopf getroffen hat.

JA ZUM HANDELN

Wie sagt man nun konkret Nein anderen gegenüber und Ja zum eigenen Handeln? Diese Frage haben wir bisher nur punktuell beantwortet. Hier wollen wir uns der Antwort ausführlich widmen. Bisher haben wir gesehen, zu welchen Dingen wir im Leben Nein sagen müssen, um zu uns selbst Ja zu sagen. Ein entschiedenes Ja kann nur daraus entstehen, dass wir zu allem Nein sagen, was uns von uns selbst entfernt. Ein entschiedenes Nein ist folglich gleichzeitig auch ein bewusstes Ja – ein Ja zur Wirkung, die wir uns wünschen.

Im Verlauf des Buches haben wir gesehen, dass das Thema Neinsagen kein triviales Thema ist. Im Gegenteil, es ist ein emotionales Thema, mit vielen Ursachen und möglichen Lösungen. Hier, auf dem Gipfel unserer Tour angekommen, geht es also um Tipps und Tricks fürs Neinsagen im Alltag und in den vielleicht weniger alltäglichen, aber trotzdem herausfordernden Situationen.

Falls Sie das Basiscamp und den Anstieg übersprungen haben, um direkt die dünne Luft der Tipps und Tricks zu schnuppern, möchte ich eine kleine Warnung aussprechen: Ohne entsprechende Grundlage wird die Wirkung der Worte und Aktionen, die hier empfohlen werden, nur schwach und temporär sein. Lassen Sie einmal Folgendes auf sich wirken:

Ein Guru wurde von seinem Schüler gefragt: »Wie gehe ich mit anderen Menschen um?«

»Welche anderen Menschen?«, antwortete der Guru, »es gibt keine anderen Menschen.«

Was wollte der Guru damit sagen? Veränderung findet im Wechsel zwischen unserer Außenwelt und der Innenwelt statt. Was wir dabei oft vergessen, ist, dass die Außenwelt eine Reflexion unserer Innenwelt ist. Wenn wir das ablehnen und leugnen, werden wir keine langfristigen Änderungen im Bereich des Neinsagens und des selbstbestimmten Lebens bewirken. Wir müssen erst die äußere Welt als Ergebnis des Inneren verstehen lernen, bevor wir an der äußeren Welt arbeiten können. Wer immer nur versucht, andere und Äußeres zu verändern, wird nur temporäre Ergebnisse erzielen, denn die Wurzel der Erlebnisse, die wir in uns selbst tragen, sehen wir nicht. Wir alle brauchen natürlich den Einfluss von Tipps und Tricks, um kurzfristige Hilfe einzuleiten. Doch langfristige, tiefgreifende Veränderung findet von innen nach außen statt. Und um diese zu bewirken, müssen wir nach innen gehen.

Nein zu sagen, ist keine Sache von Sprache und Worten allein. Vor allem unsere Absichten bestimmen, was wir mit den Tricks, Tipps und Tools erreichen, die ich Ihnen in diesem Kapitel vorstelle. Je mehr wir uns über unsere Werte und Ziele im Klaren sind, und je mehr wir unsere Entschiedenheit und Willenskraft entsprechend angepasst haben, desto besser werden wir den Sprung ins kalte Wasser, den jede Situation des Neinsagens darstellen kann, auch meistern können. Innere Autorität entsteht nicht im Kopf und kommt nicht von Worten. Sie ist eine mentale Fähigkeit und spontanes Wissen über den Umgang mit dem, was in uns passiert. Sie bildet die Grundlage davon, wie wir diese Tipps und Tricks für uns, auf unsere Weise, anwenden. Mehr noch: Mit ihr beginnen wir, unsere eigenen Tipps und Tricks zu entwickeln.

DER PREIS DER VERÄNDERUNG

In der Welt der Selbstveränderung gibt es ein Mantra: »Um zu bekommen, was du möchtest, hilf erst anderen, zu bekommen, was sie möchten.« Das ist geschickt. Warum? Es lenkt die Aufmerksamkeit zunächst auf andere und auf die Frage: »Was haben andere Menschen von mir und dem, was ich tue?« Ja, wir bleiben die Ursache unseres Handelns und unserer Ergebnisse. Und doch geht es bei der Veränderung unseres Charakters nicht direkt um uns, es geht auch nicht um die anderen. Vielmehr geht es um das »Wir«. Das Zweite, was dieses Mantra bewirkt, ist, dass es auf das Geben lenkt. Es rät uns, nicht nur über uns selbst und das, was wir bekommen können, nachzudenken. Wenn wir an uns selbst arbeiten, uns selbst verändern und verbessern, haben wir im Idealfall nicht nur ein neues Selbst, mit dem wir vitaler leben und mehr vom Leben haben, sondern vor allem eines, mit dem wir mehr geben können – mehr Freude, mehr Zeit, mehr Stabilität, mehr Perspektive, mehr Sicherheit, oder was auch immer es ist, was Menschen um uns herum sich wünschen oder gebrauchen können.

Die sieben Prinzipien der Produktivität, die ich eingangs beschrieben habe (Seite 26 bis 36), mögen vom Ansatz her ganz einfach klingen: »Geh einfach egoistisch deinen Weg, und du kommst nach dem ein oder anderen Konflikt oben raus.« Doch machen Sie es sich nicht zu leicht. Ja, manchmal ist Egoismus angebracht, weil er uns zu dem führt, was uns selbst wirklich wichtig ist, und von dem löst, was sich als falsche Verpflichtung herausstellt. Doch das kostet Mut. Es kostet Mut, zu sagen, was wir wirklich sagen möchten. Und selbst Schweigen ist, wenn auch oft die beste Antwort, nicht immer die einfachste. Insgesamt müssen Menschen, die lernen wollen, effektiv Nein zu sagen, vor allem mit Ablehnung umgehen können. Darin müssen sie regelrecht Experte werden.

Ablehnung ist eine starke Emotion, die uns hilft, einzuschätzen, ob wir bei jemandem willkommen sind. Es ist gut, diese Antenne zu haben. Sie zu benutzen, ist aber keine Wissenschaft. Es ist eine Kunst. Wissenschaft ist für alle gleich. Eine Kunst ist allerdings etwas, das für jeden anders ist. Nicht jedermanns Antenne für Menschen funktioniert gleich. Selbst wenn Sie eine besonders ausgeprägte Fähigkeit haben, Menschen zu verstehen, ist es immer noch eine Herausforderung, mit dieser Fähigkeit konstruktiv und produktiv zu arbeiten. Neinsagen ist eine Kunst, die für jeden Menschen anders funktioniert, weil jeder vor anderen Herausforderungen steht. Deshalb müssen wir lernen, selbst zu entscheiden, was in den Situationen richtig und falsch ist – und zugeben können, wenn wir Mist gebaut haben.

Am Bodensee sah ich mal eine Möwe im Landeanflug auf ein Geländer am Schiffsanlegeplatz. Das Geländer war rutschig, und die Möwe fand keinen Halt. Sie schlug heftig mit den Flügeln, um den Körper in Position zu halten, während sie vergeblich Halt an diesem Geländer suchte. Was gewöhnlich wie eine Selbstverständlichkeit aussieht und keine Sekunde dauert, dauerte bei diesem Landemanöver fast zehn Sekunden – eine gefühlte Ewigkeit. Während ich das beobachtete, dachte ich mir: Die meisten Menschen wären nicht so schlau, geduldig und ausdauernd wie die Möwe. Beim »Landeanflug« auf ein Ziel würden wir bei so wenig Halt und ständigen Schwierigkeiten dazu neigen, den Mut zu verlieren. Wir würden gleichermaßen das Geländer verfluchen und an unseren Fähigkeiten zweifeln. Das ist das Ego. Das Ego, das Angst davor hat, auf die Nase, den Hintern oder irgendwo anders hinzufallen, selbst wenn sich herausstellt, dass das Leben dadurch besser werden könnte. Die Sache ist die: Wenn Sie nicht bereit sind, sich im Wort oder im Ton zu vergreifen, werden Sie nur sehr langsam Fortschritte darin machen, erfolgreich Nein zu sagen. Sie müssen sich unbedingt über die nächsten Jahre auf die Idee einlassen, unangenehm oder missverstanden zu werden. Das ist innere Arbeit. Wenn wir nicht bereit sind, ungemütlich für andere zu werden, bleiben wir Jasager. Wer aber konsequent und kompetent Nein sagen kann, der hält es auch aus, ungemütlich zu sein – nicht unhöflich, sondern ungemütlich; nicht grob, sondern ungemütlich; nicht beleidigend, sondern ungemütlich.

20 TIPPS UND TRICKS ZUM NEINSAGEN

Da es genauso wichtig ist, zu wissen, was man tun sollte, wie sich darüber im Klaren zu sein, was man lassen sollte, bekommen Sie neben den *Best Practices* zum Neinsagen auch *No-Gos* und *Don't dos*.

1. Seien Sie wertschätzend

Sie erinnern sich vielleicht: Einstellung ist eine kleine Sache, die einen großen Unterschied macht. Unsere Einstellung sagt vor allem etwas über unsere Wertschätzung aus. Mit echter Wertschätzung in der Stimme und in Worten hat ein Nein die besten Erfolgschancen. Dieser Tipp ist nicht zufällig der erste.

Das Tolle an Wertschätzung ist, dass sie Dankbarkeit vermittelt. Ein Nein, verpackt in Dankbarkeit, ist oft schwer abzuschlagen. Sagen Sie ruhig:

»Danke, dass du dabei an mich gedacht hast. Das weiß ich wirklich zu schätzen. Es ist nur so, dass

... es dadurch für mich zu Terminkonflikten kommt.«

... ich gerade mitten in einer anderen Sache stecke.«

... ich nicht glaube, der Richtige für die Aufgabe zu sein.«

... mein Schreibtisch gerade mit Arbeit überläuft.«

... ich das bis zur Deadline nicht schaffen werde.«

Freuen Sie sich, dass Ihr Gegenüber an Sie gedacht hat. Freuen Sie sich wirklich, und zeigen Sie es. Lächeln Sie. Verspüren Sie Dankbarkeit. Das übertrumpft Gefühle der Angst oder Ablehnung bei uns und unserem Gegenüber und stabilisiert die Stimmung. So machen wir es unserem Gegenüber leichter, das Nein zu akzeptieren. Selbst wenn unser Nein nicht akzeptiert wird und der andere grantig wird, wissen wir, dass wir unser Bestes gegeben haben. In manchen Situationen kommt ein »danke« vielleicht übertrieben an. Es geht hier um die Einstellung, die kommuniziert wird, und die Stimmung, die sich in der Begegnung konstelliert.

No-Go: Reagieren Sie nicht genervt. Das wirft bei unserem Gegenüber nur Fragen auf und verunsichert ihn. Wir wollen unser Gegenüber nicht verunsichern. Im Gegenteil: Wir wollen ihn an der Sicherheit, die wir im Inneren haben, teilhaben lassen.

Don't do: Machen Sie sich nicht selbst klein, nach dem Motto: »Du bist so großzügig, dass du an mich denkst und zu mir kommst.« Das ist zu viel des Guten und bewirkt möglicherweise nur, dass es anderen schwerfällt, unser Nein zu akzeptieren. Wenn wir uns kleinmachen, wäre es möglich, dass unser Gegenüber sich fragt: »Wenn du dich so freust, dass ich zu dir komme, warum sagst du dann Nein?«

2. Finden Sie den richtigen Ton

Diese beiden ersten Vorschläge sind zwei Seiten einer Medaille. Wenn wir wertschätzend an andere herantreten, finden wir eher den geeigneten Ton. Umgekehrt gilt: Wenn der Ton stimmt, liegt eine Stimmung der Wertschätzung in der Luft. Den richtigen Ton zu treffen, wird uns leichter fallen, sobald wir ein Leben im Einklang mit unseren Werten leben, denn dann sind wir zufriedener, ausgeglichener und stabiler.

Bevor wir die richtigen Worte suchen, sollten wir den richtigen Ton finden. Der Satz »Nein, das ist nichts für mich!« klingt ganz anders, je nachdem, wie sanft oder hart oder wie schnell oder langsam wir sprechen, und welche Worte wir betonen. Experimentieren Sie mit Ihrem Ton und der Vermittlung von Wertschätzung. Hier richtigzuliegen, fliegt uns nicht einfach zu. Das müssen wir üben. Wir werden uns beim Experimentieren im Ton vergreifen. Aber wir können uns immer aufrichtig entschuldigen und es beim nächsten Mal anders machen.

No-Go: Werden Sie nicht laut. Laute Töne klingen nicht nur fordernd, sondern werden auch schnell nervig, weil sie uns signalisieren: Der andere versucht, sich über Lautstärke durchzusetzen.

Don't do: Vermeiden Sie es, einen zynischen Ton aufzusetzen. Töne sind mit dem Ohr schnell erfasst und vom Gehirn sofort interpretiert, aber nur schwer in Worte zu fassen. Zynisch kann schnell zu zickig werden. Das ist manipulativ und sät nur Beziehungsbullshit.

3. Zeigen Sie Verständnis für Ihr Gegenüber

Bevor wir eine Verpflichtung eingehen, die Stunden, Tage oder Wochen dauern kann, lohnt es sich, sich einige Minuten zu nehmen, das Anliegen des anderen besser zu verstehen, bevor wir eine Zu- oder Absage machen. Das reduziert auch schlagartig jeden Beziehungsbullshit, der aus einem schlecht vermittelten Nein hervorgehen könnte. Dabei können wir unserem Gegenüber folgende Fragen stellen:

- Wie wichtig ist das Thema oder die Situation? Und warum?
- Was ist das eigentliche Problem?
- Wie würde ein erfolgreicher Ausgang der Situation aussehen?
- Was hast du bereits getan, um die Sache anzugehen?
- Warum kommst du auf mich zu?
- Welche Alternativen gibt es, das Problem zu lösen?

Versuchen Sie so gut wie möglich, sich in die Lage des anderen zu versetzen, und Verständnis für Ihr Gegenüber aufzubauen. So können wir unser Nein präzise begründen. Viel wichtiger ist aber, dass unser Gegenüber sich verstanden fühlt und unser Nein damit viel leichter annehmen kann.

No-Go: Urteilen Sie nicht über den Wert des Anliegens für Ihr Gegenüber. Das bricht jede Form der Beziehung ab, die eine gemeinsame Sicht auf das Problem unterstützt. Wir müssen jedem Impuls, innerlich die Augen zu rollen, widerstehen, weil er sich sonst in unserem Ton, Blick oder unserer Körpersprache bemerkbar macht.

Don't do: Stellen Sie keine Vermutungen darüber an, was die Absichten und Ziele des anderen sind. Das führt nur zu falschen Schlüssen und Übergriffen unsererseits. Eine Haltung in der Art von »Ich weiß, was jetzt kommt« oder »Das habe ich schon mal gehört« verhindert, dass wir zuhören und präsent sind. Wenn wir die Präsenz anderer wollen, müssen wir sie auch selbst in die Begegnung mit reinbringen.

4. Fragen Sie, statt zu klagen

Einer der besten Wege, Urteilen über die Handlungen anderer aus dem Weg zu gehen, ist es, Fragen zu stellen. »Wie meinst du das?«, »Bist du dir sicher?«, »Worum geht es dir (wirklich)?«, können uns helfen, der Sache auf den Grund zu gehen. Es gilt die Maxime: Erst das Problem wirklich verstehen und erkennen und dann über Lösungen oder Entscheidungen nachdenken. Im Rahmen von Neinsagen führen unsere Fragen im Idealfall dazu, dass unser Gegenüber durch unsere Fragerei selbst erkennt, dass wir nicht die Antworten haben oder der richtige Ansprechpartner bei diesem Thema sind.

No-Go: Bieten Sie keine in Fragen versteckten Lösungen, wie: »Hast du schon mal darüber nachgedacht, eine Babysitterin zu beauftragen?« Das kann schnell besserwisserisch oder belehrend klingen. Denken wir daran: Mit Menschen ist langsam schnell, und schnell ist langsam. Wir wollen mit unseren Fragen nichts forcieren und wollen das Gespräch auch nicht mit unseren Ansprüchen und Erwartungen kontrollieren. Im Gegenteil: Wir wollen das Gespräch lenken und mitgestalten.

Don't do: Benutzen Sie Fragen nicht als Taktik oder Technik. Stellen Sie Fragen, die Sie interessieren und die alle Beteiligten weiterbringen. Da stellt sich unser Ton leichter auf ehrliche Neugier und Aufrichtigkeit.

5. Seien Sie direkt

Sie kennen das: Jemand fühlt sich nicht wohl dabei, eine Absage in Worte zu fassen, und beginnt, um den heißen Brei zu reden. Doch Sie hören es schon im Tonfall, dass die Absage oder ein Aber kommt. Wie fühlt sich das an? Meistens nicht so gut. Das ist unhöflich, weil es dem Gegenüber die Reife abspricht, mit einer direkten Absage umzugehen, oder ihn schlichtweg hinters Licht führt. Machen Sie es anders. Sparen Sie sich das Rumgestotter. Zeigen Sie Eier. Legen Sie die Karten auf den Tisch. Direkt und klar zur Sache zu kommen, ist nicht immer der beste Weg, aber es ist ein guter Weg, Ehrlichkeit zu zeigen und auch zu fordern. Ehrlichkeit ist der beste Angriff und die beste Verteidigung.

No-Go: Verwechseln Sie Direktheit nicht damit, schroff oder grob zu sein. Es gibt Menschen, die uns dazu provozieren wollen, weil sie es gewohnt sind, so behandelt und angesprochen zu werden. Hier ist wieder innere Autorität gefragt. Wir sollten uns bewusst anstrengen, die guten Seiten des Charakters zu zeigen. Passen Sie dafür Ihren Ton an, und lächeln Sie, wenn es der Anlass hergibt.

Don't do: Suchen Sie den Blick des anderen. Meiden Sie ihn nicht. Schauen Sie Ihrem Gegenüber in die Augen. Das vermittelt Sicherheit und weckt Vertrauen. Es zeigt, dass wir wissen, was wir tun, und erhöht die Wahrscheinlichkeit, dass unser Gegenüber auch dieses Gefühl bekommt.

6. Vertagen Sie Ihre Entscheidung

Wenn es geht, schieben Sie die Entscheidung auf. Räumen Sie sich Zeit zum Nachdenken ein. Schlafen Sie eine Nacht drüber. Je nachdem, was von Ihnen gefordert wird, kaufen Sie sich damit entweder Zeit, sich auf die Aufgabe vorzubereiten, oder Zeit, wie Sie am besten Ihr Nein verkaufen.

No-Go: Halten Sie Ihr Gegenüber nicht hin. Melden Sie sich bei Ihrem Gegenüber, und sprechen Sie das Thema von sich aus noch einmal an. Das Gute ist, dass wir selbst in der Initiativposition sind, wenn wir unsere Entscheidung vertagen. Wenn wir nicht auf andere zugehen, warten wir nur den Moment ab, in dem sie uns wieder aufsuchen und wir uns verteidigen oder das Gespräch abwehren wollen.

Don't do: Ist sofort eine Entscheidung von Ihnen gefordert, sollten Sie dem Zeitdruck des anderen nicht nachgeben. Wenn wir das machen, spielen wir nur das alte Spiel von »Wessen Werte sind wichtiger?« Und derjenige, der am meisten von sich überzeugt ist, gewinnt. Wir sollten stattdessen die Eile des anderen für uns nutzen. Wenn Sie bedrängt werden, sagen Sie gleich Nein, mit der Begründung: »Ich kann das nicht einfach so entscheiden. Ich brauche Zeit, um darüber nachzudenken. Wenn Sie es jetzt wissen wollen, bedaure ich, ist die Antwort hier und jetzt nein.«

7. Halten Sie sich raus

Wir müssen nicht bei allem dabei sein oder in alles involviert sein. Die Welt geht auch ohne uns weiter, selbst wenn wir der Chef vom Ganzen sind. Versuchen Sie mal, sich aus manchen Dingen rauszuhalten. Vielleicht können Sie auch einen Ansprechpartner empfehlen. Um zu entscheiden, ob Sie aktiv werden oder sich einmischen wollen, helfen zwei ganz einfache Fragen: Ist die Person mir wichtig? Ist die Sache mir wichtig? Wenn Sie eine der beiden Fragen mit Ja beantworten können, ist es fair, sich einzumischen. Wenn Sie aber einfach glauben, es besser zu wissen, und dabei keine der beiden Fragen mit Ja beantworten können, nehmen Sie sich lieber zurück. Wer sagt denn, dass unbedingt Sie dabei sein müssen?

No-Go: Verzichten Sie auf schimpfende Sätze wie: »Ständig will irgendwer etwas von mir! Können mich denn nicht einfach alle in Ruhe lassen?« Das zeigt, dass wir unsicher sind und uns selbst nicht im Griff haben – eine schlechte Verhandlungsbasis.

Don't do: Seien Sie nicht gleichgültig. »Das ist nicht mein Bereich« oder »Das geht mich nichts an« können kaum mit einem wertschätzenden Ton vermittelt werden.

8. Wiederholen Sie sich

Haben Sie Schallplatten zu Hause? Dann wissen Sie sicher, was passiert, wenn eine Schallplatte einen Riss hat: Sie springt immer zurück und wiederholt die gleiche Stelle. Neinsagen kann genauso einfach sein. Wir müssen nicht immer tausend Argumente in verschiedenen Variationen bringen, um ein Nein klar zu kommunizieren. Wir können auch einfach immer wieder die gleiche Begründung anführen. Ein Beispiel: »Schatz, kannst du mir helfen, die Küche aufzuräumen?«, fragt Sie Ihr Mann. Sie antworten: »Tut mir leid. Ich schreibe gerade eine wichtige E-Mail. Ich helfe dir danach.« – »Och komm schon, das dauert nur zehn Minuten, dann lass ich dich wieder.« – »Tut mir leid, Schatz, ich schreibe gerade eine wichtige E-Mail. Danach helfe ich dir gern.« – »Bitte!« – »Grad geht's nicht. Ich schreibe eine wichtige E-Mail. Ich helfe dir im Anschluss.« Sagen Sie es einfach immer wieder wie eine Schallplatte, die springt.

No-Go: Werden Sie nicht beleidigend. »Hast du nicht gehört, was ich gesagt habe?« ist kein Satz, der Wertschätzung und Respekt beinhaltet.

Don't do: Verändern Sie nicht die Betonung des Satzes, um sich Gehör zu verschaffen. Wenn wir uns wiederholen müssen, kann es sein, dass sich die Tendenz einschleicht, abfälliger zu werden. Stattdessen erwarten wir, ja sind überzeugt davon, dass unser Gegenüber unser Nein akzeptieren wird. Diese Überzeugung sollte sich in unserem Ton widerspiegeln.

9. Geben Sie mangelnde Kompetenz zu

Es schmeichelt dem Ego, wenn wir stets die Welt retten können. Doch können wir das auch? Manche Dinge sollten wir tatsächlich anderen überlassen, weil sie sich besser auskennen. Denken wir zurück an das Prinzip der Produktivität bezüglich unserer Grenzen. Auch unsere Kompetenz hat Grenzen. Und das ist gut so. So können wir andere, fähigere Menschen involvieren. Vielleicht wollen Sie so weit gehen, eine kleine Liste der Aufgaben oder Bitten zu erstellen, die an Sie herangetragen werden, um auf einer Skala von 1 bis 10 zu definieren, in welchen Sie gut und in welchen Sie eher schlecht performen. Damit wären Sie auf zukünftige Anfragen vorbereitet und können die verneinen, die Sie auf der Liste eher als Ihre Schwächen definiert haben.

No-Go: Lügen Sie nicht. Dieser Punkt wird gerne missverstanden als ein Freischein zum Dummstellen. Das geht vielleicht einmal, vielleicht ein zweites oder gar ein drittes Mal. Als Dauerprogramm wird es aber schnell unglaubwürdig.

Don't do: Lassen Sie den anderen nicht einfach im Regen stehen. Können Sie Ihrem Gegenüber Alternativen anbieten? Wenn ja, tun Sie das.

10. Bleiben Sie sachlich

Neinsagen ist ein emotionales Thema. Da kommt es vor, dass einer von beiden Gesprächspartnern in einer Verhandlung persönlich wird oder Dinge persönlich nimmt. Mit innerer Autorität zeigen wir den Überblick über die Situation, indem wir den Fokus auf die Sache zurückbringen:

- Was sind die (gemeinsamen) Ziele?
- Welche anderen Wege gibt es, das Ziel zu erreichen?
- Wer könnte die beste Person hierfür sein?

Zeigen Sie Ihrem Gegenüber, dass Ihr Nein sich nicht auf ihn bezieht, sondern auf die Sache. Kommunizieren Sie (im Tonfall) Interesse daran, das Problem zu lösen, zum Beispiel indem Sie sagen: »Du weißt, ich habe dir immer geholfen. Bei dieser Sache muss ich aber passen. Tut mir leid.«

No-Go: Blenden Sie den Menschen hinter der Bitte nicht aus. Wir können nicht die Beziehung aufs Spiel setzen, nur um uns und unsere Ideen durchzusetzen. Das kostet unnötig Zeit durch das Ausmisten von Beziehungsbullshit.

Don't do: Vergessen Sie nicht das »Wir«. Wenn wir an das gemeinsame »Wir« denken, ist es weniger mühselig, sachlich zu bleiben.

11. Schweigen Sie oder verzögern Sie die Antwort

Zu schweigen, ist vielleicht der schwierigste Vorschlag von allen. Wir haben nämlich alle die natürliche Neigung, Stille zu unterbrechen. Small Talk ist in vielen stillen Situationen das übliche Mittel der Wahl. Doch genauso wie Small Talk im Bereich der Kommunikation einen wichtigen und richtigen Platz hat, so hat ihn auch die Stille. Professionelle Redner, Comedians und Politiker arbeiten ganz bewusst mit Pausen und Stille. Warum? Weil es wirkt. Es vermittelt, dass wir nachdenken und wissen, worüber wir reden. Stille kann eine Waffe sein. Wir sollten lernen, damit umzugehen und sie einzusetzen. Wenn es Ihnen nicht angebracht erscheint, gar nichts zu sagen, verzögern Sie einfach Ihre Antwort. Wenn Sie sich für die volle Schweigenummer entscheiden, halten Sie für einen Augenblick festen Blickkontakt. Denn wenn wir beim Schweigen unserem Gegenüber in die Augen schauen können, vermittelt das, dass wir uns unserer Sache sicher sind. Das hält uns auf der proaktiven Seite anstatt auf der passiven Seite.

No-Go: Schweigen Sie nicht, wenn eine Ihnen nahestehende Person ein persönliches Anliegen hat, auch wenn Sie darauf nicht eingehen wollen. Ja, es ist in Ordnung, sich bei Themen abzuschirmen. Hier würde aber ein Schweigen eher verletzend als selbstbewusst wirken. Sie können die Hilfe dennoch ablehnen. Das ist dann direkter, aber fair.

Don't do: Lassen Sie sich nicht Ihrem Gegenüber zuliebe zu einer Antwort zwingen. Halten Sie sich daran, sich nicht äußern zu wollen. Ja, das braucht Fingerspitzengefühl. Es braucht aber auch Eier. Und beides werden wir uns nicht durch das Lesen eines Buches aneignen. Wir müssen Dinge ausprobieren.

12. Betonen Sie Ihr Nein mit Körpersprache

Körpersprache ist das mächtigste Tool von allen. Sicher haben Sie auch schon gehört oder gelesen, dass das meiste, was wir kommunizieren, nicht von unseren Worten ausgeht, sondern vom Ton der Stimme und unserer Körpersprache. Egal ob es nun 70 Prozent Körpersprache oder 50 Prozent sind, unsere Taten sprechen eine viel deutlichere Sprache als unsere Worte. Untermalen Sie Ihr Nein beispielsweise mit verschränkten Armen. Auch eine Geste, bei der wir wie ein Verkehrspolizist den Arm austrecken, als wollten wir jemanden zum Halten auffordern, ist eine klare Geste, die Nein sagt. Versuchen Sie auch mal, auf Abstand zu gehen, also von Ihrem Gegenüber ein paar Schritte nach hinten zu weichen. Testen Sie, was Kopfschütteln mit einem Nein auslösen kann. Kombinieren Sie alle Möglichkeiten, wenn es ein besonders wichtiges Nein für Sie ist. Auch ein Seufzer ist Körpersprache: Er sagt, wir wollen etwas loswerden oder uns vom Leib halten.

No-Go: Schüchtern Sie Ihr Gegenüber mit der Körpersprache nicht ein, und versuchen Sie nicht, ihn zu dominieren. Dazu zählen böse Blicke, sich mit den Händen auf dem Schreibtisch abzustützen und ihr Gegenüber von oben herab oder gar drohend anzuschauen.

Don't do: Übertreiben Sie nicht. Handeln Sie der Situation und der Person, der Sie Ihr Nein vermitteln, angebracht und angepasst.

13. Bereiten Sie sich auf das Gespräch vor

Es gibt Situationen, die kommen regelmäßig vor. Ein Kollege stellt immer wieder die gleiche Frage. Ihr Partner erwartet stillschweigend, dass Sie sich stets melden, um über Ihren Verbleib zu berichten. Oder Ihre Freunde geben immer wieder einen aus, obwohl es vor der letzten Runde bereits zu viel war. Es gibt einzelne Situationen und Gespräche, wie Jahresgespräche in der Arbeit oder klärende Gespräche mit Familie und Freunden, die vereinzelt auftreten. Bereiten Sie sich auf all diese sich wiederholenden Gegebenheiten vor, wenn Sie sie aktiv gestalten wollen.

Bringen Sie hierfür Ihre Gedanken zu Papier. Das hilft, die eigenen Gedanken zu sehen und objektiver beurteilen zu können. Legen Sie sich bei Ihren Vorbereitungen Sätze zurecht, die Sie teilen möchten. Antizipieren Sie Einwände Ihres Gegenübers, und legen Sie nicht nur Worte fest, mit denen Sie reagieren, sondern Gesten, Blicke und Pausen. Was zählt, ist, dass Sie das, was Sie sagen wollen, nicht dem Zufall überlassen. Die beschriebenen Ideen zur Vorbereitung geben Sicherheit und Selbstvertrauen – mit die wichtigsten unsichtbaren Tools, um effektiv zu kommunizieren. Obendrein helfen sie uns, unsere Einstellung für die Begegnung zu bestimmen.

No-Go: Lenken Sie die Begegnung nicht auf Ihre vorbereiteten Ideen oder Sätze hin. Das wäre künstliche Gesprächsführung. Der Leitgedanke bei der Vorbereitung ist es, einen Rahmen zu bestimmen, in dem wir uns im Gespräch bewegen wollen. Bleiben Sie offen. Vielleicht kommen Sie ja im Gespräch auf viel bessere Gedanken und Lösungen.

Don't do: Erwarten Sie nicht, dass das Gespräch so verläuft, wie wir es uns im Kopf ausmalen. Was dagegen gut funktioniert, ist, ein bestimmtes Ergebnis zu erwarten oder eine gewünschte Haltung, mit der das Gespräch stattfindet.

14. Sagen Sie: Ich habe ein schlechtes Gefühl dabei!

Ich liebe diesen Satz. Wenn jemand uns mit Argumenten in eine Ecke drängen möchte, um eine Entscheidung zu erzwingen, können wir uns immer noch auf unsere intuitive Einschätzung berufen, um ein Nein zu rechtfertigen. Was wir empfinden, kann keiner überprüfen. Unsere Gefühle sind auch kein Verhandlungsgegenstand. Sie sind aber eine Tatsache. Wenn wir uns auf unseren sechsten Sinn berufen, wie soll uns das jemand streitig machen?

No-Go: Werfen Sie Ihrem Gegenüber nicht vor, er nehme keine Rücksicht auf Ihre Gefühle. Wie soll eine Person Verständnis haben, wenn sie uns nicht versteht? Lassen Sie jede Form von Drama. Sie haben einfach ein schlechtes Gefühl bei der Sache. Punkt.

Don't do: Lassen Sie sich auf keine Verhandlung ein, die Ihr Befinden infrage stellt. Bleiben Sie dabei, dass es sich nicht richtig anfühlt – und fertig! Gefühle kann man und muss man auch nicht immer erklären.

15. Zeigen Sie die Kosten auf

Wenn durch unsere Zustimmung auch Verluste oder ein entgangener Nutzen entstehen, dann könnte ein Ja auch Kosten mit sich bringen. Zeigen Sie diese Kosten auf, und Ihr Nein könnte leichter akzeptiert werden. Diese Strategie hilft, Erwartungen zu klären. Sie zeigt vor allen Dingen unserem Gegenüber, dass wir nach Plan vorgehen und er dabei ist, unseren Plan zu boykottieren. Das macht niemand gern. Gut organisierte Menschen wissen, was sie vorhaben. Wenn etwas hinzukommt, kann es sein, dass etwas anderes wegfällt. Argumentieren Sie damit! Sagen Sie etwa: »Ja, klar kann ich den Bericht bis heute fertigstellen, nur dann müssen diese Kundenanfragen warten.«

No-Go: Sagen Sie nicht, dass das, was Sie zu tun haben, viel wichtiger ist als das, was der andere von Ihnen fordert. Das macht sich im Ton bemerkbar und kann dazu führen, dem Gegenüber abfällig entgegenzutreten. Im besten Fall vermittelt Ihr Ton Offenheit und Hilfsbereitschaft.

Don't do: Seien Sie nicht bereits im Vorhinein entschlossen, Ihr Nein durchzusetzen. Wenn Ihr Gegenüber die Verantwortung für die Kosten übernehmen kann und zum Beispiel sagt: »Dann warten die Kundenanfragen eben«, hat sich die Sache ja erledigt. Wenn aber beides von Ihnen gefordert wird, geben Sie nicht nach. So sehr uns in solchen Momenten die Pumpe gehen mag, solche Momente sind Geschenke. Es sind Momente, in denen wir das Feld neu abstecken können und uns in Zukunft unseren eigenen Raum freihalten. Lassen Sie sich diese Gelegenheit nicht entgehen.

16. Bitten Sie andere um Gefallen und Hilfe

Zugegeben: Das ist kein Tipp, um gelungen Nein zu sagen, zumindest nicht direkt. Es ist vielmehr ein Tipp, der uns auf die andere Seite stellt. Indem wir uns selbst öfter in die Situation bringen, ein Nein zu riskieren, verstehen wir: Es tut nicht unbedingt weh. Das kann es uns leichter machen, unser eigenes Nein mit mehr Selbstverständlichkeit und Sicherheit zu kommunizieren. Genauso wichtig ist es, keine Angst vor einer Zusage von anderen zu bekommen. Wir zögern oft, um Hilfe zu bitten, und zwar aus einem Schuldgefühl, andere für uns zu bemühen. Nur wieso? Wenn wir etwas für andere machen, ist es nur fair, dass wir auch andere darum bitten, etwas für uns zu machen. Das müssen nicht dieselben Personen sein. Es geht allgemein darum, zu geben und zu nehmen. Dafür muss jemand auch geben und nehmen lassen.

No-Go: Fordern Sie Hilfe nicht nach dem Motto ein: »Ich habe dir so oft geholfen, jetzt musst du mir auch helfen.« Das würde nur zur Schau stellen, dass wir mit jedem Entgegenkommen unsererseits den anderen in unsere Schuld stellen. Vorsicht: Das ist Beziehungsbullshitgelände. **Don't do:** Erwarten Sie nicht, andere würden Ihre Werte vor ihre eigenen stellen. Akzeptieren Sie ein Nein, und leiten Sie aus Ihrer Akzeptanz die Haltung ein, dass es andere auch tun werden.

17. Übertreiben Sie das Jasagen

Ich habe noch nie einen Menschen getroffen, der sein Leben zurechtgerückt hat, ohne vorher seinen eigenen Mist satt gehabt zu haben. Ekel ist eine starke Emotion. Wenn wir uns vor etwas in unserem Leben ekeln, dann haben wir auch die Energie, etwas zu bewegen.

Wenn Sie noch nicht bereit sind, andere mit Ihrem Nein zu konfrontieren, kann es daran liegen, dass Sie gelernt haben, die Konsequenzen des Jasagens zu tolerieren.

Um daraus zu kommen, kann es helfen, Emotionen wie Ekel oder Wut ins Spiel zu bringen, indem wir mehr von dem tun, was uns nicht guttut oder uns nicht gefällt. Sagen Sie für einen Tag oder für eine Woche so vielen Menschen wie möglich zu. Ignorieren Sie Ihre eigenen Pläne und Vorhaben. Übertreiben Sie das Jasagen, bis es Ihnen zum Hals rauskommt. Wenn wir absichtlich mit etwas übertreiben, machen wir uns unser Verhalten bewusst. Damit erkennen wir, wie wir selbst die Ursachen unserer Ergebnisse säen.

No-go: Auch wenn es für Sie ein Experiment ist, spielen Sie nicht mit den Erwartungen anderer. Wenn Sie etwas zusagen, dann halten Sie sich auch daran. Sie wollen ja schließlich auch die Konsequenzen Ihres Verhaltens spüren.

Don't do: Reden Sie sich nicht die Tatsache schön, dass Sie Ihren eigenen Mist aushalten können. Wir müssen und wir dürfen nicht alles tolerieren, vor allem was unser Verhalten uns selbst gegenüber betrifft.

18. Sagen Sie: Ich habe keine Lust.

Dieser Tipp ist wie ein Joker: Den kann man nur in wenigen Situationen ziehen. Wenn Ihre Frau Sie fragt: »Schatz, holst du die Kinder vom Bahnhof ab?«, kommt »Ich habe keine Lust!« nicht unbedingt gut an. Bei diesem Satz geht es mehr darum, zu verstehen, dass es auch in Ordnung ist, einfach keine Lust auf etwas zu haben und das direkt zu sagen. Manchmal wollen wir etwas einfach nicht machen. Das ist okay. Sie sollten es zumindest einmal ausprobieren und sehen, wie andere reagieren. Meiner Erfahrung nach stecken andere das ganz gut weg.

No-go: Setzen Sie diesen Joker nicht einfach als Streubombe ein. Wählen Sie die Situationen mit Bedacht, in denen der Satz angemessen ist.

Don't do: Haben Sie kein schlechtes Gefühl bei der Sache, und lassen Sie sich auf keine Diskussion ein. Wenn Ihnen nach etwas nicht ist, muss das nicht groß aufgearbeitet werden. Sagen Sie schlichtweg: »Ich will es einfach nicht. Bitte versteh das.«

19. Ärgern Sie sich

Wut ist eine starke Emotion. Richtig dosiert kann sie sehr wirksam sein. Wie der vorherige Tipp ist auch dieser wie ein Joker anzuwenden. Er ist zudem ebenfalls nur für den privaten Gebrauch zu verwenden, denn Wut hat am Arbeitsplatz nichts zu suchen.

Wut ist nicht gleich was Schlechtes. Wut zeigt uns unsere Grenzen auf. Wenn wir verärgert sind, dann weil jemand oder etwas zu weit gegangen ist. Und es ist in Ordnung, das andere wissen zu lassen. Wenn wir ehrlich sein möchten, müssen wir das sogar. Keiner hat gesagt, dass Neinsagen immer mit Nettsein einhergeht. Nein, wir dürfen die Wut an diejenigen herantragen, bei der sie entsteht. Das ist angemessen. Manchmal reicht es, auf den Tisch zu hauen oder aufzustehen und zu sagen: »Ich habe Nein gesagt!« Lassen Sie den Donner dieser Aktion im Raum erstmal wirken. Wir können auch mit lautem, ernstem Ton sagen: »Lass das bitte!« Untermalen Sie das mit festem Augenkontakt. Verschaffen Sie sich Gehör, und stehen Sie zu dem, was Sie wollen.

Noch mal: Das ist kein Freifahrtschein für gewalttätige Kommunikation. Es ist die Erinnerung daran, dass wir Emotionen haben und nicht immer ausgeglichen sind. Das ist menschlich. Da ist es viel ehrlicher, sich mit einem verbalen Befreiungsschlag Gehör zu verschaffen. Gekonnt und gezielt eingesetzt, kann Wut auch Vertrauen und Empathie wecken, weil wir durch unsere Offenheit wieder sichtbar und spürbar werden.

No-Go: Übertreiben Sie nicht, und geraten Sie nicht außer sich vor Wut. Das schafft nur mehr Probleme, als es löst. Nehmen Sie Wut gut dosiert her.

Don't do: Sehen Sie nicht Ihr Gegenüber als die Ursache Ihrer Wut. Beschuldigen Sie Ihr Gegenüber nicht nach dem Motto: »Wie kannst du mir so was antun?!« Wir sind wütend, weil uns etwas nicht passt. Andere wissen vielleicht gar nicht, was unsere Wut ausgelöst hat. Verwenden Sie Ich-Botschaften, wie: »Ich mag das nicht, wenn du ...« Oder: »Ich bin wütend, weil ich es nicht mehr aushalte, dass ...« Es ist unsere Wut, also sollten wir sie auch so behandeln. Auch das ist innere Autorität.

20. Humor und Selbstironie

Wenn es einen Weg gibt, Nein zu sagen, der alle übertrumpft, dann ist es dieser: Sagen Sie es mit Humor. Das ist oft aber auch der schwerste Weg. Humor ist so etwas wie ein Connectometer, das heißt ein Messgerät, das zeigt, wie gut Menschen miteinander verbunden sind. Ein

Nein mit Humor kommt dann besonders gut an, wenn man sich gut kennt und wenn sich beide Seiten verstehen. Und das Gute ist, es erhält auch die gute Beziehung. Nein muss nicht immer bierernst vermittelt werden. Ein kleines Augenzwinkern lockert vieles auf. Hier ein paar Anreize aus der Humorkiste:

- Machen Sie sich über sich selbst lustig. »Geht nicht, sorry. Ich bin ein Mann. Wenn ich zum Multitasking aufgefordert werde, erleidet mein Kopf einen Kurzschluss.«
- Übertreiben Sie. »Wenn ich jetzt noch mehr Arbeit auf meinen Schreibtisch bekomme, bricht der zusammen. Sprechen wir bitte morgen darüber.«
- Lachen Sie. Wenn wir selbst über etwas lachen können, zeigen wir, dass wir die Sache nicht ernst nehmen oder uns zumindest nicht bedroht fühlen. Lachen Sie, blicken Sie Ihrem Gegenüber in die Augen, und sagen Sie mit einem warmen Lächeln: »Ist das dein Ernst?«

No-Go: Lachen Sie andere nicht aus. Tun Sie nicht so, als fänden Sie es zum Lachen, was Ihr Gegenüber fordert und fragt. Niemand mag es, ausgelacht zu werden. Ob wir über jemanden oder mit jemandem lachen, erkennen wir offensichtlich daran, dass der andere auch lacht. Wenn es scheint, als haben Sie sich im Scherz vergriffen, fragen Sie einfach direkt: »Habe ich dich verletzt/beleidigt?« Oder sagen Sie: »Sorry, bin ich zu weit gegangen?« Damit vermitteln Sie Wertschätzung.

Don't do Nr. 1: Lassen Sie sich nicht von einer möglichen Ernsthaftigkeit von anderen aus der Ruhe bringen. Wenn der andere nicht lacht, sagen Sie: »Hey, warum so ernst? Ich will/kann es einfach nicht machen. Danke, dass du mich gefragt hast.« Wenn wir uns dafür entscheiden, unser Nein im Rahmen von Humor und Leichtigkeit zu kleiden, müssen wir diesen Rahmen aufrechterhalten.

Don't do Nr. 2: Lachen Sie nicht den Ernst einer Situation weg. Manchmal lachen wir, wenn wir nervös oder aufgeregt sind. Stabiler ist es, den Ernst einer Situation auszuhalten und das einzufordern, was wir wollen.

WAS MACHT WERNER?

Heute ist ein wichtiger Tag. Werner präsentiert Tina den Quartalsabschluss, den sie morgen selbst beim Vorstand vorlegt. Er weiß, sie wird etwas daran auszusetzen haben. Er weiß, sie wird bei jedem Fehler die Augen rollen. Er weiß, sie wird ihm nach dem Meeting noch mehr Arbeit machen. Werner ist in letzte Überarbeitungen der Präsentationen vertieft, da hört er, wie der Drache das Büro betritt. Werner arbeitet in aller Ruhe weiter und weiß, dass sie ihn schon rufen wird, wenn sie ihn braucht.

Zehn Minuten vergehen und er hat noch nichts gehört. Das ist ungewöhnlich. Zwanzig Minuten vergehen. Immer noch nichts. Werner entscheidet sich, die Initiative zu übernehmen. Er möchte einen Termin mit Tina ausmachen, damit er seinen Tag besser planen kann. Er klopft an ihre Tür. »Herein!«, sagt Tina.

»Tina, guten Morgen. Ich wollte Ihnen sagen, ich könnte für unser Meeting in einer halben Stunde hier sein oder am Nachmittag um 14 Uhr. Was wäre Ihnen lieber?«

»Wie weit sind Sie denn mit dem Bericht?«, fragt Tina.

»Bis auf Ihre Ergänzungen ist er fertig. Wann passt es für Sie heute? In 30 Minuten oder um 14 Uhr?«

Tina blickt Werner ungeduldig an und sagt: »So hatten wir das aber nicht vereinbart! Sie sollten doch nachfragen, wenn etwas von mir fehlt.«

»Ja, das stimmt«, gibt Werner mit stabiler Stimme zurück, »und dann kam etwas Wichtigeres dazwischen, also musste ich mich damit zufriedengeben, wie weit ich bis dahin gekommen war. Die Präsentation ist zu 80 Prozent fertig.«

»Etwas Wichtigeres?!«, fragt Tina laut, aber merklich verunsichert. »Was soll es bitte Wichtigeres gegeben haben? Und überhaupt: 80 Prozent! Seit wann sind 80 Prozent gut genug?!«

Es ist seltsam: Früher hätten Tinas Lautstärke, ihre Stimme und ihr Blick Werner verunsichert. Aber nicht heute. Im Gegenteil: Ihre wüste Art gibt ihm mit jedem Moment, in dem er das kommunikative Chaos aushält, die Sicherheit, dass er sich richtig entschieden hat, nur so lange an der Präsentation zu arbeiten, wie es sein Plan zuließ. Seine anderen Aufgaben waren ihm genauso wichtig. Werner blickt Tina schweigend an.

»Kommen Sie in 30 Minuten zu mir«, schnappt Tina. Werner verlässt ohne Kommentar ihr Büro. Er ist wütend, dass er sich mit so einer Nervensäge auseinandersetzen muss. Gleichzeitig weiß er genau, in welche Richtung ihn seine Wut lenken kann: Richtung Jobwechsel. Er weiß, er muss sich das nicht antun, und er weiß, der richtige Job in der Segelwelt wartet auf ihn. Es hängt allein von ihm ab.

Genauso, wie Werner es erwartet hatte, will Tina ihm durch das Meeting nur mehr Arbeit machen. Sie hat unzählige Änderungen, teils enorm kleinteilig und unnötig. Er kann verstehen, dass sie ambitioniert ist und gute Arbeit liefern will, aber für Werner ist ihr Ehrgeiz nicht verhältnismäßig. Es ist nur ein Bericht. Sobald die Präsentation durch ist, liest ihn keiner mehr. Das ist seine Erfahrung. Er will sich nicht mehr Arbeit damit machen.

»Die Änderungen möchte ich bitte noch vor der Mittagspause in meinem Postfach sehen, ja?«, sagt Tina zum Schluss der Besprechung.

»Tina«, sagt Werner lächelnd, »ich danke Ihnen, dass Sie mir so viel Vertrauen schenken. Diese Besprechung ist meiner Ansicht nach dazu gedacht, Ihnen den Bericht zu erläutern, damit Sie morgen wissen, was Sie sagen werden. Ich möchte Sie aber bitten, diese Änderungen selbst vorzunehmen.« Pause. Werner schiebt im Sitzen seinen Stuhl von der Tischkante weg. »Haben Sie abschließend noch eine Frage, Tina?«

Tina wird rot. Ist sie verunsichert? Wütend? »Nein, Werner«, sagt sie, »Sie machen diese Änderungen. Das ist Ihr Job.«

»Wie gesagt«, entgegnet Werner, »ich danke Ihnen, dass Sie meine Arbeit so schätzen, aber mit all dem, was ich heute noch zu tun habe, möchte ich den Bericht mit diesem Meeting abschließen.«

Tina wird wütend. »Was haben Sie denn noch zu tun?«, fragt sie mit erhöhter Lautstärke.

»Lassen Sie uns bitte sachlich bleiben, Tina«, sagt Werner mit ruhiger Stimme. »Ich verabschiede mich. Auf mich wartet noch Arbeit«, fügt er hinzu und steht auf. »Haben Sie noch eine abschließende Frage, Tina?«

Der Drache schweigt. Werner ist gefasst, auch wenn sein Puls deutlicher schlägt denn je. »Das verstehe ich als ein Nein«, sagt er und verlässt den Raum.

Janette lacht sich kaputt, als sie Werners Geschichte vom Drachen hört. »Du hast ja Eier aus Stahl!«, sagt sie.

Werner lacht. »Sagen wir mal, ich arbeite dran«, sagt er. »Hab ich eigentlich schon erzählt, dass ich den Job wechseln werde, Janette?«, fragt Werner.

»Ne,« sagt sie, »wo soll es denn hingehen?«

»Ich weiß nicht. Irgendwo in die Segelwelt. Ich kann nicht mein ganzes Leben darauf warten, dass mein Segeltraum in Erfüllung geht«, sagt Werner.

»Du weißt aber,« sagt Janette, »das Hobby zum Beruf zu machen, ist nicht immer so ein Erfolg, wie viele glauben. Es kann einem die Freude daran auch zerstören.«

»Darum geht es nicht«, sagt Werner. »Ich gehöre einfach nicht ins Büro. Ich gehöre aufs Wasser. Ich will mein Leben auf Booten verbringen. Jetzt nicht gleich als Steward auf einem Kreuzfahrtschiff, aber als jemand, der mit Segeln zu tun hat, am Meer ist und mit Menschen am Meer arbeitet, die selbst das Segeln lieben. Du weißt schon, Janette, Probleme haben, die ich auch lösen kann.«

»Ich bin beeindruckt«, sagte Janette, »du hast das vor langer Zeit erwähnt und die Idee nicht aufgegeben. Ich kenne allerhand Leute, die jemanden suchen wie dich. Wenn ich denen sage, du kommst von mir, kannst du zumindest schon mal vorsprechen.«

»Ähm, ja, also, klar«, sagt Werner etwas überrumpelt.

Janette scheint, als sei Werner unsicher, ob es tatsächlich das Richtige ist. »Ruhig Blut, Werner. Wenn das Segeln nichts für dich ist, kommst du sicher schnell auf etwas Neues, das du sowieso viel lieber machst.«

»Ne, ne«, entgegnet Werner, »ich möchte das schon machen. Es ist nur so, dass ich nicht damit gerechnet hatte, es könnte so schnell gehen. Es scheint fast so, als stand die Tür zur Segelwelt schon so lange auf, aber ich hab sie nicht gesehen, ja, vielleicht gar nicht sehen wollen.«

Werner spürt sofort, dass dies eine Entscheidung ist, die zwar langfristige Konsequenzen hat, aber schnell von ihm getroffen werden kann. Irgendwie passt für ihn alles zusammen, was Janette ihm in letzter Zeit beibrachte. Das musste noch nicht einmal an Janette selbst liegen. Vielleicht weiß sie das alles gar nicht. Es ist ihm nur klar: Er will nicht mehr für alles offen sein. Er will sich nicht von seinen Ängsten sagen lassen, wo sein Leben hingeht. Er will nicht ständig Ja sagen müssen, sondern auch mal zur Abwechslung Grenzen ziehen, Nein sagen und zu dem stehen, was er will.

Es ist einige Wochen her, dass Werner seiner Mutter wegen des Weihnachtsmarktes abgesagt hat. Sie haben seitdem nicht miteinander gesprochen, aber sein Stiefvater Michael hat ihm am Telefon gesagt, sie war verwundert und enttäuscht. Michael konnte Werner aber gut verstehen. »Ich finde es gut, Werner, dass du ehrlich bist. Dann tut es jetzt halt weh, und sie lernt, sich neu aufzustellen«, sagte er ihm am Telefon.

Leo hingegen fand Werners Absage gar nicht gut. »Für wen hältst du dich denn, dass du dich da einfach zurückziehst?«, fragte er provozierend am Telefon. Werner bat Leo, da keine große Sache daraus zu machen, aber Leo ließ sich nicht beruhigen. Für Werner war das nur eine Bestätigung, dass er die richtige Entscheidung getroffen hatte. Wenn ihm so wenig Verständnis entgegenkommt, warum sollte er sich weiterhin in eine Rolle zwingen, die ihm nicht gefällt? »Macht das dieses Jahr einfach ohne mich, Leo«, sagte er zu seinem Bruder, »dann können wir immer noch sehen, wie schlimm es ist.«

Werner hat das Gefühl, einen ganz neuen Überblick über seine Zeit zu bekommen. Sie scheint ihm nicht mehr so gedrängt und gefährdet. Je mehr er sich bei diesem Weihnachtsmarktdrama durchsetzt, desto freier fühlt er sich.

»Es ist ja auch alles halb so wild«, muss er sich immer wieder selbst erinnern.

Daniela ist wie immer sehr entspannt und versteht die ganze Aufregung nicht. »Ich kann beide Seiten verstehen«, sagt sie. »Ich bin neutral.«

Mit Daniela hatte Werner noch nie ein Hühnchen zu rupfen. Es ist ein gutes Gefühl, dass er sich auf sie verlassen kann. Werner vertraut auch darauf, dass er sich mit der Zeit wieder mit Leo und seiner Mama verstehen wird.

Janette sagte einmal: »Deine Mom kommt schon nach der stressigen Zeit wieder zu sich. Und wenn nicht, dann ist das ein Thema für sich, dass sie mit sich selbst ausmachen muss. Lass dich da nicht in ihr Drama reinziehen, Werner.« Früher hätte Werner es als kalt empfunden, so zu denken. Heute sieht er, dass es normal und gesund ist, einen gewissen Abstand zu Menschen zu gewinnen. Und das erfordert auch, unpopuläre Entscheidungen und Konflikte durchzustehen.

Werner sieht, dass er weit gekommen ist, seitdem er begonnen hat, sich mit dem Neinsagen auseinanderzusetzen. Die wichtigste Erkenntnis für ihn ist aber kein Gedanke, den er in Worte fassen kann. Vielmehr ist es ein Gefühl, eine undefinierbare mentale Disposition, die ihm eine neue Identität verleiht. Er beginnt zu erkennen, wie ihn andere Menschen sehen, und wie er sich in Gesellschaft verhält – nicht wie er glaubte, sich zu verhalten, sondern wie er wirklich auf andere wirkt. Das kann er nicht in Worte fassen, durch Logik erkennen oder gar durch Sprache wiedergeben. Es ist eine unaussprechliche, persönliche Erkenntnis, die in Fleisch und Blut übergeht.

VOM GIPFEL
IN DEN ALLTAG

Dies ist ein Buch über persönliche Veränderung. Wir sind weit gekommen zum Thema Produktivität, Grenzen ziehen und Neinsagen. Gewinner sind Menschen, die das erreichen, was sie sich vornehmen. Nicht das, was angenehm ist, kommt für Gewinner zuerst, sondern ihre Werte kommen zuerst. Diese werden gelebt und geschützt. Daher rührt ihre innere Autorität. Deswegen sind sie in Begegnungen bei sich – und beim »Wir«. Sie setzen sich durch, weil sie hinter dem Vorhang des Neinsagens über sich selbst verfügen. Unter diesen Vorrausetzungen gelingt ihnen eine Einigkeit mit sich selbst, aus der sie sich, in Momenten der Entscheidung über Ja und Nein, Sicherheit geben.

Wir sind vom Basiscamp aus über den Anstieg bis auf den Gipfel des Neinsagens gegangen. Nun befinden wir uns gedanklich im gemütlichen Landeanflug auf den Alltag. Wie geht es jetzt also weiter? Wie geht es für Werner weiter?

In Bezug darauf, Grenzen zu ziehen und mit alten Gewohnheiten und Lebensweisen abzuschließen, gibt es vier Landeplätze im Alltag, bei denen wir sicher Kontakt mit dem Boden unserer Realität machen können. Die Landebahnen sind unterschiedlich schwer anzupeilen. Zwei sind lang und breit, aber dafür voller Schlaglöcher. Eine ist schmaler und kürzer, aber dafür schön sanft und eben. Die letzte ist auch sanft und eben zum Landen, aber darüber hinaus auch groß. Zu lernen, besser zu landen, ist ein iterativer Prozess, der uns erlaubt, über die Zeit besser zu werden und zu akzeptieren, wo wir in puncto Neinsagen heute stehen. Diese Landbahnen sehen wie folgt aus:

1. **Landebahn:** Beim Landen auf der ersten Landebahn geht es einfach darum, zu sehen, was gerade vor sich geht. Diese Landebahn ist so breit und lang, weil sie einem offenen Feld gleicht. Hier gilt: Jeder Schritt in Sachen Aufmerksamkeit und dazu, was gerade in einem selbst oder in Bezug zu anderen passiert, ist ein Fortschritt. Bevor wir etwas tun und sagen können, müssen wir vor allem feststellen, was los ist und warum wir etwas sagen wollen. Was passiert hier grade? Wie geht's mir dabei? Wie geht es meinem Gegenüber dabei? Oft wissen wir erst, was tatsächlich vor sich ging, nachdem eine Situation passiert ist. Deswegen finden wir zeitverzögert die passende Antwort, ob in Sprache, in Handlung oder in Verzicht. Den Moment unserer Entscheidung zu identifizieren, ist hier die Challenge.

Diese Landebahn ist ungemütlich, weil wir es immer noch aushalten müssen, dass wir nichts gesagt haben oder schon wieder durch Angst oder Gewohnheit überwältigt wurden. Die Schlaglöcher sind deutlich spürbar. Das ist auf der einen Seite nicht gut, weil es wehtun kann. Auf der anderen Seite ist es gut, weil wir wissen, auf welcher Landebahn wir ankommen. Sobald wir gut darin werden, den Entscheidungsmoment, und unsere Entscheidungsmuster aufzuspüren, können wir als Nächstes dazu übergehen, uns im Moment selbst neu zu entscheiden.

2. **Landebahn:** Auf der zweiten Landebahn sehen wir, was vor sich geht, und sagen etwas. Das klingt erstmal gut, doch auch hier gibt es Schlaglöcher. Denn manchmal kommt das, was wir sagen, nicht so gut raus oder das, was wir tun, ist voller Widerstände, Konflikte und Unangenehmem. Weil auf dieser Landebahn nicht der Anspruch herrscht, die perfekten Worte zu finden, ist sie umso breiter. Wer spürt, dass etwas nicht passt, aber nicht die Worte findet,

es zu sagen, sollte lieber einfach plump und pragmatisch sagen, wie es ist. Das ist immer noch besser, als nichts zu sagen. Wir schießen ein paar Pfeile um uns, manchmal sind Leute verletzt. Das ist nicht schön, aber es erzielt die Wirkung, dass man gesehen und gehört wird. Wir können nicht immer auf schöne Worte warten, um die Karten auf den Tisch zu legen. Die schönen Worte kommen mit der Übung.

Beim Landen auf dieser Bahn besteht die Herausforderung darin, danach wieder aufzuräumen, indem man lernt, sich zu entschuldigen und gleichzeitig zu dem zu stehen, was man möchte. Es ist aber besser für beide, als wenn einer weder gehört noch gesehen wird. Denn man kann die Landebahn ja ausbessern – jeder von uns.

3. **Landebahn:** Auf der dritten Landebahn sehen wir, was vor sich geht, und sagen schließlich etwas, und zwar auf gute Weise. Diese Landebahn ist etwas kleiner als die Vorherigen und damit schwerer anzufliegen, aber dafür ist sie frisch geteert und ermöglicht ein sanftes Ankommen – eine ausgezeichnete Position, in der alle sein wollen. Das ist Erfolg. In der Person, die hier landet, herrscht Einigkeit. Daraus kann die Chance auf Einigkeit und Gemeinschaft mit anderen entstehen. Je besser wir auf dieser Landebahn ankommen, desto eher wird unser Nein akzeptiert.

Manchmal wiederum wird es auch nicht akzeptiert. So ist das Leben. Doch diejenigen, die gelernt haben, auf dieser Bahn gut zum Stehen zu kommen, sind vor allem bei sich und können damit aus eigener Kraft Sicherheit wiederherstellen.

4. **Landebahn:** Um auf der letzten Landebahn zum Stehen zu kommen, müssen wir nicht nur etwas sehen, wir müssen auch noch das Richtige auf die richtige Art und Weise sagen. Und wir müssen das Richtige tun. Diese Bahn ist groß und breit und gut geteert. Groß und breit ist sie deshalb, weil wir durchs Handeln neue Möglichkeiten haben.

Wir dürfen bei allem, was wir auf dieser Reise durchgetüftelt haben, nicht das Leben, also das Handeln vergessen. Wir können mit unseren Taten die deutlichste Sprache sprechen. Wir können, wenn wir die Sicherheit haben, auch Dinge tun und umsetzen, ohne groß was zu sagen. Solange die Handlung die gemeinsamen Ziele aller berücksichtigt, kann das mit am effektivsten sein. Wir müssen nicht immer über alles reden. Wer nicht nur die Dinge gut und richtig gesagt haben möchte, kann sein Nein oder sein Ja zusätzlich durch Handeln zeigen.

Wie geht es mit Werner weiter? Schafft er den Sprung in die Segelwelt? Wird sein Umgang mit dem Drachen ein Nachspiel haben? Ist seine Ehrlichkeit in der Familie der Anfang vom Ende oder der Beginn eines neuen Anfangs? Ist es ihm, durch die Systematisierung wiederkehrender alltäglicher Entscheidungen, gelungen, gewisse Abläufe automatisch zu integrieren? Wird er sich die kalte Dusche je wieder abgewöhnen?

Wir wissen es nicht. Wünschen wir ihm aber, dass er auf dem dank Janette eingeschlagenen Pfad bleibt, denn dann kann in den kommenden Jahren viel für ihn passieren. Vitalität und Eigenständigkeit werden stärker in sein Leben finden. Er wird sein Handeln mehr im Zusammenhang seines Wertesystems und seiner Ziele sehen, anstatt nur als eine Aneinanderreihung beliebiger Situationen. Das wird ihn freier in Momenten der Entscheidung machen. Werner sieht sich nicht mehr offen für alles, weil er darüber nachdenkt, was er in seinem Leben haben möchte und was nicht. Das stärkt nicht nur ihn, sondern auch die Menschen um ihn herum – egal wo und mit wem er arbeitet und lebt. Was andere machen, ändert nichts an seiner Einstellung zu sich und den anderen. Er fährt kein Kopfkino, sondern versucht, nüchtern die Situation zu verstehen – und welchen Platz er darin einnehmen möchte. Er bewegt sich dadurch zwar etwas langsamer, aber dafür mit Stärke.

Das Gleiche wünsche ich Ihnen auch: Dass Sie sich mit Stärke durch Ihr Leben bewegen. Die meisten Menschen haben nämlich nicht die Stärke, mit den Herausforderungen des Lebens umzugehen. Mit den Ideen dieses Buches können Sie das aber. Wem es gelingt, eine solche Stärke aufzubauen, hat vor allem eines nicht gemacht: Er oder sie hat sich selbst nichts vorgemacht.

Wer sich selbst etwas vormacht, verliert. Machen Sie sich also nichts vor, was Ihre Werte und Ihre Prioritäten betrifft. Stehen Sie dazu, und leben Sie mit den Konsequenzen. Wenn Sie feststellen, dass Sie sich mit dem Jasagen rumschlagen, weil Sie sich im falschen Lebensfilm befinden, verlassen Sie die Kinovorstellung. Machen Sie sich nichts vor, und trauen Sie sich, auch Entscheidungen mit weitreichenden Konsequenzen zu treffen.

Wenn Sie etwas auf Dauer konsumieren, und es gefällt Ihnen nicht, wie Ihr Verhalten Ihr Leben einschränkt, machen Sie sich nichts vor. Sagen Sie sich selbst, wie es ist. Das soll keine Selbstkasteiung sein. Im Gegenteil: Die Dinge beim Namen zu nennen, kann befreiend wirken, weil Worte ihnen eine konkrete Form geben. Wenn Sie bei Freunden und Familie Beziehungsbullshit riechen, sagen Sie ihnen, wie es ist. Stellen Sie sich vor, Sie sammeln den Mut, das zu tun, und landen auch noch auf der vierten Landebahn. Verstehen Sie: Es darf auch gut gehen. Und wenn es schiefgeht, dürfen wir uns nichts vormachen, was unsere Fehlbarkeit betrifft.

Wenn Sie aus Angst in Ihren Ausreden erstarren, sagen Sie, wie es ist. Dann sind Sie halt ängstlich. Na und? Wenn Sie es nicht zugeben, sind sie trotzdem ängstlich, nur mit dem Unterschied, dass Sie es nicht wissen und somit auch nicht damit umgehen können.

Leben Sie mit diesem Standard, sich selbst und anderen nichts vorzumachen, und Sie bauen über die Zeit Ihre innere Autorität und damit Ihre Stärke aus. Indem wir uns trauen, uns selbst und anderen nichts vorzumachen, stellen wir uns der Herausforderung auf einer der vier Landebahnen auf dem Boden des Alltags, auf dem Boden der Realität, anzukommen.

ANMERKUNGEN

1 Das Zitat von Christo Brand stammt aus dem Video: https://www.youtube.com/watch?-v=_8w8Bez4yqc

2 Nelson Mandela bei Oprah Winfrey: https://www.youtube.com/watch?v=oi-BH3HXT24

3 Dies und mehr zur Etymologie des Wortes »Nein« finden Sie hier: https://www.dwds.de/wb/etymwb/ein

4 Die Personen und Dialoge in diesem Abschnitt entstammen dem Film *Fight Club*. Regie: David Fincher. Drehbuch: Jim Uhls. USA/Deutschland: Art Linson Productions/Fox 2000. Pictures/Regency Enterprises/Taurus. Film, 1999. Fassung: Amazon.de, 2013, 133 Minuten

5 Weitere interessante Punkte dazu finden Sie bei Management-Guru Peter Drucker und Businessphilosoph Jim Rohn.

6 Napoleon Hill: *Think and Grow Rich – Deutsche Ausgabe*. FinanzBuch Verlag, 2018, S. 191.

7 https://www.bbc.com/news/av/election-us-2020-54696386

8 https://www.youtube.com/watch?v=_9TK9zTdB_E

9 Josh Waitzkin: *The Art of Leaning*. Free Press; Reprint Edition, 2008.

10 Bronnie Ware: *5 Dinge, die Sterbende am meisten bereuen. Einsichten, die Ihr Leben verändern werden*. Goldmann Verlag, 2015.

11 Wim Hof, Koen de Jong: *Nie wieder krank. Gesund, stark und leistungsfähig durch die Kraft der Kälte*. riva, 2018.

DANK

Vielen Dank an:

Niclas Lahmer,
Jonas Geissler
und meine Drachen.
Ohne euch hätte es das Buch nie gegeben.

EGO

Julien Backhaus

Es gibt ihn, den guten Egoismus. Julien Backhaus bricht in diesem
Buch eine Lanze für eine Form der Selbstbezogenheit, die nicht
nur dem Anwender, sondern auch seinen Mitmenschen hilft. Sein
Argument: Nur wer stark ist, kann andere stark machen. Nur wer
hat, kann auch geben. Der Leser erfährt, was Gelehrte wie der Da-
lai Lama und Superreiche wie Warren Buffett darüber denken und
wie jeder den guten Egoismus für sein eigenes Lebensglück einsetzen kann. Mehr Erfolg in der Beziehung, im Job und im Leben
generell – gute Egoisten leben diesen Traum bereits. Ein Plädoyer
dafür, die Vorzüge von gesundem Egoismus zu erkennen und seine eigene Agenda zu verfolgen.

240 Seiten I Hardcover I 18,99 € (D) I ISBN 978-3-95972-302-2

Rebellion im Hamsterrad

Niclas Lahmer

Im Ferrari die Küste der Algarve hinunterfahren, in der First Class für den Preis der Holzklasse fliegen und mit 5 Stunden Arbeit mehr Geld verdienen als die meisten Manager mit einer 70-Stunden-Woche –wer will das nicht? Die Möglichkeit, das Leben außerhalb des Gewöhnlichen zu erleben, dem alltäglichen Hamsterrad zu entkommen, bleibt den meisten verwehrt. Doch das muss nicht sein! Niclas Lahmer zeigt in seinem neuen Buch, wie Sie mehr finanzielle und persönliche Freiheit erlangen können, indem Sie sich aus den Zwängen gesellschaftlicher Glaubenssätze befreien. Raus aus der Knechtschaft des Geistes, des Konsums, des Kapitals und der Zeit, damit mehr Zeit für das Wesentliche und für ein erfülltes Leben bleibt!

320 Seiten | Hardcover | 18,99 € (D) | ISBN 978-3-95972-268-1

Life to the Max

Philipp Maximilian Scharpenack

Philipp Maximilian Scharpenack nimmt den Leser mit auf seine abenteuerliche Lebensreise, die ihn zu dem Punkt brachte, an dem er heute steht. Mit Anfang 30 arbeitet er vier Stunden in der Woche und ist finanziell komplett unabhängig. Doch auch er startete zunächst mit nichts außer Schulden, Mut und dem unbändigen Willen etwas zu erreichen. Er wanderte nach China aus, um dort völlig ohne Kapital sein erstes Unternehmen zu gründen. Es folgte der Aufbau der Netzwerkveranstaltung »Gründerpokern«, der deutschlandweit bekannten Eismarke »Suck It«, eines Immobilienportfolios, das Management eines Pokersuperstars – und jede Menge Abenteuer, die ihn um die ganze Welt führten.

256 Seiten | Softcover | 17,99 € (D) | 18,50 € (A) | ISBN 978-3-95972-315-2

Living a Selfmade Life

Torben Platzer

Mit 27 Jahren sitzt Torben in seiner 1,5-Zimmer-Bude in Olden-
burg und hat bis dahin alles gemacht, was seine Eltern von ihm
erwarteten: Abitur und Studium. Dann bricht er aus dem vor-
gezeichneten Leben aus, um seinen eigenen Weg zu gehen. Er
erkennt die Chancen von Internet und Social Media, baut sich
selbst zur Marke auf und macht einen Umsatz in Millionenhöhe.
In seinem Buch spricht er offen über seine Fehler, Ängste und
den Mut, Träume zu leben. Sein Ziel ist es, besonders jungen
Menschen zu zeigen, dass der Glaube an sich selbst und die
konsequente Umsetzung von Ideen sie langfristig auch außerhalb
der Systemgrenzen glücklich machen können.

224 Seiten | Softcover | 18,99 € (D) | 19,60 € (A) | ISBN 978-3-95972-369-5

Busy is the New Stupid

Tim Reichel

Neue Technologien und die Digitalisierung haben unseren Arbeitsalltag stark verändert. Sie schaffen unzählige Möglichkeiten, haben aber auch einen Haken: Wir leben in einer Zeit der unbegrenzten Ablenkungen. Unsere Aufmerksamkeit und unsere Konzentration werden zu den wichtigsten Erfolgsgrößen, die es zu verteidigen gilt.

Wer dieser Falle entgehen möchte, muss die richtigen Prioritäten setzen und sich auf die wichtigen Dinge konzentrieren. Tim Reichel zeigt 101 Wege für ein glückliches Leben im 21. Jahrhundert. Es ist ein moderner Werkzeugkoffer mit den besten Zeitmanagement-Methoden und Produktivitätstechniken, die aktuell bekannt sind.

208 Seiten | Softcover | 14,99 € (D) | 15,50 € (A) | ISBN 978-3-95972-306-0